35승서류합격자가알려주는

인사담당자를 홀리는
Secret
자기소개서

35승 서류합격 자기소개서 작성 노하우!

취업은 간절함만으로 성취할 수 있는 것이 아닙니다. 철저한 준비와 경쟁자 대비 차별화할 수 있는 역량이 있어야만 험난한 취업 시장에서 승리할 수 있습니다. 대부분의 취업 준비생들이 공채가 시작되는 3월/9월(상/하반기)에 이르러서야 헐레벌떡 자기소개서 작성을 시작합니다. 그러나 안타깝게도 글쓰기 실력이라는 것은 작성하는 횟수, 그리고 좋은 글을 보고 따라해보려는 노력에 비례하는 정직성을 가지고 있습니다.

필자와 함께 취업을 준비하는 취준생들은 상/하반기 공채 2개월 전부터 자기소개서 작성을 준비합니다. 물론 인적성, 논술, NCS, 면접 등의 시간적 여유가 충분하시다면 함께 병행해도 좋습니다. 그러나 취업의 첫 관문인 서류전형에서 떨어진다면 그 모든 준비가 무슨 소용이 있을까요?

여러분의 자기소개서는 남들에게 보여주기에 부끄럽지 않을 정도로 완벽하신가요? 1년에 몇 번 없는 기회인데, 이대로 제출해도 괜찮으신가요? 분명 취업 시장은 여러분의 불안과 함께 성장하는 산업입니다. 이를 알고 있기 때문에 스스로 취업 컨설턴트라는 직업에 대해 회의감을 느낄 때도 있었습니다. 그러나 어떻든 간에 저를 믿고 찾아오시는 분들에게 위와 같은 질문을 던지지 않을 수 없는 것도 사실입니다. 준비가 되어 있지 않은 자기소개서는 탈락할 것이 불 보듯 뻔하기 때문입니다.

필자의 경우, 2014년도 취업 준비 당시 오만함을 갖고 있었습니다. 서울 중·상위권 대학, 학점 3.8, 토익 점수 800점 후반, 그리고 각종 대외활동을 섭렵했기에 '나 정도면 기업에서 데려가겠지.'라는 막연한 생각을 갖고 동계인턴에 지원했습니다. 그러나 결과는 처참했습니다. 수십 개의 자기소개서를 제출했지만 돌아오는 결과는 '탈락'이라는 한 마디뿐이었습니다.

뒤늦게 합격한 선배님들의 자기소개서를 분석하기 시작했습니다. 데이터가 모이게 되면 보이는 통찰이 있듯, 100여 장의 합격 자기소개서를 모두 출력해 분석했더니 '합격 자기소개서가 갖는 특징'들이 보이기 시작했습니다. 아는 것에 그치지 않고 실제 자소서에 적용한 결과 연달아 세 번의 합격 소식을 받게 되었습니다. 그 이후 하계인턴 50% 서류합격률, 대졸공채 75%의 서류합격률을 기록했습니다. 제가 35개의 서류합격 결과를 얻을 당시, 저와 비슷한 스펙을 지닌 대학교 동기들의 서류합격 수가 3~4개 정도였음을 감안하면 어느 정도 성과였는지 가늠할 수 있습니다.

이 책을 통해 추구하는 바는 크게 두 가지입니다. '합격 자소서를 작성하는 올바른 방법'과 '최소한의 시간으로 최대의 성과를 내는 것'입니다. 먼저 PART 1, 2를 통해 자소서 작성의 올바른 방법에 대해 살펴보겠습니다. 다음으로 PART 3, 4의 사례를 통해 동일한 에피소드를 산업/기업/직무별로 조금씩 변형하여 35개의 기업, 13개의 다양한 직무에서 합격했던 히든자소서만의 노하우를 공개하겠습니다.

여러분, 자기소개서는 정직합니다. 투여한 시간과 정성은 여러분을 배신하지 않을 겁니다. 다만 그저 그런 적당한 자기소개서가 아닌, 인사담당자를 홀릴 수 있을 만큼의 글을 작성하기 위해선 뇌에서 쥐가 날 것만 같은 고통도 수반됩니다. 이겨내십시오. 고등학교 3년간 수능시험을 준비했던 여러분입니다. 3년의 노력이 여러분의 대학을 바꿨다면, 2개월간 자기소개서를 쓰는 이 기간의 노력은 여러분의 평생 직장을 바꿔 놓을 것입니다.

히든자소서 이 중 원

CONTENTS

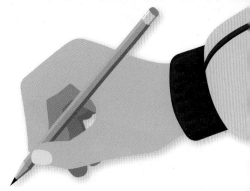

EPILOGUE
이 책을 마무리하며

PART

1

자소서 통념을 깨는

HIDDEN POINT

화룡점정(畵龍點睛)

나만의 임팩트 있는 문장

INTRO

4년 전 필자가 취업을 준비할 당시만 해도, PART 2에서 소개할 '자기소개서 작성법 기초'를 정확히 아는 것만으로도 좋은 결과를 얻을 수 있었습니다. 그 당시 어떻게 자기소개서를 작성하는 것이 '정답'이라고 이야기하는 책도, 칼럼들도 마땅치 않았기 때문입니다. 상대를 설득할 수 있는 논리력을 갖춘 구조와 몇 가지 노하우만 있어도 서류합격이라는 결과로 돌아왔습니다.

그러나 지금은 상황이 크게 바뀌었습니다. '이렇게 작성하는 것이 정답이야.'라고 외치는 자기소개서 작성법 책들이 서점에 출판되기 시작했고, 취업과 관련된 온라인 강의, 취업커뮤니티 가이드북 등 수 많은 정보들이 범람하게 되었습니다. 물론 잘못된 정보들이 상당합니다만, 어찌 되었든 간에 자기소개서 작성법 자체를 몰라서 탈락하는 취준생들은 거의 사라졌다고 봐야 합니다. 상향평준화라는 단어가 딱 어울리는 듯 합니다.

이에 필자는 17년도 하반기부터 취업준비생에게 조금 더 심화된 과정을 전수했습니다. 글의 논리력은 물론이고, 타 경쟁자와 차별화할 수 있는 임팩트 있는 문장들을 만들어 자소서를 제출했습니다. 그 결과는 단연코 압도적이었습니다.

국어국문학과를 전공하면서 시중은행을 모두 합격한 취준생, 서울 중하위권 대학 경영학과를 나왔지만 금융권을 초토화시킨 취준생, 경기도 소재 기계공학과를 졸업해 국내 Top 기업을 모두 합격한 취준생 등. 합격한 친구들이 최종합격 후 한결같이 중요하다고 말하는 바로 한 가지는 바로 '나만의 임팩트 있는 문장'입니다.

[임팩트 있는 문장 만들기]

1. 날것의 문장을 작성한다.

2. 해당 문장 속성의 핵심을 캐치한다.

3. 핵심 속성의 본질을 생각한다.

4. 해당 본질을 나만의 핵심 단어로 정제한다.

5. 정제된 단어를 통해 나만의 임팩트 있는 문장을 만든다.

나만의 문장 만들기가 중요한 이유

여러분이 자기소개서에 어필할 메시지와 역량이라고 불리우는 것들은 사실상 비슷합니다. '도전, 창의, 글로벌, 소통, 공감, 협동심' 등등 말이지요. 천편일률적으로 외치는 동일한 메시지와 역량들. 과연 읽는 이에게 '뇌리에 스치는 임팩트'를 줄 수 있을까요?

자기소개서는 내가 작성하지만 나를 위한 글이 아닌, 인사담당자를 위한 글임을 명심해야 합니다. 같은 이야기라도 어떻게 말할 줄 아는가에 따라 그 사람의 공감을 살 수도, 적대감을 살 수도 있습니다. 마찬가지입니다. 같은 의미를 지닌 문장이라도 이를 어떻게 풀어서 작성하는지에 따라 지원자의 인상이 달라질 수 있습니다.

앞서 언급한 대로 누구나 뻔히 아는 자소서 작성법으로는 차별화하기 어렵습니다. 이젠 누구도 작성하지 않았던 나만의 임팩트 있는 문장으로 자기소개서 작성에 뛰어들어야 합니다. 나만의 문장, 말은 쉽습니다. 한계에 막혀 포기하시는 분들도 있을지 모릅니다. 그러나 인고의 시간을 거친다면 합격이라는 결과가 기다릴 것입니다.

A 상대방의 니즈를 파악할 줄 아는 역량을 갖췄습니다.

B 상대와 일시적 '접촉'이 아닌, 깊이 이해할 수 있는 '접속'할 줄 아는 역량을 갖췄습니다.

A, B 중 어떤 문장에 조금 더 시선이 집중되시나요? 분명 둘의 의미는 같습니다. A를 토대로 B라는 문장을 만들었기 때문입니다.

A문장의 대표 속성은 '니즈 파악'입니다. 결국 니즈를 파악한다는 것은 그 사람의 의중을 파헤쳐야 된다는 이야기로, 상대의 마음 깊이 들어가봐야 합니다. 저는 이를 '접속'이라는 단어로 바꾸었고, 해당 의미를 돋보이게 하기 위해 반대 의미로 일시적 '접촉'을 사용해 B문장에 임팩트를 줬습니다.

임팩트 있는 문장을 만드는 방법!

1. 날것의 문장을 작성한다.

　예 상대가 필요로 하는 것을 파악할 줄 아는 역량

2. 해당 문장 속성의 핵심을 캐치한다.

　예 니즈 파악

3. 핵심 속성의 본질을 생각한다.

　예 니즈 파악의 본질 → 얕게 파악하고 끝내는 것이 아닌, 그 사람의 입장에 서서 이해해야 하　기 때문에 깊이가 필요함

4. 해당 본질을 나만의 핵심 단어로 정제한다.

　예 얕게 파악한다 → '접촉' / 깊이 있는 이해 → '접속'

5. 정제된 단어를 통해 나만의 임팩트 있는 문장을 만든다.

　예 상대와 일시적 접촉이 아닌, 깊이 이해할 수 있는 접속할 줄 아는 역량을 지녔다.

이와 같이 작성하게 될 경우, 여러분의 문장은 차별화될 것이고 힘을 갖게 될 것입니다. 얼마나 많은 취업준비생들이 '니즈를 파악할 줄 아는 역량'을 강점이라며 자소서에 작성했겠습니까? 즉, 이 문장은 이미 차별화할 수 없는 요소라는 겁니다. 과연 이 문장만 그럴까요? 여러분이 흔히 제시하는 '도전, 창의, 글로벌, 소통'과 관련된 문장도 마찬가지로 천편일률적입니다.

따라서 우리는 동등한 의미를 지닌 문장을 '나만의 문장'으로 변형해야 하는 것입니다. 제시할 수 있는 역량과 문장이 주는 메시지가 차별화될 수 없다면, 의미는 같되 임

팩트를 줄 수 있는 문장으로 인사담당자를 설득해야 합니다. 이것이 제가 말하고자 하는 '임팩트 있는 나만의 문장 만들기'입니다.

최근 A.I(인공지능)가 자기소개서를 평가하기 시작했다고 합니다. 이 말은 즉 취준생 간 유사한 문장으로 작성했는지, 과거 데이터와 비교해 보았을 때 본인의 자소서가 아닌, 합격 자기소개서를 베낀 것은 아닌지 등을 파악한다는 것입니다. 이럴수록 '임팩트 있는 나만의 문장'이 더욱 중요한 것은 당연지사입니다.

사례 2-1 **A** 저는 인간적 매력이 있는 인재입니다.

B 택시기사마저 프로포즈를 하게 만들 줄 아는 인재입니다.

A, B 중 어떤 문장에 조금 더 눈길이 가시나요? 단연코 B입니다. A와 B도 당연히 의미가 같습니다. A를 토대로 B라는 문장을 만들었기 때문이지요.

다시 한 번 어떤 프로세스로 이 문장을 만들게 되었는지 알아보겠습니다.

사례 2-2 **임팩트 있는 문장을 만드는 방법!**

1. 날것의 문장을 작성한다.

예 인간적 매력을 지닌 인재

2. 해당 문장 속성의 핵심을 캐치한다.

예 인간적 매력

3. 핵심 속성의 본질을 생각한다.

예 인간적 매력 → 내가 바라지 않아도, 다른 사람이 먼저 내게 구애할 때 인간적 매력이 있다고 말할 수 있지 않을까?

4. 해당 본질을 나만의 핵심 단어로 정제한다.

예 먼저 구애한다 → '프로포즈'

5. 정제된 단어를 통해 나만의 임팩트 있는 문장을 만든다.

예 택시기사마저도 프로포즈를 하게 만드는 인간적 매력을 지닌 인재

이런 프로세스에 따라 심도 있는 고민을 해 본다면, 분명 임팩트 있는 문장이 나올 것입니다. 다만, 주의해야 할 점은 글의 내용과 관련이 있게끔 문장을 생성해야 한다는 것입니다. 위의 문장에서 '택시기사'라는 단어가 보일 텐데, 만약 글 내용과 무관하다면 택시기사라는 키워드를 사용해서는 안 됩니다. 아래 [사례 2-3]의 내용처럼 택시기사와의 스토리가 있기에 문장을 쓸 수 있는 것입니다.

사례 2-3   택시기사마저 내게 프로포즈를 ← 임팩트를 준 소제목

> 저는 오다가다 만난 사람들과도 쉽게 친구가 될 수 있는 치명적 매력을 가졌습니다. 이는 타인의 이야기를 적극 경청할 줄 아는 저의 자세에서 비롯되었습니다. 작년 겨울 지하철이 끊길 때까지 공부를 하다 택시를 타야만 했습니다. 하지만 5천 원뿐이었고 부족한 만큼만 택시를 타고 나머지는 걸어 가야겠다 생각했습니다. 가는 도중 기사님이 자녀 이야기를 시작하셨고 저도 흥미를 느껴 적극 공감해드렸습니다. 계기판에 5천 원이 찍혔을 때 기사분께 제 사정을 말씀드렸고 저와 이야기를 나누는 시간이 즐거우셨던 기사님은 돈을 받지 않으시고 집 앞까지 데려다 주셨습니다. 이 매력을 토대로 B2B 영업의 일원이 되었을 때, 영업 전략 수립 및 기획안을 제안 및 계약하는 과정에서 생기는 불협화음 속에서, 열린 마음과 탁월한 의사소통능력을 발휘하여 회사와 팀이 지향하는 목표에 도달하도록 보탬이 되겠습니다.

위와 같이 택시기사와의 스토리가 있었기에 '택시기사마저 내게 프로포즈를'이라는 문장이 만들어진 것입니다. 전혀 의미 없는 키워드나 소재를 갖고 문장을 만들면, 읽는 이에게 혼란만 가져다 줄 뿐입니다.

다음 [사례 3]은 "히든자소서 스터디"를 통해 본인만의 문장을 만들어 낸 사례입니다.

사례 3   임팩트 있는 문장을 만드는 방법

1. 날것의 문장을 작성한다.

   예 광고주들의 니즈를 파악해, 크리에이티브한 광고를 만듦

2. 해당 문장 속성의 핵심을 캐치한다.

   예 니즈 파악과 크리에이티브

3. 핵심 속성의 본질을 생각한다.

   예 니즈 파악 – 광고주가 원하는 부분을 이해하기 위해서는 그들과 동일한 마음을 지녀야함

      크리에이티브 – 그들의 마음 그대로를 드러낼 수 있는 역량이 있다면?

4. 해당 본질을 나만의 핵심 단어로 정제한다.

   예 동일한 마음을 가져야 함 – '연기'/ 마음을 그대로 드러낼 줄 아는 역량 – '배우'

5. 정제된 단어를 통해 나만의 임팩트 있는 문장을 만든다.

   예 광고 카피라이터란 타인의 인생을 연기할 줄 아는 배우이여야 한다.

상/하반기 나누어 진행하는 "히든자소서 스터디"의 과제를 진행하면서 높은 점수를 줬던 문장입니다. 본질과 해당 본질의 속성을 잘 캐치하여 핵심 단어로 스스로 정제한 우수한 사례라고 생각합니다.

A 같은 데이터라도 분석 방식에 따라 다른 가치 창출이 가능합니다.

B 연인들의 달콤한 100일, C&C 자소서를 작성하는 100시간처럼 '어떤 잣대로 수치를 바라보느냐'에 따라 100이란 숫자의 가치가 달라지게 됩니다.

임팩트 있는 문장을 만드는 방법!

1. 날것의 문장을 작성한다.

　예 같은 데이터라도 분석 방식에 따라 다른 가치 창출이 가능하다.

2. 해당 문장 속성의 핵심을 캐치한다.

　예 같은 데이터 / 다른 가치 창출

3. 핵심 속성의 본질을 생각한다.

　예 같지만, 다른 것들을 표현할 수 있다면?

4. 해당 본질을 나만의 핵심 단어로 정제한다.

　예 숫자 100에 어떤 단어가 따라 붙는지에 따라 의미가 달라짐

5. 정제된 단어를 통해 나만의 임팩트 있는 문장을 만든다.

　예 연인들의 달콤한 100일, C&C 자소서를 작성하는 100시간처럼 '어떤 잣대로 수치를 바라보느냐'에 따라 100이란 숫자의 가치가 달라지게 됩니다.

　A의 경우는 데이터를 전공한 학생이라면 한 번쯤은 듣거나, 생각해볼 법한 문장입니다. 필자도 모 온라인 데이터 강의를 수강하다가 강사분이 해당 문장과 유사한 내용을 이야기하는 것을 들었습니다. 즉, 이 말은 데이터 쪽을 지원하는 지원자들 사이에서는 흔히 통용되는 이야기라는 것입니다. 다시 말해, 차별화가 되지 않습니다. 따라서 경쟁에서 승리하기 위해선 뻔히 쓰는 문장이 아닌, 나만의 독창적인 문장으로 바꿔줘야 합니다. 누구도 쓰지 않았다고 장담은 못하지만, 적어도 나와 경쟁하는 수천 명~수만 명 사이에서는 찾아보기 쉽지 않은 문장으로 말이지요!

경험이 아닌
주제부터 설정하라

일반적으로 자기소개서 문항을 처음 맞닥뜨리면, 이 문항에는 어떤 경험을 기재해야 겠다는 생각부터 떠올리게 됩니다. 그러나 무작정 경험부터 떠올려 글을 써내려 가면 주제와 사례가 불일치할 수 있다는 치명적인 단점이 있습니다.

사례 1-1 문항을 읽고 경험부터 떠올린 글

• 취준생 A : 공모전 수상 경력 보유

• 문항 : 도전적으로 성취한 경험을 기술하시오.

• 주제가 아닌 경험부터 생각할 경우 : 공모전 수상 경력 기재

• 자기소개서 본문

  – 어려움이 있었으나, 목표대로 포기하지 않고 공모전을 수상했다.

  – 공모전을 준비하던 중 창의력을 발휘해 메인 아이디어로 선정되었다.

  – 이를 팀원들과 협동심을 발휘해 목표를 성취했다.

어떤 오류가 있는지 눈치챘나요? 문항에서 요구하는 바는 '도전정신'입니다. 그런데 명확한 방향 설정 없이 경험부터 생각해서 글을 써내려 가다 보니 말하고자 하는 바가

지나치게 많아졌습니다. 과유불급처럼, 이런 지나침은 글에서 궁극적으로 던지려는 메시지에 혼동을 주게 됩니다.

글은 읽고 난 뒤 '글쓴이가 어떤 메시지를 던지는지'를 명확하게 이해할 수 있어야 합니다. 도전을 강조해야 할 글에 불필요하게 다른 키워드들을 끼워넣는다면 글의 일관성이 깨져버리게 됩니다. 위와 같이 작성하게 될 경우 '무엇을 말하고 싶었을까?'라는 의심만 남게 되고, 기억 한 편에 잊혀지는 자소서가 되어버리는 것입니다.

이런 오류를 범하지 않기 위해 우리는 앞으로 문항이 제시되면, 이 글에서 '어떤 경험을 기재할지'가 아닌, '어떤 주제를 이야기할지'를 먼저 설정해야 합니다.

〈자소서 작성 순서〉

1. 문항 해석하기	2. 글의 주제 설정하기	3. 주제에 맞는 에피소드 떠올리기

또한 1개의 문항에서는 1개의 주제에 대해서만 언급하는 것이 바람직합니다. [사례 1-1]처럼 도전정신을 이야기하다가, 갑자기 '창의', '소통'과 같은 주제 관련 키워드가 튀어나오게 하지 말자는 것입니다.

여러분, 항목이 괜히 여러 개가 있는 것이 아닙니다. 창의나 소통은 분명 도전정신 문항이 아닌, 타 문항에서 충분히 어필할 수 있습니다. 그보다는 선택과 집중이라는 생각으로, 도전정신에서는 내가 말하고자 하는 도전에 대해서만 충분히 보여주는 것이 글을 더 명확하게 만들 것입니다.

사례 1-2 **문항을 읽고 주제부터 설정한 글**

- 취준생 B : 공모전 수상 경력 보유
- 문항 : 도전적으로 성취한 경험을 기술하시오.
- 주제 : 시도조차 하지 않고 후회할 바엔, 결과가 좋지 않더라도 행동하자.
- 자기소개서 본문
  - 공모전 팀을 구성해 아이디어를 기획하다가, 팀원들이 이탈했다.
  - 강행하느냐, 이대로 포기하느냐 갈림길에 섰다.
  - 포기하게 되면 큰 후회가 될 것 같았고, 어떠한 결과가 나오더라도 최선을 다하자는 마음으로 임했다.

이처럼 주제가 명확해지면, 자기소개서 본문에서 말할 내용도 해당 주제와 일치하게 됩니다. 결국 말하고자 하는 모든 이야기가 주제인 '시도조차 하지 않고 후회할 바엔, 결과가 좋지 않더라도 행동하는 도전'을 향해 있게 됩니다. 이렇게 되면 글쓴이가 말하고자 하는 바가 명확해지고, 명확한 글을 읽는 인사담당자는 그렇지 않은 평가자 대비 좋은 점수를 줄 수 밖에 없습니다.

키워드와 주제의
차이점

'도전'이라는 키워드는 주제가 될 수 없습니다. '도전'이라는 단어 안에는 수 많은 주제들이 내포되어 있기 때문입니다. 무작정 들이대는 것이 도전일 수 있고, 충분한 검토를 통해 전략적으로 행동하는 것도 도전일 수 있습니다. 또한, 거절에도 불구하고 열 번도 넘게 두드리는 것도 도전이며, 본인의 부족함을 느끼고 실패를 인정하는 것도 도전입니다. 따라서 주제를 정하실 때는 키워드에서 파생되는 하나의 줄기를 선택하셔야 합니다.

사례 1-1 **주제 설정 없이 작성된 글**

- 문항 : 도전적으로 성취한 경험을 기술하시오.
- 글의 주제 : 명확치 않음. 경험부터 떠올림
- 자기소개서 본문 : 공모전 도전 당시. 창의적인 아이디어를 토대로 우수한 결과를 얻었다.

'도전'이라는 키워드를 바탕으로 주제부터 설정한 글

- 문항 : 도전적으로 성취한 경험을 기술하시오.
- 글의 주제 : 목표부터 명확히 설정한 도전이 긍정적인 결과를 낳았다.
- 자기소개서 본문
  - 공모전 도전 당시, 기회비용 최소화를 위해 아이디어 남발이 아닌 목표부터 확실히 설정했다.
  - 명확한 방향성을 설정하니 금새 우수한 아이디어들이 제안되어 긍정적인 결과를 얻을 수 있었다.

분명 같은 에피소드로 글을 작성했는데, 주제를 먼저 설정하고 쓴 글과 아닌 글의 차이가 확연합니다. [사례 1-2]에서는 전달하고자 하는 메시지인 주제를 사례가 충분히 뒷받침해주기에 글이 하나의 방향성을 향해 작성되어 '유기성'을 갖추었습니다. 그러나 [사례 1-1]의 경우, 마땅한 주제 없이 공모전 경험이라는 것에 초점을 맞춰 작성했기에 포인트가 명확히 살지 않습니다.

경험부터 떠올려서 쓴 글은 문제점이 한가지 더 있습니다. 기재된 경험에 짜맞춰 글의 주제가 설정될 가능성이 높아진다는 것입니다. 즉 주제라는 뼈대가 없이 글을 쓰다보니, 정작 내가 하고 싶은 이야기대로 글이 작성되지 않을 수 있습니다. 아마 자기소개서를 한 번이라도 작성해 본 취준생이라면 분명 느껴 보았을 것입니다. '내가 쓰려던 자소서 방향은 이게 아닌데?' 이는 주제가 명확하게 설정되어 있지 않은 상태에서 글을 써내려 갔기 때문입니다. [사례 1-2]처럼 주제부터 설정한다면 흔들리지 않고 하나의 방향성을 유지한 우수한 글이 나올 수 있습니다.

마지막 사례를 살펴보겠습니다.

'경험'부터 떠올린 글

- 문항 : 창의적으로 문제를 해결한 경험
- 주제 : 행사를 창의적으로 기획했다.
- 자기소개서 본문 : 대학생 연합동아리 기획부에서 일일카페 행사를 기획했다.

- 문항 : 창의적으로 문제를 해결한 경험

- 주제 : 큰 틀을 변화시키기 보다는 사소한 변화로 사람의 마음을 훔칠 줄 아는 창의

- 자기소개서 본문

  - 일일카페 행사 도중, 빨대 스트로우에 먼지가 들어갈까 걱정되었고, 이에 비닐을 씌어 손님께 전달했다.

  - 손님은 센스 있다는 칭찬과 함께, 일일카페에 대해 주변인들에게 소개해 주었다.

경험이 아닌 주제부터 우선적으로 설정하면 본문에서 이야깃거리가 굉장히 디테일해 집니다. 구체적이라는 것은 곧 스토리텔링이 된다는 말이기도 합니다. 명확한 주제는 스토리텔링까지도 동시에 잡아낼 수 있다는 점, 꼭 명심하고 작성하기 바랍니다.

스토리텔링은 경험이 아닌,
'에피소드'를 중심으로

경험과 에피소드는 다릅니다. 예를 들어 '공모전 수상'은 하나의 경험이지만, 공모전 수상이란 경험 속엔 여러 가지 에피소드가 존재합니다. PART 1의 CHAPTER 03 [사례 1]의 '자기소개서 본문'에 기재된 에피소드는 공모전 수상이란 하나의 큰 경험 속의 작은 에피소드입니다.

우리가 흔히 말하는 스토리텔링이라는 것은 거창한 경험이 아니라, 경험 속에서의 작은 에피소드를 말합니다. 공모전을 수상한 경험 그 자체는 하나의 성과 혹은 결괏값이지, 이야깃거리가 될 순 없습니다. 경험 안에서의 '아이디어 기획', '어려움 극복', '협동'과 같은 것들이 에피소드로서 스토리텔링이 될 수 있는 것입니다.

[사례 1-1]의 경우, 거창한(공모전 자체는 하나의 커다란) 경험이기 때문에 경험 속에는 수많은 이야기가 들어가 있을 것이고 당연히 이야기에 따른 여러 주제가 내포되어 있을 것입니다. 따라서 읽는 이로선 어떤 메시지를 던지고 싶은지 이해하기 쉽지 않습니다. 그러나 [사례 1-2]는 그(커다란) 경험 속에서 내가 이야기하고 싶은 적절한 에피소드를 끄집어 냈기 때문에, 해당 에피소드와 어울리는 주제를 설정하기 쉽습니다(필자의 경우, 주제부터 설정한 후 주제에 맞는 적절한 에피소드를 찾습니다).

경험이 아닌 에피소드를 중심으로 글을 작성하면 다른 문항에서 해당 경험을 다시 한 번 활용할 수 있는 장점도 있습니다. 예를 들어, 맛집 동아리 창단 및 운영 경험이 있다면 도전과 관련된 문항에서 '동아리 창단 에피소드'를 작성해도 되고, 창의와 관련된 문항에서는 '맛집 동아리가 성장할 수 있었던 특정 아이디어'를 메인컨셉으로 작성해도 됩니다. 또한, 동아리 안에서 숱한 갈등과 해결이 있었겠지요? 이런 부분은 소통과 협력 문항에서 기재하면 됩니다.

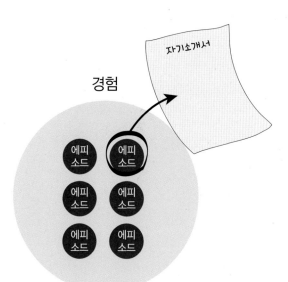

경험이 많은 지원자들의 경우 무관하지만 한정된 경험을 토대로 자기소개서를 작

성하는 취준생의 경우, 큼지막한 경험 하나를 통째로 한 문항에 작성하면 소재 측면에서 막혀버리게 됩니다. 이런 우를 범하지 않기 위해서라도 '경험이 아닌, 에피소드 형식'으로 글을 작성해야 합니다.

의미 없는 기업분석,
이제 그만 Bye!

취업사이트, 취업커뮤니티에서는 한결같이 '기업분석'이 중요하다고 말합니다. 그러면서 취준생들에게 기업분석 보고서와 같은 것들의 구입을 은근슬쩍 유도하곤 합니다. 개인적으로 느끼기에 자기소개서 작성에 있어 수십 페이지를 읽어야 하는 보고서는 불필요합니다. 남들이 뻔히 다 아는, 나보다도 인사담당자가 더 잘 아는 회사 정보를 토대로 자기소개서를 작성한다는 것은 차별화하지 않겠다는 말과 같기 때문입니다.

먼저, 기업분석이 어디에서 활용되는지 알아보겠습니다. 결론적으로 말하자면 '지원동기'나 '이슈 현황 분석' 문항에서 활용됩니다.

일반적으로 지원동기는 '내가 왜 이 산업에 관심을 갖게 되었는지', 그리고 '왜 하필이 기업을 택했고, 그 중에서도 왜 하필 이 직무를 선택했는지'에 대한 답을 주는 문항입니다. 산업/기업에 대한 관심을 표현해야 하는데, 이때 기업분석이 활용됩니다. 그러나 안타깝게도 많은 지원자들이 기업분석을 잘못 이해하여 회사의 슬로건에 대해 인상이 깊었다는 식의 글을 작성하거나, 성장하고 있는 회사에 감명받았다며 단순하게 회사 정보를 활용한 기업분석을 바탕으로 지원동기를 작성하곤 합니다.

분명 이 또한 기업분석이지만, 자기소개서 작성에 있어서는 지양해야 할 불필요한 정보입니다. 그러나 가이드북은 기업에 대한 단순 정보만을 알려줄 뿐, 해당 기업분석을 어떻게 활용해야 하는지는 알려주지 않습니다. 예를 들어 부연 설명없이 현대자동차 슬로건인 'New thinking, New possibilities에 깊은 공감을 해서 현대자동차에 지원하게 됐다.'라는 글을 본다면 필자는 0점을 주고 싶습니다. 회사 슬로건을 토대로 자소서를 작성하는 것은 소재 면에서 차별성도 없고, 본인만의 특별한 이유도 담겨있지 않기 때문입니다. 인사담당자가 아닌 필자의 눈으로 보기에도 꽝이라고 생각되는데 수천 장, 많게는 수만 장의 글을 읽는 인사팀 입장에서는 어떨까요? 당장이라도 떨어뜨리고 싶은 마음일 것 같습니다.

또한, 기업과 관련된 이슈를 적고, 이에 대한 견해를 제시하라는 '이슈 현황 분석'에서도 기업분석이 필요합니다. 그러나 굳이 수십, 수백장의 보고서를 읽을 필요 없이 포털 사이트에서 최신 뉴스만 찾아봐도 어떤 부분이 현재 주요 이슈인지 쉽게 알 수 있습니다. 불필요한 자료를 모두 읽는 데 여러분의 아까운 시간을 투자하지 마시기 바랍니다.

그럼 도대체 어떻게 기업분석을 하는 건가요?

자기소개서라는 것은 철저히 '개인화' 되어야 합니다. '自(스스로 자), 記(기록할 기)' 소개서입니다. 스스로를 기록하는 글은 주관적일 수 밖에 없습니다. 기업분석 또한 누구나 다 알 수 있는 객관적인 사실을 곧이곧대로 옮길 것이 아니라, 특정 현상이나 사실에 대해 본인의 생각을 담는 것이 필요합니다. 이에 대한 가장 좋은 방법은 '경험/에피소드를 기재하고, 그에 따른 생각과 통찰'을 서술하는 것입니다.

> **[BEST 기업분석이란?]**
> 지원할 산업/기업에서의 경험(에피소드)과 해당 경험(에피소드)을 통해 '해당 산업/기업에 대한 본인의 생각을 언급한 것'

사례 1 쇼핑몰 사업에서 물류의 성장성을 엿보다

'맘쉬공'이라는 유아 물품 수입 사업을 하는 지인의 부탁으로 사업 투자 기획안을 써준 경험이 있습니다. [에피소드] 월 매출 몇 천만 원 정도 되는 이 쇼핑몰은 다른 사업체들과 비교하여 가격 경쟁력이 큰데, 조사하는 과정에서 물류라는 중간 비용의 역할이 컸음을 알 수 있었습니다. [물류 산업의 중요성을 느낌] 유아용 비스킷, 기저귀 등을 수입하는 이 업체는 동종 경쟁 업체와는 달리 대형 물류 사업체와 협약을 맺고 있었고 이로 인해 대량 주문이 가능, 저렴한 비용으로 물건을 들여올 수 있어 꾸준한 수익을 낼 수 있었습니다. [내 주장을 뒷받침해 줄 수 있는 근거] 이 과정을 지켜보면서 물류 사업의 비전을 볼 수 있었습니다.

앞으로도 온라인, 오프라인을 기반으로 한 수입, 수출 사업은 지속적으로 성장할 것이라고 생각합니다. 그 가운데 물류 사업은 '태풍의 눈'이 될 것이라 의심치 않습니다. [물류 산업의 비전] 그 중에서도 현대자동차 관련 상품을 담당하고 있는 글로비스의 발전이 기대되고, 입사 후 경영기획의 '목표 수립 전문가'로 성장 및 역량을 발휘하여 그 과정을 함께 지켜보고 싶습니다. 현재 잇따라 다른 나라에서 발생하고 있는 저금리 상황으로 인해 해외수출에 비상이 걸렸습니다. … (중략) …

일반적인 회사의 연혁, 매출, 현황에 대해 언급하는 글이 아닙니다. 특정 경험을 통해 산업의 중요성과 비전을 느낄 수 있다는 내용의 글이고, [사례 1]과 같이 본인의 견해가 제시된 기업분석이야말로 BEST입니다.

사례 2-1 내 경험과 관련된 기업분석

- 조사한 기업분석 : 동남아 물류에 이제 막 진출한 OOO회사
- 작성자 : 동남아 물류 시장에 대해 직·간접적으로 배울 수 있던 경험 보유
- 자기소개서 본문 : 동남아 시장 진출의 필요성 언급 → 이를 먼저 선점하는 기업이야말로 앞으로의 물류 패권을 잡을 수 있을 것 → OOO회사는 이렇게 한 발 빠른 판단력으로 앞서 나아가고 있음 → 발 빠른 판단력이야말로 글로벌 시대를 리딩하기 위한 가장 큰 역량 → 동남아 물류를 직·간접적으로 경험하면서 배울 수 있었던 OOO를 토대로 OOO회사에서 역량을 발휘하고 싶음

이럴 경우, 지원자가 조사한 기업분석은 의미가 있습니다. 그런데 만약에 [사례 2-2]와 같은 기업분석을 했다면 어떨까요?

사례 2-2 내 경험과 무관한 기업분석

- 조사한 기업분석 : 미국 시장 침체로 인한 매출 감소
- 작성자 : 동남아 물류 시장에 대해 직·간접적으로 배울 수 있던 경험 보유
  → 조사한 기업분석(미국)과는 관련 없는 경험이기에 활용할 수 없음

위와 같은 기업분석을 하게 될 경우, 동남아 물류와 관련된 본인의 직·간접적인 경험은 활용할수 없습니다. 물론 미국 시장에 대한 본인만의 견해를 잘 정리한다면 이 또한 기업분석이 되겠지만, BEST라고 할 수 있는 '관련 경험을 통해 나만의 견해를 제시하는 기업분석'은 불가할 것입니다.

따라서 효율적으로 기업을 분석하기 위해서는 나와 관련 있는 '무언가'만 인터넷 뉴스 기사로 찾으면 됩니다. 만약 내가 강조하고 싶은 에피소드와 역량이 동남아 물류와 관련되어 있다면, 포털사이트에서 'OOO회사 동남아'라는 식으로 SEARCH합니다. 그 다음, 해당 기사와 나를 엮을 수 있는 것들이 무엇이 있을지를 찾아보는 것입니다.

다시 말해, 기업분석은 여러분이 알고 있는 방식과 '거꾸로' 가야 합니다. 방대한 기업정보 속에서 나와 관련된 것들을 찾는 수고를 할 것이 아니라, 'OOO회사+나와 관련 있는 키워드'를 검색하여 노출되는 정보와 본인의 연관성을 찾아야 합니다. 이렇게 할 경우 시간도 절약 가능하고, 차별화된 나만의 기업분석이 가능해집니다.

신한은행 일반직 행원 합격 자소서 中 입사 후 포부   Written by 히든자소서

> **사례 3** … (중략) … 글로벌 리딩뱅크로서 성장할 신한은행에 발 맞춰 지속적인 외국어 공부를 실천하겠습니다. 영어뿐만 아니라 제2외국어로 인도어 등 스스로 경쟁력을 가질 수 있는 외국어를 습득해 지역전문가가 되기 위한 발판을 마련하겠습니다. … (중략) …

글로벌화에 맞춰 외국어 공부를 실천하겠다고 했습니다. 그러면서 제2외국어로 '인도어'를 하겠다고 하는데, 어떤 이유였을까요?

필자가 신한은행을 지원할 당시, 포털사이트에 '신한은행+글로벌'로 검색했더니 이제 막 인도시장에 진출한 신한은행의 뉴스 기사를 볼 수 있었습니다. 따라서 다른 언어를 배우겠다는 이야기를 할 수도 있었겠지만 굳이 인도어를 배우겠다고 말한 것입니다. 이것 또한 기업분석의 일종이라고 할 수 있겠습니다.

[사례 1]을 토대로 한 가지 더 생각해 볼 포인트가 있습니다. 산업과 직접적인 경험까지는 갖추지 못했더라도 충분히 우수한 지원동기를 작성할 수 있다는 것입니다. 현대글로비스 자소서를 쓰기 전까지만 하더라도, 스스로를 되돌아 볼 때 물류와 직접적으로 연관된 나만의 에피소드를 찾을 수 없었습니다.

[사례 1]에서 볼 수 있듯이 기재된 경험은 사업 투자 기획안 작성일 뿐, 투자 기획안 자체가 물류와 직접적인 연관성이 있는 것은 아닙니다. 그러나 왜 내가 물류 산업에 종사하고 싶은지에 대해 충분히 명확한 이유가 나와 있는 지원동기로 읽힙니다.

이는 산업과 관련 없는 경험이라 할지라도, 어디에 포인트를 두는가에 따라 지원동기를 작성할 수 있다는 것을 시사합니다. 예를 들어, 사업 투자 기획안을 작성했던 위 경험을 바탕으로 '물류 산업 비전'을 느끼는 글이 아니라 '사업을 행하기 전, 스스로를 평가할 줄 아는 분석'이 중요하다는 식의 글을 작성했다면, 기업의 가치나 등급을 평가하는 '증권사, 신용분석사' 등의 지원동기에도 충분히 활용 가능합니다.

필자 또한 35승의 서류합격이라는 성과를 냈을 당시, 가진 경험은 굉장히 한정적이었습니다. 그럼에도 불구하고 전 산업/직무에서 우수한 결과를 얻을 수 있었던 비결은 꼭 관련된 해당 산업 및 기업과 관련된 경험이 아닐지라도 그럴싸하게 풀어낼 수 있는 방법이 있었기 때문입니다.

2년 전, 채용박람회를 다녀온 히든자소서 수강생의 이야기가 임팩트 있게 다가왔습니다. 본인의 이력서로 어느 건자재 회사 면담을 요청했다고 합니다. 채용 담당자가 "레크레이션 강사 자격증이 있으시던데. 이 자격증과 우리 회사 입사와 무슨 관련이 있을까요?"라는 질문을 했는데, 그만 말문이 막혔다고 합니다. 그러면서 인사담당자가 하는 말이, 방금 전 웃음치료사를 보유한 취준생이 다녀갔는데 해당 자격증을 갖춘 본인이 우리 회사에 입사해야 하는 이유를 3가지나 말하고 갔다는 것입니다. 비록 직접적인 경험이 아닐지라도 그 경험에서 얻을 수 있는 통찰을 회사와 연관만 시킬 수 있다면 좋은 평가를 받을 수 있다는 것을 알 수 있습니다.

만약 특정 산업 경험이 있는 지원자만 채용이 된다면, 너 나 할 것 없이 자동차 공장에서, 전자회사 2차 벤더에서, 핸드폰 대리점에서 경험해보고자 할 것입니다. 그러나 주변에서 흔히 볼 수 있듯 전혀 해당 산업과 관련 없는 경험을 했던 친구들이 S전자, H자동차, S통신사, S반도체회사 등 국내 굴지의 기업에 버젓이 합격하는 경우가 허다합니다.

물론 직접적인 경험을 갖추고, 그 경험 속에서 얻은 산업에 대한 통찰 자소서로 옮긴 지원자를 이기긴 어렵습니다. 그 지원자는 그 산업에 뛰어들기 위해 진로를 결정했고, 관련된 경험을 했고 그 경험들을 통해 해당 산업과 기업에 꼭 입사해야겠다는 확고한 의지가 있습니다. 이런 친구들과 경쟁해 이길 확률은 극히 낮을 것입니다. 그러나 산업과 관련된 경험은 갖추었지만 해당 경험 속에서 아무런 통찰을 느끼지 못한 지원자와, 비록 산업에서의 직접적인 경험은 전무하지만 특정 경험을 통해 간접적으로 산업의 중요성과 비전을 느낀 지원자가 경쟁한다면 단연코 후자가 더 유리하다고 자신 있게 말할 수 있고, 실제 합격 결과로 방증하고 있습니다.

직·간접적으로 해당 산업/기업과 관련된 경험이 ZERO라면요?

그럼에도 지원동기를 작성할 수 있습니다. 경험 대신 여러분의 우수한 생각이 뒷받침해 주면 됩니다. 사례를 통해 알아보겠습니다.

이마트 마케팅 합격 자소서 中 지원동기 및 포부 · Written by 히든자소서

사례 4 … (중략) … 현재 이마트는 경쟁이 치열해지고 경기 침체로 위축된 소비 심리에도 불구하고 높은 신장률을 기록하면서 '국내 1위 할인마트' 입지를 굳건히 하고 있습니다. [회사 현황] 1위 자리를 지속적으로 유지하기 위해서는 질적 혁신으로 타 업체와는 차별화를 이루어야 합니다. '국내 최저 가격'이라는 슬로건보다는 '국내 최고 서비스'의 컨셉으로 고객에게 접근해야 합니다. 최고의 서비스를 위한 제가 갖고 있는 무기는 성실함입니다. … (중략) … [현 상황에 대한 나만의 솔루션/아이디어]

회사 홈페이지 혹은 포털 사이트에 '이마트'만 검색해도 '국내 1위 할인마트'는 쉽게 노출되는 문구입니다. 회사 현황에 대한 이야기는 끝입니다. 굳이 현재 이마트 현황을 자기소개서에 기재한 이유는 뒤에서 나오는 '내가 하고 싶은 이야기'를 하기 위함이고, 간략하게 소개 정도로만 글을 작성했습니다.

이마트, 유통 산업 전반을 바라보았을 때 필자가 느낀 부분은 '최저 가격'으로 인한 가격 출혈 경쟁이 아닌, 콘텐츠&서비스로 무장된 질적 혁신이 필요하다는 것이었습니다. '국내 1위 할인마트'라는 객관적인 이마트의 위치 속에서 내가 기여할 수 있는 부분들이 무엇이 있을까를 고민한 끝에 위와 같은 자기소개서가 나오게 된 것입니다. 위와 같이 작성하면, 산업 및 기업과 직접적인 관련 있는 경험은 없지만 진지한 고찰을 해봤던 지원자라는 인상을 주고, 합격할 수 있는 가능성은 조금 더 높아질 것입니다.

소소한 사례로도
충분히 합격이 가능하다!

취업준비생들에게 종종 듣는 질문이 있습니다.

"도전, 창의라고 부를만한 경험이 없어요. 자기소개서를 작성할 수 있을까요?"

"네, 가능합니다. 글의 주제와 일치하면서, 공감을 살 수 있는 소소한 사례로도 충분히 합격이 가능합니다."라는 대답을 드립니다. 직접 작성해 합격 결과를 얻은 사례를 통해 자세히 알아보도록 하겠습니다.

대한항공 일반직 합격 자기소개서 中 서비스 정신 · Written by 히든자소서

사례 1 환한 미소는 고래도 춤추게 한다

이제 막 개업한 스터디 카페, 문을 열고 들어갔을 때 젊은 사장님은 우리를 향해 환한 미소와 함께 날이 덥다며 시원한 아이스티를 건네 주셨습니다. 정성과 미소에 덩달아 웃음 짓게 된 스터디원들, 그 이후로 이곳은 우리들의 단골 스터디 장소가 되었습니다. [에피소드]

시원한 차 한 잔과 환한 미소는 제가 대한항공 일원이 되었을 때, 고객들에게 언제나 건넬 수 있는 '진한 행복'이라고 생각합니다. [주제=배움] 항공서비스업은 고객이 변심한다면 언제든지 시장의 판도가 바뀔 수 있는 불안정한 위치에 속해 있습니다. [산업에 대한 나만의 생각] 고객을 향한 따뜻한 미소와 차 한 잔 건넬 수 있는 정성으로 대한항공을 향후 제가 만나게 될 모든 고객들의 단골 항공사로 만들어 보이겠습니다. [포부=적용]

[사례 1]에서 보이는 '에피소드'는 스터디 카페에 방문했는데, 사장님이 아이스티를 한 잔 건네준 것이 끝입니다. 아무리 자기소개서 작성에 자신이 있는 저일지라도 위와 같은 소소한 사례로 승부를 볼 것이라는 생각을 했을까요? 당연히 아닙니다. 이런 평범한 경험이 아니더라도 다양한 대외활동을 통해 최고의 서비스를 말할 수 있는 사례들은 많았습니다. 그럼에도 불구하고 이 사례를 군이 끄집어 낸 이유는 '내가 설정한 주제'를 가장 잘 표현할 수 있었기 때문입니다. PART 1의 CHAPTER 02에서 이미 언급한 바 있는 '주제'의 중요성과도 연결됩니다.

이 글을 작성할 당시, '내가 경험한 최고의 서비스'를 떠올리지는 않았습니다. 그보다는 '어떤 서비스가 최고의 서비스라고 불릴 수 있을까?', '대한항공을 방문한 고객들이 어떤 서비스에 감동을 할까?'라는 본질적인 질문에서부터 시작했습니다.

그 결과, 나의 경험에 비추었을 때 이벤트에 당첨되어 일시적으로 느낀 행복 같은 것들보다는, 사소한 것을 챙겨주는 직원들의 모습이 마음 속에 더 인상적으로 남았고, 분명 다른 사람들도 이런 부분에 공감할 수 있을 것이라고 생각했습니다. 글의 주제인 '시원한 차 한 잔과 환한 미소는 제가 대한항공 일원이 되었을 때, 고객들에게 언제나 건넬 수 있는 '진한 행복'이라고 생각합니다.'를 먼저 설정한 후, 소소한 감동으로 나를 사로잡았던 서비스 관련 에피소드를 찾아 나섰습니다. 그 에피소드가 바로 스터디 카페 방문 스토리였던 것입니다.

LF(구 LG패션) 상품기획 MD 합격 자소서 中 지원동기　　　　　　　　　　　　　　Written by 히든자소서

사례 2　군 월급 모아 '닥스' 핸드백!

하루에도 수 없이 많은 신상품들이 쏟아져 나오고 있습니다. 하지만 결국 살아남는 것들은 고객들의 욕구를 지독하게 파악해 출시된 상품들입니다. 그렇다면 하나의 의문점이 생깁니다. '무엇이 고객의 마음을 움직이게 하는냐', 바로 행복, 자신감 전달입니다. [상품이란 본질에 대한 나만의 생각]

군대 월급을 모아 어머님께 처음 사드린 닥스 핸드백. 처음 갖게 된 핸드백에 어머니는 고맙다며 제게 환한 미소를 던져 주셨습니다. 또한 동창 모임에 가서 소소하게 자랑도 하시는 모습을 보며, [에피소드] 하나의 상품이 개인에게 즐거움을 줄 뿐만 아니라 자신의 가치까지 끌어올리는 매개체가 될 수 있음을 깨달을 수 있었습니다. [주제=배움]

자신감과 행복을 동시에 선사해 주었던 LG패션에서, 이제는 제가 트렌드를 예측하고 중, 장기적 브랜드의 비전을 수립하는 상품기획의 일원이 되어 다른 이들에게 또 다른 행복을 전달해 주고 싶습니다. 귀사 상품을 사용하는 모든 이들의 얼굴에 함박웃음이 피도록 만들어 보이겠습니다. [포부=적용]

[사례 2]에서 보이는 에피소드라고는 '군대 월급을 모아서 어머니께 LG패션 상품인 닥스 핸드백을 사드린 것'이 다입니다. LG패션 지원동기를 작성하라는 문항에서 과연 특별한 경험이 아닌 '닥스 핸드백 선물'부터 먼저 떠올렸을까요? [사례 1]과 마찬가지로 당연히 아닙니다.

지원한 직무는 '상품기획 MD'였습니다. LG패션 상품기획 직무를 지원하려고 마음먹었을 때, 어떤 주제를 가지고 글을 작성해야 하는지를 먼저 떠올렸습니다. '상품기획 직무의 본질은 무엇일까?', '이 직무가 없다면 어떻게 될까?', '상품기획 담당자가 궁극적으로 느껴야 할 통찰은 무엇일까?' 등 이런 것들을 떠올렸습니다.

그 결과 상품이라는 것이 단순히 소유가 아닌, 내 가치까지 UP할 수 있다면 담당자로서 성공했다는 평을 들을 수 있을 것이라고 생각했습니다. 이런 판단을 주제로 삼아, 즐거움과 가치를 끌어올렸던 간접적인 경험인 '닥스 핸드백 선물' 에피소드를 선정하여 작성한 것입니다.

한국투자증권 본사영업 합격 자소서 中 10년 후 모습   Written by 히든자소서

사례 3 ‖ 법인 고객들의 진실된 친구가 되겠습니다

저는 '인맥'이라는 말을 좋아하지 않습니다. 그보다는 '친해지고 싶은 친구', '진실된 친구'라는 말을 자주 씁니다. [주제=배움] '컬컴'이라는 영어회화 커뮤니티에서 한 펀드매니저분을 알게 됐습니다. 지나가는 말로 밥이나 한 끼 하자던 그분. 제가 직접 여의도로 찾아가 '형, 술 한 잔해요.'라 했을 때 당혹스러우면서도 얼굴엔 미소가 가득하셨습니다. [에피소드] 우리가 스쳐 지나갈 수 있는 인연들이 굉장히 많습니다. 저는 핸드폰 속에 한 칸 채워져 있는 사람들이 아닌 진실된 만남을 원합니다. [주제=배움]

10년 후엔

1. 수많은 법인 고객들의 '진실된 친구'로 남을 것입니다. 그들이 힘들 때 위로해주고 저 또한 업무적으로, 이외의 것으로 힘들 때 연락해 술 한 잔 하고 도움 받을 수 있는 그런 친구로 남겠습니다. [포부 1=적용]

2. 투자전략에 대해 스스로 고민해 제안할 줄 아는 능력을 배양하기 위해 CFA lv3까지 취득해 타 법인 영업 경쟁자들에 비교해 경쟁력을 갖겠습니다. [포부 2]

위 합격 자기소개서에서 보이는 경험 또한 평범합니다. 영어회화 커뮤니티에서 알게 된 형이 빈말로 밥 한 번 먹자고 말했는데, 실제 찾아가서 식사를 요청했던 스토리입니다. 여러분도 인생을 살면서 이런 경험 하나쯤 갖고 있지 않나요? 빈말이 아닌, 진심으로 사람을 대했던 경험 말입니다.

"'인맥'이라는 말을 좋아하지 않습니다. 그보다는 친해지고 싶은 친구, 진실된 친구라는 말을 자주 씁니다.'는 핵심 주제입니다. 이를 먼저 떠올렸기 때문에 이에 일치하는 소소한 사례를 활용해 작성한 것입니다.

그러나 정말이지 안타깝게도 많은 취준생들은 이런 소재로 글을 작성하는 것을 머뭇거리곤 합니다. 가장 큰 이유는 아마도 '괜히 남들과 같은 소재로 작성하지 않아서 내 소중한 채용 기회가 날아갈 수도 있다.'라는 판단 때문일 것입니다.

물론, 거창한 에피소드가 좋지 않다는 뜻은 아닙니다. 아무래도 조금 더 스케일이 큰 경험과 에피소드가 자소서 작성에는 더 유리하겠지요. 그러나 거창한 경험을 굳이 고집하다가 전하고자 하는 메시지를 제대로 던지지 못하는 자소서보다는, 소소한 사례를 통해 내가 전하고자 하는 메시지를 명확히 보여주는 자기소개서가 합격률이 높다는 것을 저와 제 수강생들이 증명하고 있습니다.

그럼에도 불구하고 소소한 에피소드를 쓰는 것이 겁이 난다면, 위에서 보여준 3가지 사례(LF, 대한항공, 한국투자증권)가 페이스북을 이용하는 취준생들 사이에서 '1,500회 공유'라는 기록을 세웠던 문항이라는 점을 참고하시기 바랍니다. 파급력이 컸다는 것은 곧 다수에게 공감을 불러일으켰다는 것을 말이기도 합니다. 사람마다 느끼는 감정은 미세하게 다를 순 있지만 일정 틀 밖으로 크게 벗어나지는 않습니다. 인사담당자도 마찬가지입니다. 문항이 나오면 습관적으로 대단한 경험, 색다른 경험만을 고집하려는 태도를 고쳐보도록 하세요. 공감을 불러올 수 있는 주제, 그리고 그 주제에 최적화된 경험이 여러분의 합격률을 더 높일 것입니다.

여기서 잠깐! 빵빵한 스펙/경험 보유자가
탈락하는 이유는?

컨설팅을 진행하면서 가장 안타까웠던 점을 말해보자면, '수 많은 경험과 우수한 스펙'을 보유하고 있음에도 불구하고, 계속해서 서류 불합격을 하는 취준생들이 있다는 것입니다. '나와 경험도 스펙도 유사한 주변 동기들은 합격하는데, 왜 나만 떨어질까?' 물론 답은 자기소개서에 고스란히 담겨 있습니다.

부족한 글쓰기 능력은 우수한 자기소개서를 따라 써보면서 점차 극복이 가능하지만, 버릇처럼 굳어 있는 자기소개서 작성법은 쉽게 변하지 않습니다. 가장 대표적인 잘못된 작성법은 '너무 많은 이야기를 담는 것'입니다.

예를 들어, 도전정신과 관련된 문항이 있다고 가정해보겠습니다.

사례 1　취준생 A : 키워드인 '도전'을 본인만의 도전으로 세분화하여 주제로 정함. 주제로 정한 '도전'과 관련된 에피소드만 기재함

취준생 B : 키워드인 '도전'에 대한 마땅한 주제를 정하지 않음. 도전이라고 생각했던 모든 경험들을 나열함

취준생 B의 경우, 던지려고 하는 메시지도, 본인이 어떤 도전을 했는지 보여줘야 할 스토리텔링도 자기소개서에 담기지 않게 됩니다. 이럴 경우, 하나의 온전한 에피소드만 기재한 취준생에 비해 좋은 글이 나올 수가 없습니다.

필자 또한 동계인턴을 처음 지원할 때 이와 다르지 않았습니다. 대학생활 동안 국내 1위의 전국 연합 맛집 동아리도 직접 창단했고, 대학생 맛 대표로서 방송에 출연하는 등 경험이 다채로웠습니다. 이런 내가 가진 경험들을 모두 보여주면 남들은 어렵다는 취업에서 쉽게 승리할 줄 알았습니다. 그러나 PROLOGUE에서 이야기한 것처럼 결과는 참담했습니다. 그 당시 필자가 작성했던 자기소개서는 아래와 같습니다.

기아자동차 동계 인턴 "불합격" 자기소개서 中 지원동기   Written by 히든자소서

> **사례 2**   저는 욕심 많은 사람입니다. 제 목표를 달성하기 위해 대학생활 동안 힘껏 달려왔습니다. 학업, 공모전, 대외활동, 동아리, 연애 등 무엇 하나 놓치지 않았습니다. 이런 저야말로 전체를 이끌어야 하는 기아자동차 경영기획팀의 일원이 되어야 합니다. … (중략) …

앞서 제시했던 지원동기와는 딴판의 글입니다. 나와 회사의 연결고리가 되는 기업분석도 없습니다. 혹여나 그런 연결고리가 없더라도 특정 경험을 통해 자동차 산업 혹은 기아자동차에 입사해야 할 이유를 직·간접적으로 드러내야 했는데, 그런 언급 또한 전혀 없습니다. 마지막으로 내가 경험했던 것들을 모두 보여주면서, 이렇게 열심히 살아왔던 나니까 기아자동차 경영기획팀에 입사해야 된다는 식으로 설득이 아니라 억지를 부리고 있습니다.

여러분의 자기소개서는 어떤가요? 위의 [사례 2]와 같진 않은가요? 만약 그렇다면 하루 빨리 자소서를 작성하는 습관을 바꾸셔야 하고, PART 1의 내용과 더불어 PART 2에서 배울 기본적인 자소서 작성법을 익히셔야 합니다.

PART

2

모르면 불합격?!

자소서의
기초 원리

자기소개서 3단 논법
에피소드-배움-적용

논리적인 자기소개서를 작성하기 위해서는 기본 틀이 있어야 합니다. 어떤 틀이 설득력이 높을지 고민했고, 제 나름대로 답을 냈던 것이 바로 '에피소드-배움-적용'이라는 3단 논법이었습니다. 한 마디로 '특정 에피소드에 대해 이야기한 뒤, 해당 에피소드를 통해 무엇을 배웠고, 배운 내용을 토대로 해당 회사에서 어떻게 기여할 것인지'를 작성하는 방법입니다.

회사가 나에게 궁금해하는 것이 무엇일까요? 과연 나의 에피소드가 궁금할까요? 필자는 그렇게 생각하지 않았습니다. 스스로 특별하다고 생각했던 에피소드도 결국 선배들이 한 번쯤은 해봤던 것들이기 때문에, 경험으로는 절대 차별화를 할 수 없다고 생각했습니다. 그래서 '배움'을 강조하기로 했습니다.

필자가 깨달은 점은 에피소드는 같을 수 있지만, 특정 에피소드를 통해 배운 점을 토대로 타 지원자와 차별화할 수 있다는 것입니다. 여기서 그치면 안 되겠지요? 회사에서 자기소개서를 통해 인재를 선발하려는 이유는 회사에서 이윤을 창출해 주기를 원해서입니다. 때문에 나 자신이 회사에 어떻게 기여할 수 있을지에 대한 내용이 필요하다고 생각했고, 이를 '적용'이라고 부르고 있습니다. 이를 통해 '에피소드-배움-적용'이라는 3단 논법을 완성한 것입니다.

그러나 무엇보다도 설득력이 중요하다.

언제부턴가 취준생들이 'STAR'라는 기법을 토대로 자소서를 작성하는데, 사실 필자는 해당 기법이 무엇인지 아직도 정확히 이해하지 못하고 있습니다. 사실 이 책에서 언급한 3단 논법이라고 하는 것들도 자기소개서를 쉽게 작성하기 위함이지, 꼭 이대로 작성해야 하는 것은 아닙니다. 오직 중요한 것은 '설득력'입니다. 형식을 깨뜨린다고 해서 불합격할까요? 아닙니다. 아래의 [사례 1]은 일반적인 형식과는 상당히 다른 자기소개서이지만, 당당히 합격했습니다.

사례 1 **[오늘의 인터뷰, 프로그램 : 맛집 동아리 'X']**

오늘 맛집 동아리 'X' 프로그램을 제작하고 3년 동안 이끌어온 이중원 씨를 만나보겠습니다. 'X'는 현재 6기까지 진행, 회원 수 4천 명 등 명실공히 '맛' 분야 1위를 지키고 있는 프로그램인데요. 여러분들이 가장 궁금해 하는 질문 3개를 가지고 왔습니다.

Q. 이 프로그램을 제작하게 된 동기는 무엇인가요?

A. 말년 병장 때, 하염없이 시간을 때우기 보다는 사회에 나갔을 때 다양한 사람들과 다양한 경험을 즐기기 위해 이 프로그램을 기획하고 구성했습니다. 보초를 서면서도 머릿속에는 어떻게 콘텐츠를 만들어나가고 사람을 끌어 모아 조직을 구성할까에 대한 생각뿐이었습니다.

Q. 3년 동안 이끌어오면서 가장 힘들었던 일은 무엇이었나요?

A. 아무래도 조직이라는 것은 사람들에 의해 구성되는 것이기에, 사람들을 관리하고 조율하는 과정이 힘들었습니다. 특히 프로그램 초창기, 조직 내에서 연애가 팽배했고 얼마 지나지 않고 다들 사이가 틀어져 일부 인원이 나오지 않는 상황이 발생했습니다. 'X' 3개월설(3개월 안에 망한다는 소문)이 이곳저곳에서 돌았습니다. 상황이 급속도로 악화돼 포기할까도 생각했지만 리더로서 이를 두고만 볼 수 없었고, 책임감을 발휘해 한 사람 한 사람 찾아다니며 이들에게 프로그램에 대한 확신과 다시금 'X'를 찾아올 수 있게 설득했습니다.

Q. 타 프로그램(동아리)와의 차별점이라면 무엇이 있을까요?

A. 다양한 콘텐츠를 창출해 내기 위해 끊임없이 도전하고 노력했습니다. 맛집 동아리니까 '맛집'만 찾아다닐 것이라는 통념을 깨고, 음식과 관련된 문화를 기획하는 일을 만들어 나갔습니다. 특히 소셜커머스 업체와 대학교 주변 맛집을 알리는 공동프로젝트, 전통 과자와 옛 먹거리에 대해 알리기 위한 축제 기획, '혀'로만 맛을 느끼는 것이 아니라 '머리'로도 맛을 느끼게 하자는 취지로 창업에 성공한 요식업계 CEO분을 초청하여 "맛있는 강연회"를 주최하는 등 다양한 시도를 해왔습니다.

이와 같이 형식을 깨뜨린 글도 누군가 설득할 수 있는 힘만 있다면 자기소개서 합격이 가능합니다. 그러나 이와 같은 자유 형식으로 작성하기 위해서는 적절한 논법을 활용하여 논리적인 글을 쓰는 습관이 키워져 있어야만 합니다. 아래에서 히든자소서가 합격했던 논법인 '에피소드-배움-적용'에 대해 살펴보고, 다음에 나올 '02 유일하게 나를 차별화할 수 있는 배움'에서 더 자세히 알아보도록 하겠습니다.

[자기소개서 3단 논법]
- 에피소드 : 하나의 커다란 경험이 아닌, 특정 경험에서 일어난 '에피소드'에 대해 이야기할 것
- 배움 : 해당 에피소드를 통해 무엇을 배웠는지 어필할 것
- 적용 : 해당 에피소드 혹은 배움을 토대로 회사에서 어떻게 기여할 수 있을지를 이야기할 것

유일하게 나를 차별화할 수 있는
'배움'

앞서 '01 자기소개서 3단 논법'을 제대로 이해했다면, 3가지 논법 중 가장 중요한 포인트가 무엇인지를 단번에 알아야 합니다. 글 작성에 있어 가장 중요한 점은 '주제를 설정'하는 것이라고 앞서 강조한 바 있습니다. 3가지 중 주제와 관련 있는 부분은 바로 '배움'입니다. 이 '배움'을 얼마나 차별화해서 작성하느냐에 따라 여러분의 글이 확연한 차이를 보여줍니다.

여러분이 작성할 경험과 에피소드는 사실 매우 한정적입니다. 기껏해야 인턴, 대외활동, 봉사활동 정도입니다. 여러분들의 경험을 평가절하하자는 것이 아니라, 차별성을 보여줘야 할 자기소개서에서 해당 경험들만으로는 절대 타 지원자들보다 우위에 설수 없다는 말입니다. 그러나 '배움'은 다릅니다. 같은 현상을 보고도 각각 '물이 반이나 있네?', '물이 반밖에 없어?'와 같이 말할 수 있는 것처럼, 동일한 경험을 하고도 사람마다 관점이 다를 수 있습니다. 따라서 여러분은 같은 동아리 활동을 했을지라도, 같은 인턴 경험을 했을지라도 해당 경험에 대한 '관점'을 얼마나 매력적으로 풀어가느냐에 따라 합격과 불합격으로 나누어 질 수 있는 것입니다.

'배움'이 중요한 이유가 한 가지 더 있습니다. 많은 취업준비생들이 범하는 오류 중 하나가 경험을 서술한 뒤, 해당 경험을 통해 이 회사에서 어떻게 하겠다는 식으로 글을 작성한다는 것입니다. 그러나 이와 같은 전개에는 논리적 비약이 있습니다.

사례 1-1
- 취준생 A : 봉사단체에서 캠페인 기획 업무를 담당함
- 에피소드 : 캠페인에 동참하는 A그룹, 캠페인에 동참하지 않는 B그룹의 특성을 데이터화하였다. B라는 그룹의 데이터를 파악하니, OOO 결과가 나왔고 이들을 대상으로 캠페인 전략을 짰더니 긍정적인 결과가 나왔다.
- 지원하는 회사 및 직무 : △△ 전자회사 영업마케팅 직무
- 적용 : 봉사단체 캠페인 기획 업무는 △△ 전자회사 영업마케팅을 하는 데 있어 큰 도움이 될 수 있을 것이다.

상식적으로 봉사활동 캠페인 기획 업무와 전자회사 영업마케팅 업무 사이에 관련성이 있을까요? 아주 사소한 차원에서 비슷한 부분이 있을 순 있지만, 전반적으로 일하는 방식부터 시작해 업무 내용까지 다를 것입니다. 그러나 취준생들은 봉사단체에서의 캠페인 기획 경험이 전자회사 영업마케팅 업무를 하는 데 '직접적으로' 보탬이 될 것이라고 이야기하곤 합니다. 이런 점이 논리적 비약이라는 것입니다.

그러나 만약 [사례 1-2]처럼 작성하면 어떨까요?

사례 1-2
- 취준생 A : 봉사단체에서 캠페인 기획 업무를 담당함
- 에피소드 : 캠페인에 동참하는 A그룹, 캠페인에 동참하지 않는 B그룹의 특성을 데이터화하였다. B라는 그룹의 데이터를 파악하니, OOO 결과가 나왔고 이들을 대상으로 캠페인 전략을 짰더니 긍정적인 결과가 나왔다.
- 배움 : 해당 경험을 통해 전체 모수를 통한 전략보다는 타겟을 세분화하여, 타겟에 맞는 전략을 세웠더니 결과값이 유의미함을 알 수 있었다.
- 지원하는 회사 및 직무 : △△ 전자회사 영업마케팅 직무
- 적용 : 전자회사 영업마케팅 직무 수행 시, 전달하고자 하는 메시지가 효과적으로 퍼지기 위해서는 전달받는 대상에 대한 grouping과 그에 맞는 스토리텔링 전략이 중요할 수 있다. 캠페인 기획을 하면서 익혔던 '타겟에 맞는 전략'에 대한 배움을 토대로 메시지 전달을 극대화해 귀사 매출에 보탬이 되겠다.

봉사단체 캠페인을 한 행위 자체에 초점을 맞추지 않고, 해당 에피소드를 통해 '영업 마케팅'과 관련된 '인사이트를 얻은 점'을 토대로 자기소개서를 작성했습니다. 이렇다 보니 회사에 기여할 수 있는 부분을 이야기할 때에도 구체적이면서도 자연스럽게 작성이 가능합니다. 이는 글의 설득력을 갖추게 해 줍니다(물론, 만약 취준생 A가 봉사단체 캠페인 기획 업무를 담당한 경험이 있는데, 지원하는 회사가 봉사단체 캠페인 기획 직무라면 '에피소드-적용'의 구조로 작성하더라도 논리적으로 어색한 점은 없습니다).

필자도 마찬가지였지만 여러분들도 한정된 경험으로 여러 가지 산업군/직무에 지원하고 자기소개서를 작성해야 합니다. 이때 배움이 굉장히 유용하게 활용됩니다. 자동차와 관련된 경험이 없더라도 특정 경험을 통해 자동차 산업군의 인사이트(=배움)를 도출하셔야 하고, 상품기획MD와 전혀 관련 없는 활동을 했더라도 해당 경험을 상품기획MD의 인사이트(=배움)로 도출하셔야 합니다. 이런 과정이 자유자재로 가능할 때 여러 산업군/직무에서 합격의 성과를 올릴 수 있습니다.

> **사례 2**
> - 에피소드 : 봉사 단체 기획 업무 – B라는 특성을 가진 그룹은 기획한 캠페인에 동참해주지 않았다. 동참하지 않는 가장 큰 이유는 그 사람들이 원하는 니즈를 제대로 파악하지 못했기 때문이다.
> - 배움 : 명확한 니즈를 파악하지 못한 전략은 실패란 결과값을 초래할 수 있다.
> - 지원하려는 회사 : OO은행 행원
> - 적용 : 영업실적이 급박하다 보면 은행 지점을 내방하시는 고객님들의 니즈에 맞는 상품 권유보다는, 실적에 급급한 상품을 권유해 이미지가 추락할 수 있는 상황이 발생할 수 있다. 불명확한 니즈 파악으로 실패를 겪을 뻔했던 캠페인 기획을 통해 이런 우를 범하지 않는 행원이 되겠다.

[사례 2]는 동일한 경험으로도 서로 다른 산업/직무에서 활용이 가능하다는 것을 보여주는 예시입니다. 주제인 배움을 [사례 1-2]와는 다른 포인트로 설정했습니다. 이에 맞추어 '에피소드'도 '적용'도 달라지게 됩니다. 특정 회사/직무가 필요로 하는 부분을 주제로 설정(=배움)한 뒤, 그 주제에 맞춰 에피소드와 적용 부분을 바꾼다면 어느 곳을 지원하더라도 막힘이 없다는 것을 알 수 있습니다.

사례 3-1
- 에피소드 : Rock 밴드에서 보컬을 맡았음. 많은 연습을 했지만 좀처럼 합이 맞지 않았다. 왜 그런지 알아봤더니 지나친 연습으로 인한 피로누적 때문이었다.
- 배움 : 상대를 고려하지 않는 '끌어당김'은 조직 전체에 피로도와 부정적인 결과를 낳게 할 수 있다는 것을 깨달았다.
- 지원하려는 회사 및 직무 : OO회사/경영지원 총무
- 적용 : 총무팀 행사기획 직무는 임직원 모두를 만족시키도록 최선을 다해야 한다. 특정인만을 대상으로 하여 조직 전체의 피로도가 생기는 행사가 아닌, 모두가 필요로 하는 공통적인 요소를 고려한 이벤트를 마련하고 싶다.

사례 3-2
- 에피소드 : Rock 밴드에서 보컬이자 밴드 리더를 맡았음. 많은 연습을 했지만 좀처럼 합이 맞지 않았음. 왜 그런지 알아봤더니 지나친 연습으로 인한 피로누적 때문이다.
- 배움 : 많은 연습이 중요한 것이 아니라. 순간 순간의 집중이 필요하다.
- 지원하려는 회사 및 직무 : 생명보험회사 영업관리 직무
- 적용 : 주 52시간 근무제에 따라 주어진 업무는 같지만, 줄어든 시간으로 탄력적으로 근무 시간을 활용해야 한다. 설계사를 관리해야 하는 생명보험 영업관리 직무를 수행하면서 순간순간에 집중할 수 있도록 관리 기획을 통해 성과에 소홀하지 않겠다.

 분명 같은 에피소드임에도 불구하고, 배움 곧 주제가 달라짐에 따라서 해당 스토리가 총무/영업관리직으로 자유자재로 작성이 가능합니다. 오직 한 산업/직무만을 바라보는 취준생이라면 이런 걱정이 필요 없겠지만, 취업이란 불확실성 속에 어쩔 수 없이 다수의 기업에 지원할 수 밖에 없을 것입니다. 한정된 경험 속에서 '배움'을 달리한다면 여러 기업 자소서를 제출하실 수 있을 것입니다.

직무분석,
도대체 어디서 활용 가능할까?

직무가 중요하다는 점에 대해서는 누구나 공감합니다. 그러나 직무에 대해 공부한 내용들을 어디서 활용할 수 있는지에 대해서는 어디서도 답을 주지 않고 있습니다. 직무분석 활용처를 이해하기 위해 지원동기 작성법부터 다시 살펴 보겠습니다.

지원동기

앞서 설명한 바와 같이, 지원동기는 '내가 왜 이 산업에 관심을 갖게 되었는지', '그 중에서도 왜 하필 이 기업을 택했고, 그 중에서도 왜 하필 이 직무를 선택했는지'에 대해 쓰는 것입니다.

예를 들어 대한항공 승무원을 지원한다고 할 경우, 왜 항공업 혹은 항공서비스업에 대해 관심을 갖게 되었는지, 아시아나항공이나 LCC, 외항사도 있는데 왜 하필 대한항공을 택했는지, 왜 하필 승무원이라는 직무를 지원하고 싶은지에 대해 본인의 경험이나 생각을 근거로 이야기해야 합니다.

지원동기 작성법 중 '왜 하필 해당 직무를 지원하고 싶은지에 대해'라는 부분이 있습니다. 이 부분을 구체적으로 작성하기 위해 직무에 대한 공부가 필요한 것입니다. 해당 직무가 어떤 일을 하는지, 어떤 역량이 있어야 업무를 막힘없이 수행할 수 있는지 알아야만 추상적인 지원동기가 아닌 글을 작성할 수 있기 때문입니다.

'히든자소서 스터디'를 함께 하는 친구들에게는 지원하려는 직무의 하루 일과를 조사하라고 과제를 내줍니다. 하루 일과를 정리하다 보면 이 직무에서 중요한 포인트가 무엇이고, 특정 업무들을 하면서 필요한 역량이 무엇인지 깨닫기 쉽기 때문입니다.

적용

'에피소드-배움-적용'이라는 글 작성 논리 하에 '적용' 파트에서 직무분석이 사용됩니다. 일반적으로 적용 부분을 '이 경험 혹은 배움을 통해 앞으로 OO회사에 보탬이 될 것입니다.'와 같이 추상적인 문장으로 작성하곤 합니다. 그러나 해당 부분을 '실제 업무 상황 속'에서 내 경험과 배움을 어떻게 활용할 수 있을지 가정해서 쓸 수 있다면 회사와 직무에 대해 심도 있는 고민을 해 본 지원자로 비추어질 수 있습니다. 이런 가정을 하기 위해서는 직무에 대한 조사가 필요합니다. 직무에 대한 정보가 없다면 어떤 상황 속에서 자신의 경험/배움을 활용할 수 있을지 알기 어렵기 때문입니다.

이 '적용' 파트는 거의 모든 지원자들이 취약한 분야이기 때문에, 만약 디테일하게 작성할 수 있다면 플러스 점수를 받을 수 있는 좋은 기회가 됩니다.

사례 1

- 은행 일반직(행원) 직무분석 : 은행에서는 고객 한 분 한 분 정성스럽게 충분한 상담을 드리는 것이 고객만족을 이끌어 낼 수 있다. 그러나 한 직원이 특정 고객과 오랜 상담을 진행하게 될 경우, 대기 손님이 점점 많아지는 상황 속에서 타 직원에게 업무를 과중시키고 전반적으로 은행의 효율성이 떨어질 수 있다.

- 자기소개서 본문 : … (중략) … 이와 같이 타인의 불편함을 즉각 알아차릴 수 있는 제 '눈치'는 지점 업무에 있어 큰 보탬이 될 것입니다. 고객 한 분 한 분 충분한 상담을 드려야 하는 것도 필수적입니다만, 한 고객과의 지나치게 긴 오랜 상담은 지점 내 동료들의 업무를 더욱 과중시킬 수 있습니다. 눈치 빠름을 활용해 대기 인원 최소화, 동료들의 업무를 분담하는 역할을 톡톡히 해내겠습니다.

이와 같은 '적용'은 '제 경험은 은행 지점 업무에서 필히 보탬이 될 수 있을 것입니다.'와 같은 추상적인 표현이 아닌 구체화된 포부로 연결될 것이고, 좋은 점수로 이어질 수 있습니다.

직무에 대한 공부는 어떻게 해야 할까요?

필자가 자기소개서를 작성할 당시엔 채용 홈페이지 혹은 블로그 정도에서나 직무 파악이 가능했습니다. 그러나 요즘은 넘쳐 흐를 정도로 정보가 많습니다. 오히려 어떤 정보를 믿어야 할지 고민일 정도입니다. 개인적으로 직무 공부 또한 돈을 들여가며 할 필요성이 전혀 없다고 생각합니다. 직무 관련 강의도 많지만, 제 아무리 전문가라고 할지라도 특정 업무에서 2~3년 이상 근무해보지 않으면 정확히 직무를 아는 것이 힘들다고 봐야 합니다. 또한 인사담당자도 본인 직무에 대해서만 빠삭할 뿐 타 조직 직무에 대해서 디테일하게 알기 어렵습니다.

가장 좋은 방법은 단연코 해당 직무에 몸담고 있는 현직자를 만나보는 것입니다. 만날 때 '뭐가 중요해요?'라는 추상적인 질문보다는 '하루 일과가 어떻게 되는지(직무 분석)', '특정 업무를 하다 보면 어떤 역량이 우선시되는지'와 같은 질문에 대한 솔직한 속내 같은 것들을 듣고 오는 것이 좋습니다. 그러나 내가 원하는 분야에 근무하고 있는 선배가 없을 수도 있겠지요? 이럴 경우 취업 커뮤니티에서 배포하는 자료들을 받아도 좋고, 직무 전문 취업 웹사이트에서 정보를 얻으시는 것도 좋습니다. 다만, 여기서 얻을 수 있는 정보를 한 번 더 본인의 생각으로 정제하는 과정이 필요합니다. '이 직무에서는 어떤 역량이 필요하겠구나.' 혹은 '이 직무에서는 어떤 애로사항이 있을 수 있구나.'와 같은 것들 말입니다. 그래야만 위에서 말했던 개인화된 자기소개서가 작성되기 때문입니다.

인재상에 목숨 걸 필요가 없는
'숨은 이유'

흔히 채용설명회에 가면 인사담당자들이 하는 말이 있습니다. "인재상에 맞춰 자기소개서를 작성하세요." 필자의 생각에는 반은 맞고 반은 틀린 말입니다. 그 이유는 다음 두 가지로 정리할 수 있습니다.

1. 인재상에서 흔히 언급되는 '도전정신', '창의력', '희생정신', '소통과 협력' 등은 키워드입니다. 즉, 주제가 될 수 없습니다. 따라서 인재상에 맞춰 글을 작성할 것이 아니라, '인재상 키워드'를 토대로 주제를 뽑아내야 합니다.

2. 인재상은 대부분의 기업들이 서로 유사합니다. 국내 3대 기업이라 불리우는 그룹사의 인재상을 살펴보시면 아시겠지만 대동소이합니다. 즉, 해당 기업만을 위한 차별적 요소가 아니라는 것입니다.

그럼에도 불구하고 아직도 인재상을 맞춰서 작성하라는 추상적인 말만 하는 인사담당자들은 반성해야 한다고 생각합니다. 실제로 이런 말들은 취준생을 혼란스럽게 합니다. 소통에 대한 문항임에도 불구하고 인재상 중 '도전'을 빼먹으면 안 된다며 소통이 아닌 도전과 관련된 주제와 키워드로 글을 적는 지원자들, 혹은 단순히 소통만 강조하면 끝인 줄 아는 지원자들에게 '탈락'이라는 통보만 할 뿐, 아무런 책임도 지지 않습니다.

　개인적인 소견으로는 인재상에 맞춰 지원자가 글을 작성할 것이 아니라, 인재상에 맞는 질문을 기업이 제시하여 그 기업에서 원하는 디테일한 인재상의 기준에 충족하는지를 인사담당자가 확인해야 한다고 봅니다.

소제목,
섹시하게 작성하라

아마도 필자가 소제목의 중요성에 대해 가장 먼저 언급한 1인이 아닐까 생각합니다. 4년 전 취업컨설턴트를 시작할 당시만 하더라도 소제목의 중요성에 대해 이야기한 책도, 컨설턴트도 없었습니다(물론 어디까지나 제 개인적인 생각입니다). 요즘에는 소제목이 중요하다고 이야기하지 않는 사람을 찾아보기가 힘듭니다. 다른 항목과 마찬가지로 소제목이 도대체 '왜? 중요한지!'에 대해 이해부터 하고 넘어가겠습니다.

소제목이 중요한 이유 1 : 글의 첫인상을 좌우한다.

철수와 영희가 만납니다. 만나자마자 외모, 목소리 등을 통해 상호간 첫인상이 형성되고 그 인상은 쉽게 바뀌지 않습니다. 이는 자기소개서에서도 마찬가지로 적용됩니다.

지원자 A가 자기소개서를 작성합니다. 자소서 가장 첫 머리에서 보이는 소제목을 인사담당자가 보게 됩니다. 지원자 A를 보는 첫인상이 소제목에서 형성됩니다. 그 첫인상은 글을 읽는 끝까지 따라 붙습니다. 글을 읽는 주체가 기계가 아닌 사람이기 때문에, 좋은 인상을 처음부터 줄 수 있게끔 소제목에 신경 쓰셔야 합니다.

소제목이 중요한 이유 2 : 편견으로 인해 손해를 볼 수 있다.

지원자 A의 자소서를 읽고 지원자 B의 자소서를 읽었습니다. 지원자 A의 소제목과 본문은 모두 형편 없었습니다. 지원자 B의 경우 소제목이 지원자 A와 같으나, 내용 자체는 우수합니다.

인사담당자도 결국 사람입니다. 바로 전 A의 자기소개서를 읽고 인상적이지 않은 자소서라고 판단했는데, 다음으로 B의 자소서를 읽었을 때 소제목이 같다면? 해당 자소서 또한 좋은 인상을 주지 못할 가능성이 있습니다. 정성껏 작성한 자소서가 앞 자기소개서와 소제목이 같다는 이유 하나만으로 좋지 못한 평가를 받게 된다면 안타까운 일이 아닐 수 없습니다. 이렇듯 혹시 발생할지 모를 위험을 대비하기 위해서라도 소제목을 신경써야 합니다.

[그렇다면 매력적인 소제목이란 무엇일까요?]

1. 글 전체를 아울러야 합니다. 즉, 주제가 담겨야 합니다.

2. 단 하나뿐인 본인만의 문장이어야 합니다. 핵심 속성을 연결해 독창적인 문장을 만들어야 합니다.

사례 1 "택시기사마저 내게 <u>프로포즈를</u>"

PART 1의 CHAPTER 01에서 소개했던 '택시기사마저 내게 프로포즈를'은 성격의 장·단점 문항에서 항상 써먹던 소제목입니다.

해당 소제목을 보면 '인간적 매력 혹은 친밀감'이라는 주제가 떠오를 것입니다. 이처럼 말하고자 하는 바를 즉각적으로 알 수 있게 해주는 아우름이 필요합니다. 또한, 이런 소제목은 나만이 사용하는 특별한 문장이기도 합니다. 타 지원자와 차별화할 수 있는 요소가 되는 것입니다.

존경하는 인물을 기재하라는 문항에서 즐겨 썼던 소제목입니다. 해당 문장을 보면 '사람을 끌어당기는 매력'을 이야기하려는 것을 알 수 있습니다. 또한, 단순하게 '내가 존경하는 인물, 조조'와 같이 뭉뚱그려 표현한 것이 아니라 디테일한 수식어로 독창성을 더해주고 있습니다.

소제목은 어떻게 영감을 얻어야 할까요?

1. 서점

책을 집필하게 되면, 도서 제목을 출판사와 협의해야 합니다. 즉, 작가 맘대로 제목을 지정할 수 있는 것이 아니라는 이야기입니다. 출판사 입장에서는 어떻게든 책이 많이 판매가 되어야 하기 때문에 자극적이면서 사람들의 눈길을 잡아 끌 수 있는 제목을 선정합니다. 그것이 소제목의 영감을 얻기 위한 BEST PLACE가 '서점'인 이유입니다.

'택시기사마저 내게 프로포즈를'이라는 문장은 『위대한 나의 발견 강점 혁명』이라는 도서 내용에서 아이디어를 얻었고, '상대를 내 사람으로 만드는 힘, 조조의 사람 혁명'이라는 문장은 도서 제목을 활용한 것입니다. 서점을 돌아다니다 보면 이목을 집중시킬 수 있는 문장은 얼마든지 발견할 수 있습니다. 시간 여유를 내서 방문하여 활용 가능한 소제목을 체크&메모한다면 자소서 작성이 한결 더 수월해질 것입니다.

2. 광고 카피라이팅 문구

이 또한 마케팅적 요소가 상당히 많이 들어간 문구들입니다. 몇 초라는 짧은 시간 안에 고객의 이목을 끌어야 하기 때문에, 소제목으로 충분히 참고할 만한 것들이 꽤 많습니다.

MEMO

PART

3

PART 3, 4에서는 PART 1, 2에서 소개한 이론들을 바탕으로 작성한 합격 자기소개서를 살펴보려고 합니다. 각각의 사례를 통해 이론이 실전에 어떻게 접목되었는지 구조적으로 파악할 것입니다. 또한 제 합격 자기소개서 중 수정이 필요한 부분을 진단하고, 이를 최신 트렌드에 맞게 변형할 것입니다. 필자가 지원했던 몇 년 전과 달리 자소서의 수준이 높아졌기 때문입니다. 총 16개 기업의 합격 사례를 살펴보고, 나머지 기업은 서로 중복되지 않는 문항에 한하여 함께 살펴보도록 하겠습니다.

※ 분량 관계상 본 도서에서 공개하지 못한 자기소개서 합격 사례는 네이버 카페 '히든자소서 취업컨설팅 (http://cafe.naver.com/hiddenresume)'에서 다운로드 가능합니다.

※ 수정 필요한 문항은 'OO기업 수정/보완' 단계를 거치고, 수정이 불필요한 문항에 대해서는 별도로 언급 하지 않았습니다.

히든자소서

대기업
합격 사례 및
수정/보완

방송콘텐츠사업

CJ E&M

CJ E&M 자소서 항목

1. 회사 및 직무에 지원한 동기와 지원한 직무를 잘 수행할 수 있는 이유를 본인의 경험, 준비와 노력을 바탕으로 기술하여 주십시오.

2. 대학생활 중 가장 성취감이 컸던 경험과 목표 달성을 위한 본인의 노력에 대해 기술하여 주십시오.

1. 회사 및 직무에 지원한 동기와 지원한 직무를 잘 수행할 수 있는 이유를 본인의 경험, 준비와 노력을 바탕으로 기술하여 주십시오. [1,000자 이내]

- **회사 지원동기** : 왜 하필 방송 산업을 택했는지, 그 중에서도 왜 하필 CJ E&M인지
- **직무 지원동기** : 수 많은 직무 중에 방송콘텐츠사업 직무를 택했는지
- **뒷받침 근거** : 본인의 경험, 준비 및 노력 바탕 → '스토리텔링'

미소 속에 비친 그대

저는 방송콘텐츠 마케터가 갖춰야 할 가장 중요한 덕목이 "타인의 즐거움을 나의 행복으로 여기는 것"이라고 생각합니다. 경제학과에 진학하면서 당연히 금융 분야에 직업을 갖게 될 것이라 생각한 제게 이를 바꾸게 만든 결정적 계기가 있습니다. 연합 맛집 동아리 'X'를 창단한 것입니다. 현재 회원 수 4,000명, 2012년 최고의 동아리상 수상 및 SBS, KBS 등 각종 언론매체에 출연한 이 동아리는 제 모든 것을 쏟아 부은 하나의 창조적 결과물입니다. [1문단 – 직무에 대한 나만의 정의/방송 산업에 대한 지원동기]

이 동아리를 창단하기 전까진 맛집 탐방이라는 것은 돈 있는 어른들의 향유물에 불과했습니다. 하지만 저렴한 가격의 맛집을 찾으려는 저희의 시도로부터 대학생 맛집 문화가 생겼다고 자부합니다. 또한 기존 동아리들이 동아리 구성원들 간 즐기는 그들만의 리그였다면, 저희 동아리는 모임에 참여하고 싶은 대학생이라면 누구든지 참여해 '맛'이라는 매개체를 통해 서로가 공감할 수 있는 단체로 차별화했습니다. 이 단체를 4년여간 끌고 오면서 내가 떠올린 아이디어가 누군가의 얼굴에 웃음꽃을 피게 만들수 있다는 것을 느꼈습니다. 저는 제가 주최한 이 모임에 참석한 사람들의 웃고 즐기는 모습을 보면서, 아이디어로 사람들을 즐겁게 만드는 직업을 갖고 싶다고 다짐하게 되었고 콘텐츠 마케터의 꿈을 갖기 시작했습니다. [2문단 – 직무 지원동기]

최근 시청률 부진으로 인해 프로그램이 한 순간에 폐지가 되고 새로운 프로그램이 우후죽순으로 생겨나는 일들이 벌어지고 있습니다. 시청률에 연연하는 세태가 안타깝긴 하지만 이는 방송 관계자들의 전적인 책임이라고 생각합니다. 프로그램을 타 프로그램과 차별화시킬 수 있는 마케팅 전략을 짜내지 못한 것을 방증한다고 생각하기 때문입니다. 저는 이 맛집 동아리를 4년 간 이끌어오면서 타 조직과 차별화하고 참여자들에게 끊임없는 재미를 제공해 한 분야에서 오랜 시간 동안 1위를 놓치지 않았습

니다. 이런 저의 역량을 시청자들의 웃음을 자아낼 수 있는 CJ E&M 방송콘텐츠 마케터가 되어 꿈을 펼쳐보고 싶습니다. [3문단 – 방송업 및 지원 직무에 대한 본인 관점 제시 및 포부]

HIDDEN POINT

1문단 : 나만의 임팩트 있는 문장 만들기(직무 정의)

방송 콘텐츠 마케터가 갖춰야 할 덕목을 '타인의 즐거움을 나의 행복으로 여겨야 한다.'라고 정의했습니다. 위와 같이 정의한다면 '타인에게 즐거움을 준 에피소드 → 그것이 나의 행복이 되었음'을 사례로 뒷받침하면 됩니다.

즉, 정의를 내린다는 것은 '내가 원하는 대로 문장을 이끌어가는 것'을 뜻합니다. 다만, 위와 같은 정의를 내리기 위해선 직무에 대한 기초 소양이 필요합니다. 아무런 근거 없이 정의를 내리면 엉뚱한 방향으로 글이 흘러갈 수 있기 때문입니다.

간단하게 직무에 대한 정의를 내리는 방법은 내가 해당 직무 담당자라면 스스로 성공했다고 평가할 수 있는 '키 포인트(KEY POINT)'가 무엇일지 고민해보는 것입니다. 필자의 경우는 '내가 제작한 방송 관련 콘텐츠를 보고 누군가 웃어줄 수 있다면 그것만으로 괜찮은 마케터'라고 판단했습니다.

2문단 : 주제와 걸맞는 에피소드만을 선별

맛집 동아리 활동 자체는 커다란 하나의 경험입니다. 동아리 활동 자체가 '타인의 즐거움을 나의 행복으로 여기는 것'이라고 말하기엔 범위가 너무 넓다는 말입니다. 즉, 내가 말하고자 하는 바를 강조하기 위해서는 커다란 한 덩어리의 경험이 아닌, '주제와 일치'하는 작은 에피소드만을 선별해야 설득력 있는 글이 됩니다.

만약 본문에서 엉뚱하게 '갈등이 있는 구성원들 간에 중재자로서 설득한 에피소드'를 활용했다면 어떨까요? 물론 해당 에피소드가 본인에게 있어 분명 중요한 사건이었고, 어필하고 싶은 스토리일 수 있지만 이는 주제를 헤치는 내용입니다. 주제와 에피소드가 일치가 되지 않기 때문에 글을 읽은 인사담당자는 '도대체 무슨 말을 하고 싶었던 걸까?'라고 생각하게 됩니다. 이렇게 작성하게 되는 근본적인 원인은 지원자의 과욕입니다. 조금 더 어필하고 싶다는 욕심에 글의 유기성을 깨뜨리는 참사를 불러일으킵니다. 실제로도 자기소개서 첨삭을 진행하다 보면 이와 같은 방식으로 작성하는 취준생들이 8할 이상입니다. 과연 여러분들의 글은 그렇지 않을까요? 마찬가지로 10명 중 8명 이상은 주제와 일치하지 않는 에피소드로 통일성을 헤치고 있을 것입니다. 본인의 자기소개서를 다시 한 번 점검해 보시기 바랍니다.

3문단 : 방송업과 직무에 대한 나만의 관점을 제시

개인적으로 플러스 점수를 받을 수 있는 문단이 아닐까 싶습니다. 문항 질문에선 요구하지 않았지만 방송업과 직무에 대한 나만의 관점을 제시하면서 해당 산업에 관심이 많음을 간접적으로 표현했습니다.

아쉬운 POINT

'왜 하필 CJ E&M을 택했는지'에 대한 내용이 누락되었습니다. 간략하게나마 해당 내용이 포함되었어야 합니다. 방송업/직무에 대한 관점 제시도 중요하겠지만, 그보다 더 앞서 생각해야 할 부분은 '질문에 대한 답변을 충분히 했는가'입니다. 이 부분을 반영한다면 다음과 같은 자기소개서가 나올 수 있습니다.

CJ E&M 수정/보완 자기소개서

미소 속에 비친 그대

저는 방송콘텐츠 마케터가 갖춰야 할 가장 중요한 덕목이 "타인의 즐거움을 나의 행복으로 여기는 것"이라고 생각합니다. 경제학과에 진학하면서 당연히 금융 분야에 직업을 갖게 될 것이라 생각한 제게 이를 바꾸게 만든 결정적 계기가 있습니다. 연합 맛집 동아리 'X'를 창단한 것입니다. 현재 회원 수 4,000명, 2012년 최고의 동아리상을 수상 및 SBS, KBS 등 각종 언론매체에 출연한 이 동아리는 제 모든 것을 쏟아부은 하나의 창조적 결과물입니다.

이 동아리를 창단하기 전까진 맛집 탐방이라는 것은 돈 있는 어른들의 향유물에 불과했습니다. 하지만 저렴한 가격의 맛집을 찾으려는 저희의 시도로부터 <u>함께 즐길 수 있는 대학생들의 맛 문화가</u> 형성되었다고 생각합니다. 또한 기존 동아리들이 그들끼리만의 리그였다면, 저희 동아리는 모임에 참여하고 싶은 대학생이라면 누구든지 참여해 '맛'이라는 매개체를 통해 서로가 공감할 수 있는 단체로 차별화했습니다. 이 단체를 4년여간 끌고 오면서 내가 떠올린 아이디어가 누군가의 얼굴에 웃음꽃을 피게 만들 수 있다는 것을 느꼈습니다. 제가 주최한 이 모임에 참석한 사람들의 웃고 즐기는 모습을 보면서, 아이디어로 사람들을 즐겁게 만드는 직업을 갖고 싶다고 다짐하게 되었고 콘텐츠 마케터의 꿈을 갖기 시작했습니다.

최근 시청률 부진으로 인한 프로그램이 한 순간에 폐지가 되고 새로운 프로그램이 우후죽순으로 생겨나는 일들이 벌어지고 있습니다. 시청률에 연연하는 세태가 안타깝긴 하지만 이는 방송 관계자들의 전적인 책임이라고 생각합니다. 프로그램을 타 프로그램과 차별화시킬 수 있는 마케팅 전략을 짜내지 못한 것을 방증한다고 생각합니다. 그러나 CJ E&M만큼은 달랐습니다. '꽃보다 할배'를 통해 예능은 젊은이들만의 소유물이라는 편견을 깨뜨렸고 소위 말하는 대박을 냈습니다. 이는 웃음이라는 것이 꼭 젊은 층에서만 나올 수 있는 것이 아님을 아는 CJ E&M만의 관록이라 생각하고, 이런 곳에서 대학생들을 넘어 전 연령대의 웃음을 자아내고 싶습니다. 4년간 전국 맛집 동아리 1위를 놓치지 않았던 역량이 귀사와 함께한다면 전국의 시청자들의 웃음은 우리를 향해 던져지고 있을 것입니다.

2. 대학생활 중 가장 성취감이 컸던 경험과 목표 달성을 위한 본인의 노력에 대해 기술하여 주십시오. [1,000자 이내]

질문 해석

- 목표
- 목표 달성을 위해 어떤 액션을 취했는지
- 본인에게 어떤 성취감을 주었는지(배움/핵심 포인트)
- 해당 배움을 통해 향후 회사에서 어떻게 적용할 것인지

뚫어라 뚫린다!

지난 설, 전통시장을 찾는 손님들이 갈수록 줄어들어 존폐 위기에까지 몰리고 있다는 기사를 보았습니다. 유년 시절 어머니와 탕수육을 사 먹었던 시장 구석의 추억의 장이 사라질지도 모른다는 안타까움과 함께, 대학생으로서 사회 이슈에 대해 관심을 가져야 한다고 생각했습니다. 생각을 실천으로 옮겨야겠다는 결심으로 전통시장 활성화 프로젝트를 준비하기로 마음먹었습니다. [1문단 - 목표 제시]

3개월의 회의 끝에 '런닝맨'으로부터 모티브를 얻어 대학생 150명이 참여하는 '시동 프로젝트'를 기획했습니다. 진행 중 예산 제약, 장소 섭외 등 한계점이 보여 정부 단체를 섭외해 주최해야겠다고 판단해 OOOOOOO 측에 제안했습니다. 사업육성 관계자분들과 2주 동안 아이디어 현실화 방안에 대한 구체적인 논의를 했고 최종 결재만 기다렸습니다. 하지만 예산문제로 차질이 생겨 모든 기획안이 한 순간에 종잇조각이 되어버렸습니다. [2문단 - 목표 달성을 위한 액션 : 1. 시동프로젝트 기획 / 장애물]

함께 프로젝트를 준비했던 동료들의 아쉬운 표정과 실망스러운 눈빛을 아직도 잊을 수가 없습니다. 무에서 유를 창조해야 했던 과정이기에 리더로서 그들에게 어떤 보상도 해 줄 수 없다는 현실이 너무나 안타까웠습니다. 하지만 낙담하기보다는 실패를 교훈 삼아 또 다른 성공으로 이끌어 내야겠다고 결심하게 됐습니다. 다른 기회를 살피던 중, 전통시장 활성화 공모전이 있다는 것을 알게 되었고, 아이디어를 보완 후 제출해 우수상이라는 값진 상과 함께 동료들에게 환희도 안겨다 줄 수 있었습니다. [3문단 - 목표 달성을 위한 액션 : 2. 좌절하지 않고 다른 도전 진행 / 결과]

단순히 생각만 하고 실천하지 않았다면 이 과정에서 배울 수 있었던 '제안서 작성 요령', '설득해 결과로 이끄는 법', '우수상' 등을 얻지 못했을 것입니다. 하지만 스스로 기회를 만들어냈습니다. 이런 주도적 능력과 기획안을 제안하고 설득하는 과정에서 배울 수 있던 경험들을 토대로 CJ E&M 방송콘텐츠사업부 마케터가 되었을 때 시청률을 끌어올릴 수 있도록 보탬이 되겠습니다. [4문단 - 배움(=성취감) 및 적용]

HIDDEN POINT

2문단 : 경험이 아닌, 에피소드로

전통시장 활성화 프로젝트는 '경험'이지만, 본문에서 서술한 제안 과정과 결과는 하나의 '에피소드'입니다. 만약 전통시장 활성화 프로젝트라는 광범위한 경험을 통째로 적으려고 했다면, 글에서 부각시키고자 하는 '스스로 기회를 만드는 주도적 역량'을 어떤 식으로 보여주어야 할지 난해했을 것입니다. 그러나 말하고자 하는 주제에 맞춰 프로젝트라는 큰 경험에서 스스로 기회를 만들어 낸 작은 에피소드만 작성했기 때문에 유기적인 글이 되었습니다.

전체 문단

보여주려고 하는 핵심 주제가 '생각을 실천으로 옮기는 주도성(1, 2, 4문단)'인지, '실패에도 무너지지 않고 재도전하는 용기(3문단)'인지 모호함이 있습니다. 얼핏 서로 비슷하긴 하지만 조금 더 주제를 날카롭게 잡아야만 읽는 이에게 정확한 메시지를 전달할 수 있습니다. 따라서 하나의 주제만을 강조하기 위해 둘 중 하나는 과감히 삭제해야 합니다.

4문단

해당 에피소드를 통해 얻을 수 있던 점(=성취감)을 나열 형태로 작성했습니다. 1가지 주제이므로, 얻을 수 있었던 성취감 또한 하나에 그쳐야 합니다. 적용 부분도 크게 와닿지 않습니다. 말하고자 했던 주도적 역량이 실제 직무에서 어떻게 활용할 수 있을지를 포함시켰다면 조금 더 디테일한 글이 되었을 것입니다.

CJ E&M
수정/보완 자기소개서

뚫어라 뚫린다!

지난 설, 전통시장을 찾는 손님들이 갈수록 줄어들어 존폐 위기에까지 몰리고 있다는 기사를 보았습니다. 유년 시절 어머니와 탕수육을 사 먹었던 시장 구석의 추억의 장이 사라질지도 모른다는 안타까움과 함께, 대학생으로서 사회 이슈에 대해 관심을 가져야 한다고 생각했습니다. 생각을 실천으로 옮겨야겠다는 결심으로 전통시장 활성화 프로젝트를 준비하기로 마음먹었습니다.

3개월의 회의 끝에 '런닝맨'으로부터 모티브를 얻어 대학생 150명이 참여하는 '시동 프로젝트'를 기획했습니다. 진행 중 예산 제약, 장소 섭외 등 한계점이 보여 정부 단체를 섭외해 주최해야겠다고 판단해 OOOOOOO 측에 제안했습니다. 사업육성 관계자분들과 2주 동안 아이디어 현실화 방안에 대한 구체적인 논의를 했고 최종 결재만 기다렸습니다. 하지만 예산문제로 차질이 생겨 모든 기획안이 한 순간에 종잇조각이 되어버렸습니다.

함께 프로젝트를 준비했던 동료들의 아쉬운 표정과 실망스러운 눈빛을 아직도 잊을 수가 없습니다. 무에서 유를 창조해야 했던 과정이기에 리더로서 그들에게 어떤 보상도 해 줄 수 없다는 현실이 너무나 안타까웠습니다. 하지만 또다른 기회는 얼마든지 있다는 판단으로 우리의 아이디어를 활용할 수 있는 방안을 모색했습니다. 그러던 중, 전통시장 활성화 공모전이 있다는 것을 알게 되었고, 아이디어를 보완 후 제출해 우수상이라는 값진 상과 함께 동료들에게 환희도 안겨다 줄 수 있었습니다.

단순히 생각만 하고 실천하지 않았다면 아이디어와 함께 팀원들의 사기 또한 사라져버렸을 것입니다. 하지만 프로젝트를 진행할 때부터 역경을 극복할 때까지 스스로 기회를 만들어냈습니다. 콘텐츠는 아이디어가 구체화되는 과정이기에 생각만으로 끝나버릴 수 있는 휘발성이 강하다고 생각합니다. 그러나 제 강점인 생각을 행동으로 끄집어내는 '주도성'은 CJ E&M 방송콘텐츠사업부 마케터가 되었을 때 신규 아이디어 수립에 있어 또 하나의 새로움 관점을 제시하는 데 보탬이 될 수 있을 것입니다.

Virtual goods 전략기획

KT

KT 자소서 항목

1. 나만의 강점
2. 본인이 수행/경험한 일 중 지원직무와 가장 밀접한 것 1~2가지를 선택하여 작성하되 아래 3가지 사항을 반드시 포함하여 작성해야 합니다.
   1) 경험/일을 하게 된 배경과 상황
   2) 본인의 역할과 구체적으로 수행했던 일
   3) 결과/느낀 점
3. 특별/특이경험
4. 지원동기(희망직무분야 포함) 및 입사 후 포부

1. 나만의 강점 [600자 이내]

- 본인의 강점
- 강점을 갖고 있다는 것을 증명 가능한 뒷받침 에피소드
- 배움 및 이를 토대로 KT Virtual goods 전략기획 업무 시 어떻게 적용할지

이기려면 뻔뻔하라

뻔뻔함은 부정적 의미가 아니라 "주눅 들지 않는다. 붙임성 좋다. 앞장선다."라고 할 수 있는 생존을 위한 훌륭한 도구이고, 나 자신에게 뻔뻔해져야 나를 이기며 남에게 주눅 들지 않고 목표를 달성할 수 있는 승자가 될 수 있음을 깨달았습니다. [1문단 - 본인의 강점 제시]

인간관계가 서툴렀던 저는 뻔뻔함을 제 무기로 만들고자 끊임없이 노력했으며, 결국 누구에게나 쉽게 다가가고 소통할 줄 아는 '회원 수 4,000명, 2012년 최고의 동아리'에 선정된 맛집 동아리 'X' 창단자, 1대 회장이 될 수 있었습니다. 또한 이 뻔뻔한 추진력을 적극 활용해 동아리가 발전하도록 OOO라는 소셜커머스 기업에 기획안을 직접 제안해 '맛집추천우후'라는 공동프로젝트를 함께 진행한 경험이 있습니다. [2문단 - 뻔뻔함을 활용한 긍정적 사례]

이는 맛과 관련된 전문가들이 하나의 스토리를 만들어 일반인들에게 맛집 정보를 제공하는 콘텐츠였습니다. 그 중에서 어떻게 효과적으로 이 사이트를 알릴 수 있는지 방법을 제시하는 역할을 맡았고, 아이디어가 매출로 직접 연결되는 과정을 지켜보면서 Virtual goods 전략기획팀의 일원이 될 수 있는 소양을 길렀습니다. [3문단 - 뻔뻔함을 활용한 구체적인 사례]

이런 인간적 매력, 추진력의 근원이 된 뻔뻔함을 토대로 Virtual goods 일원으로서 녹아들겠습니다. 또한 가상재화 관련 신규 사업을 발굴하고 마케팅 전략을 수립 및 시행해 KT의 목표를 달성할 수 있도록 저의 지칠 줄 모르는 뻔뻔한 추진력을 적극 활용해 보이겠습니다. [4문단 - 적용]

1문단 : 나만의 임팩트 있는 문장 만들기 → 부정적 소재를 긍정화

흔히 알려진 부정적인 의미를 가진 단어를 재해석한다면 또 하나의 좋은 임팩트 있는 문장이 될 수 있습니다. 뻔뻔함이라 함은 대개 좋지 않은 의미로 각인되어 있습니다만. 이를 긍정적 의미로 변형했기에 읽는 이의 이목을 끄는 포인트 문장이 되었습니다.

아쉬운 ╲ POINT

3문단

아이디어가 매출로 직접 연결되는 과정을 보는 행위가 '도대체 어떻게' Virtual goods 전략기획팀 일원이 되는데 도움이 된다는 것인지 구체적으로 언급하지 않았습니다. 즉. 추상적입니다.

2, 4문단

뻔뻔함이라는 소재를 '인간적 매력. 추진력' 두 가지 키워드로 사용했습니다. '1문항 1주제'로 작성해야만 말하고자 하는 포인트가 정확히 이해됩니다. 인간적 매력 혹은 추진력 중 한가지만 선택했어야만 했습니다. 또한 둘 중 한 포인트가 신규 사업 발굴 및 전략 수립/시행에 '어떻게 도움이 될 수 있을지' 명시했다면 더 좋은 글이 되었을 것입니다.

KT
수정/보완 자기소개서

이기려면 뻔뻔하라

뻔뻔함은 부정적 의미가 아니라 "주눅 들지 않는다, 붙임성 좋다, 앞장선다."라고 할 수 있는 생존을 위한 훌륭한 도구이고, 나 자신에게 뻔뻔해져야 나를 이기며 남에게 주눅 들지 않고 목표를 달성할 수 있는 승자가 될 수 있음을 깨달았습니다.

이 뻔뻔함은 특히 제게 무언가를 추진하는데 있어 큰 동력이 되었습니다. 운영하던 맛집 동아리가 발전할 수 있도록 OOO라는 소셜커머스 기업에 기획안을 직접 제안해 '맛집추천우후'라는 공동프로젝트를 함께 진행한 경험이 있습니다.

이는 맛과 관련된 전문가들이 하나의 스토리를 만들어 일반인들에게 맛집 정보를 제공하는 콘텐츠였습니다. 그 중 대학생 맛집 대표로 각 대학별 주변 맛집을 알리는 역할을 맡았습니다. 대학생들이 원하는 대학교 주변 맛집은 무엇일지 회의 끝에, 저희 측에서는 '가성비'를, 회사 측에서는 '접근성'을 꼽았습니다. 두 가지 포인트를 동시에 추진하여 각 캠페인 별 A/B 테스트를 통해 성과 비교 및 결괏값을 얻어낼 수 있었습니다.

Virtual goods의 핵심은 위와 같은 뻔뻔한 추진력일 것입니다. 가상재화는 아이디어 형태가 실체로 구체화되는 것이기 때문에 업무를 수행하는 과정에서 타이밍을 놓친다면 타 경쟁사들에게 뒤처질 수 있는 산업에 속해 있습니다. 강력하게 드라이브할 수 있는 제 뻔뻔함은 귀사가 목표로 하는 가상재화 시장을 선도하는 데 있어 보탬이 될 것입니다.

2. 본인이 수행/경험한 일 중 지원직무와 가장 밀접한 것 1~2가지를 선택하여 작성하되 아래 3가지 사항을 반드시 포함하여 작성해야 합니다. [750자 이내]

1) 경험/일을 하게 된 배경과 상황

2) 본인의 역할과 구체적으로 수행했던 일

3) 결과/느낀 점

질문 해석

지원직무와 가장 밀접한 것 1~2가지를 선택하라고 합니다. 우선 직무에서 필요로 하는 역량이 무엇인지부터 명확히 하는 것이 필요합니다. 키워드를 먼저 생각한 후, 해당 키워드로부터 어떤 세부 주제를 설정할지 고민해야 합니다. 예를 들면 다음과 같습니다.

- **지원직무와 가장 밀접한 역량** : 도전정신(키워드)

- **키워드에 따른 세부 주제** : 환경에 굴복하지 않고 밀어부칠 줄 아는 도전

또한 조건으로 1), 2), 3)이 포함되었습니다. 조건이 딸린 문항들은 특별히 신경써야 하는데, 직접적인 채점 기준이 될 수 있기 때문입니다. 본인이 이야기하고 싶은 바를 자유롭게 작성하기보다는 문항에서 요구한 바에 대해 성실하게 대답부터 하는 것이 중요합니다.

상대방의 입장에 서서 기회를 살펴라

유럽 여행을 준비하면서 외국인 친구를 꼭 만들자는 결심을 했습니다. 피렌체 호스텔에서 금발의 여성이 제게 한국인이세요?라며 말을 건넸습니다. 하지만 결심과는 달리 외국인에게 두려움을 느껴 피하고 있는 저를 발견했습니다. [1문단 - 경험/일을 하게 된 배경과 상황]

입국 후 어떻게 하면 영어 실력 향상은 물론 울렁증을 극복할 수 있을까를 고민하던 중 우리나라에도 외국인 여행객들이 찾는 호스텔이 있을 것임에 착안해 종로에 소재한 호스텔 측에 연락했습니다. [2문단 - 문제를 극복하기 위한 해결책 1]

사장님께 언어교환, 문화교류라는 매력적인 상품을 만듦으로써 외국인 여행객들을 이끌 수 있는 하나의 전략이 될 수 있고, 제겐 영어를 배울 수 있는 윈윈전략이라고 제안했습니다. 마침 외국인 관광객을 더 유치하는 방안에 대해 고민 중이셨던 사장님은 흔쾌히 이 제안을 받아들이셨습니다. [3문단 - 문제를 극복하기 위한 해결책 2 및 본인의 역할]

그 후 두 번의 실패를 경험하지 않기 위해 외국인 친구들에게 적극적으로 다가가려 노력했습니다. 그 결과 덴마크, 캐나다 여행객들에게 광장시장도 안내하며 자연스럽게 울렁증을 극복했고 유창하지는 않지만 일상 대화를 주고받을 수 있는 실력이 되어 자신감을 얻게 되었습니다. 또한 이 호스텔은 문화교류가 활성화된 호스텔로 알려져 외국인들에게 큰 호응을 얻었고 수익성이 개선되는 효과도 보았습니다. [4문단 - 해결책에 따른 결과]

타인의 입장에서 무엇이 필요한지 파악 후 제안한 것이, 제겐 배움이라는 새로운 기회를 얻게 된 소중한 경험이 되었습니다. Virtual goods를 기획하는 데 있어 가장 중요한 것은 고객의 욕구를 파악하는 것이라 생각합니다. 이 경험처럼 상대가 필요로하는 것이 무엇인지 정확히 파악해 이에 맞춰 마케팅 전략을 기획 및 운영하고, 또한 KT 인프라를 활용해 신규BM을 발굴하는 Vitual goods 일원이 되겠습니다. [5문단 - 결과/느낀점(=배움) 및 적용]

자기소개서 3단 논법 : 에피소드 – 배움 – 적용

앞서 설명했던 대로 '에피소드 – 배움 – 적용' 3단 논법만 제대로 활용해도 설득력을 갖춘 글이 될 수 있습니다. 문항에 딸린 3가지 조건은 '에피소드 – 배움'까지를 요구하고 있습니다. 왜 굳이 조건까지 제시하면서 지원자들에게 거기에 맞춰 글을 작성하라고 했을까요?

기업이 자기소개서를 통해 요구하는 중요한 포인트는 에피소드에서의 '배움'을 통한 '적용'인데, 지원자들은 경험을 기재하기 급급하기 때문입니다. 그래서 조금 더 친절하게 '이러한 방식'으로 작성하라는 의미에서 가이드라인을 제시하고 있는 것입니다. 사실 자기소개서를 잘 쓴다고 해서 회사에 대한 충성도가 높거나 업무를 잘 해낼 수 있는 사람은 아닙니다. 자기소개서 작성 방법을 잘 모르지만, 업무 능력이 우수할 수 있는 인재를 배제하지 않기 위해 조금 더 친절하게 방향성을 알려주려는 인사팀의 또 하나의 노력이 아닐까 싶습니다.

아쉬운 POINT

5문단

Virtual goods 업무를 하는 데 있어 가장 필요한 것이 '고객의 욕구를 파악하는 것'이라고 적었지만, 왜 고객의 욕구를 파악하는 것이 중요한지 근거가 없습니다. 단순한 나의 주장일 뿐입니다. 그렇기에 설득력이 떨어집니다.

KT
수정/보완 자기소개서

상대방의 입장에 서서 기회를 살펴라

유럽 여행을 준비하면서 외국인 친구를 꼭 만들자는 결심을 했습니다. 피렌체의 호스텔에서 금발의 여성이 제게 한국인이세요?라며 말을 건넸습니다. 하지만 결심과는 달리 외국인에게 두려움을 느껴 피하고 있는 저를 발견했습니다.

입국 후 어떻게 하면 영어 실력 향상은 물론 울렁증을 극복할 수 있을까를 고민하던 중 우리나라에도 외국인 여행객들이 찾는 호스텔이 있을 것임을 착안해 종로에 소재한 호스텔 측에 연락했습니다. 사장님께 언어교환, 문화교류라는 매력적인 상품을 만듦으로써 외국인 여행객들을 이끌 수 있는 하나의 전략이 될 수 있고, 제겐 영어를 배울 수 있는 원원전략이라고 제안했습니다. 마침 외국인 관광객을 더 유치하는 방안에 대해 고민 중이셨던 사장님은 흔쾌히 이 제안을 받아들이셨습니다.

그 후 두 번의 실패를 경험하지 않기 위해 외국인 친구들에게 적극적으로 다가가려 노력했습니다. 그 결과 덴마크, 캐나다 여행객들에게 광장시장도 안내하며 자연스럽게 울렁증을 극복했고 유창하지는 않지만 일상 대화를 주고받을 수 있는 실력이 되어 자신감을 얻게 되었습니다. 또한 이 호스텔은 문화교류가 활성화된 호스텔로 알려져 외국인들에게 큰 호응을 얻었고 수익성이 개선되는 효과도 보았습니다.

타인의 입장에서 무엇이 필요한지 파악 후 제안한 것이, 제겐 배움이라는 새로운 기회를 얻게 된 소중한 경험이 되었습니다. 가상재화를 상품으로 만든다는 것은, 무에서 유를 창출하는 서비스 창업을 진행함과 같습니다. 기획부터 시작해 개발, 디자인까지 총 집합체 형태를 띤 완성된 서비스가 출시되어야 하는데, 이 완성본이 시장에서 반응을 보이기 위해선 철저히 고객의 욕구가 무엇인지부터 조사부터 선행되어야 합니다. 제가 보유한 '니즈 캐치 역량'은 서비스를 출시하는데 있어 핵심 포인트가 될 것입니다.

3. 특별/특이경험 [600자 이내]

질문 해석

- 본인이 어필하고 싶은 에피소드
- 에피소드를 통한 배움
- 해당 배움을 통해 KT Virtual goods 직무에서 어떻게 활용할 것인지 적용

뚫어라 뚫린다!

전통시장을 찾는 손님들이 갈수록 줄어들어 존폐 위기까지 몰리고 있다는 기사를 보았습니다. 유년 시절 어머니와 탕수육을 사 먹었던 시장 구석의 추억의 장이 사라질지도 모른다는 안타까움과 함께, 대학생으로서 사회 이슈에 대해 관심을 가져야겠다고 생각했습니다. [1문단 - 배경]

생각을 실천으로 옮겨야겠다는 결심으로 전통시장 활성화 프로젝트를 준비하기로 마음먹었습니다. 3달 동안 준비한 기획안을 ○○○○○○ 측에 제안했고, 관계자분들과 여러 차례 논의했습니다. 하지만 성사 직전까지 갔던 프로젝트가 예산 문제로 무산되었습니다. 리더로서 함께 프로젝트를 준비했던 동료들에게 어떤 보상도 해 줄 수 없다는 점이 너무나 안타까웠습니다. 하지만 함께 낙담하기보다는 실패를 교훈 삼아 또 다른 성공으로 이끌어 내야겠다고 결심했습니다. 다른 기회를 살피던 중에 전통시장 아이디어 공모전이 있다는 것을 알게 되었고, 수 차례 검토하고 보완 후 제출해 우수상이라는 값진 상을 얻을 수 있었습니다. [2문단 – 주제 1 : 생각을 실천으로 옮김 / 주제 2 : 낙담보다는 실패를 교훈 삼아 타 성공으로 이끌어 냄]

이 과정 속에서 발휘했던 타인을 설득하기 위한 체계적인 기획력, 제안 과정에서의 추진력, 실패에 좌절하지 않고 재도전했던 경험을 토대로 어떤 예기치 못한 상황에서도 책임감 있게 다시 기지를 발휘하는 Virtual goods의 일원이 되겠습니다. [3문단 – 적용]

HIDDEN POINT

배움과 적용만 달리하면 어떤 에피소드든 반복해서 활용이 가능하다.

매 자기소개서마다 해당 기업에만 최적화된 자소서를 작성하는 것은 현실적으로 불가능합니다. 상반기는 3월, 하반기는 9월 서류전형이 한꺼번에 시작되기 때문에 실질적으로 집중해서 쓸 수 있는 기업은 10개 내외일 것입니다. 이럴 땐 우선순위를 정하여 TOP10 기업을 선정한 후, 나머지 기업들은 해당 기업 자소서 작성 시 기재했던 자소서를 살짝만 변형하여 작성할 줄 알아야 합니다. 해당 에피소드는 본 도서에서 계속해서 등장할 예정입니다. 그렇다면 어떤 식으로 변형하는 것인지 함께 살펴보도록 하겠습니다.

CJ E&M(방송콘텐츠사업) – 2번 문항
… (중략) … 단순히 생각만 하고 실천하지 못했다면 이 과정에서 배울 수 있었던 '제안서 작성 요령', '설득해 결과로 이끄는 법', '우수상'을 얻지 못했을 것입니다. 하지만 스스로 기회를 만들어 냈습니다. 이런 주도적 능력과 기획안을 제안하고 설득하는 과정에서 배울 수 있던 경험들을 토대로 CJ E&M 방송콘텐츠사업부 마케터가 되었을 때 시청률을 끌어올릴 수 있도록 보탬이 되겠습니다.

KT(Virtual goods 전략기획) - 3번 문항

… (중략) … 이 과정 속에서 발휘했던 타인을 설득하기 위한 체계적인 기획력, 제안 과정에서의 추진력, 실패에 좌절하지 않고 재도전했던 경험을 토대로 어떤 예기치 못한 상황에서도 책임감 있게 다시 기지를 발휘하는 Virtual goods의 일원이 되겠습니다.

다른 부분은 동일하고 해당 부분만 변경되었습니다. 에피소드에서 얻어낼 수 있는 '배움', 해당 배움을 토대로 회사에서 어떻게 '적용'할 것인지만 변경한다면 어떤 자기소개서에서도 동일한 에피소드를 활용할 수 있는 것입니다.

수정/보완된 자기소개서로 다시 살펴 보겠습니다.

CJ E&M(방송콘텐츠사업) - 2번 문항 [수정/보완]

… (중략) … 단순히 생각만 하고 실천하지 못했다면 아이디어와 함께 팀원들의 사기 또한 사라져버렸을 것입니다. 하지만 프로젝트를 진행할 때부터 역경을 극복할 때까지 스스로 기회를 만들어 냈습니다. 콘텐츠는 아이디어가 구체화되는 과정이기에 생각만으로 끝나버릴 수 있는 휘발성이 강하다고 생각합니다. 그러나 제 강점인 '생각을 행동으로 끄집어 내는 주도성'은 CJ E&M 방송콘텐츠사업부 마케터가 되었을 때 신규 아이디어 수립에 있어 또 하나의 새로움 관점을 제시하는 데 보탬이 될 수 있을 것입니다.

KT(Virtual goods 전략기획) - 3번 [수정/보완]

… (중략) … 단순히 생각만 하고 실천하지 못했다면 아이디어와 함께 팀원들의 사기 또한 사라져버렸을 것입니다. 하지만 프로젝트를 진행할 때부터 역경을 극복할 때까지 스스로 기회를 만들어 냈습니다. 가상재화란 용어 자체가 주는 모호함을 탈피하기 위해선 직접 느낄 수 있는 상품과 서비스로 구체화해야만 합니다. 제 강점인 '생각을 행동으로 끄집어 내는 주도성'은 KT Virtual goods 전략기획팀에서 자신 있게 내놓은 상품과 서비스를 소비자들이 빠르게 몸으로 느끼고 열광하는 데 보탬이 될 것입니다.

그러면 어떤 기준으로 '배움', '적용' 부분에서 변형을 줘야 할까요? 바로 '직무'입니다.

1) 배움

해당 직무에서 필요로 하는 바에 맞춰 글을 변형하는 것입니다. 두 문항 모두 말하고자 하는 바(=주제=배움)는 생각을 실천으로 옮기는 주도성입니다. 이를 통해 해당 직무에서 기여할 수 있는 부분에서 차별화를 하면 되는 것입니다. 그리하여 CJ E&M에서는 주도성을 통해 '휘발성 강한 아이디어를 구체화함'을 어필하고, KT에서는 주도성을 통해 '가상재화가 주는 모호함을 직접 느낄 수 있게 구체화함'으로 지원하는 직무에 맞게 변형했습니다. 분명 몇 문장 변형되지 않았음에도 불구하고 해당 직무를 충분히 고민하고 자소서를 작성했다는 인상을 줍니다.

2) 적용

적용 부분을 변형해 자소서를 작성하려면 '직무'에 대한 이해가 필요합니다. 해당 직무에선 말하고자 하는 바, 즉 '배움'을 통해 회사에서 어떻게 기여할 수 있을지를 고민해서 작성한다면 한정된 소재를 토대로 여러 기업의 자기소개서를 작성할 수 있습니다.

아쉬운 POINT

2문단

주제가 두 가지로 나뉘어 버립니다.

- 주제 1: 생각을 실천으로 옮김
- 주제 2: 낙담하기보다는 실패를 교훈 삼아 타 성공으로 이끌어냄

'1문항 1주제'가 원칙입니다. 이와 같이 주제가 둘로 나뉘는 경우, 글을 다 읽고 나면 어떤 메시지를 던지려고 했는지 알기 쉽지 않습니다. 둘 중 한 가지에 초점을 맞춘 자소서가 되었어야 합니다.

3문단

적용 파트가 아쉽습니다. 해당 에피소드를 통해 얻게 된 배움을 토대로 '적용'까지 흐름을 자연스럽게 연결했어야 했습니다. 에피소드에서 강조했던 '생각을 실천으로 옮기는 주도성'을 토대로 KT Virtual goods 직무에서 어떻게 회사에 기여할 수 있을지를 이야기한다면 조금 더 구체적인 글이 될 것입니다.

KT 수정/보완 자기소개서

뚫어라 뚫린다!

전통시장을 찾는 손님들이 갈수록 줄어들어 존폐 위기까지 몰리고 있다는 기사를 보았습니다. 유년 시절 어머니와 탕수육을 사 먹었던 시장 구석의 추억의 장이 사라질지도 모른다는 안타까움과 함께, 대학생으로서 사회 이슈에 대해 관심을 가져야겠다고 생각했습니다.

생각을 실천으로 옮겨야겠다는 결심으로 전통시장 활성화 프로젝트를 준비하기로 마음먹었습니다. 3달 동안 준비한 기획안을 OOOOOOO 측에 제안했고 관계자 분들과 여러 차례 논의했습니다. 하지만 성사 직전까지 갔던 프로젝트가 예산 문제로 무산되었습니다. 리더로서 함께 프로젝트를 준비했던 동료들에게 어떤 보상도 해 줄 수 없다는 점이 너무나 안타까웠습니다. 하지만 또 다른 기회는 얼마든지 있다는 판단으로

우리의 아이디어를 활용할 수 있는 방안을 모색했습니다. 그러던 중에 전통시장 아이디어 공모전이 있다는 것을 알게 되었고, 수 차례 검토하고 보완 후 제출해 우수상이라는 값진 상을 얻을 수 있었습니다. 단순히 생각만 하고 실천하지 못했다면 아이디어와 함께 팀원들의 사기 또한 사라져버렸을 것입니다. 하지만 프로젝트를 진행할 때부터 역경을 극복할 때까지 스스로 기회를 만들어 냈습니다. 가상재화란 용어 자체가 주는 모호함을 탈피하기 위해선 직접 느낄 수 있는 상품과 서비스로 구체화해야만 합니다. 제 강점인 '생각을 행동으로 전환시키는 주도성'은 KT Virtual goods 전략기획팀에서 자신 있게 내놓은 상품과 서비스를 소비자들이 빠르게 몸으로 느끼고 열광하는데 보탬이 될 것입니다.

4. 지원동기(희망직무분야 포함) 및 입사 후 포부 [600자 이내]

질문 해석

- 해당 산업(=IT/통신업)에서 종사하기 희망하는 이유
- SKT, LG U+ 등 타 통신사가 아닌 KT에 지원하는 이유
- 많은 직무 중에서도 이 직무를 선택한 이유
- 입사 후 포부

미소 속에 비친 그대

KT는 국내 정보 통신 사업 성공을 기반으로 신규 사업을 개척하려는 앞으로의 성과 창출이 더욱 기대되는 기업입니다. 이러한 기업은 먼 미래에 현재보다 가중된 가치를 가지게 될 것이 무엇인지를 예측할 줄 아는 앞으로의 발전이 무궁무진한 기업이라고 생각합니다. [1문단 – 기업 지원동기]

저는 많은 직무 중 특히 고객의 욕구를 파악해 즐거움을 선사할 수 있는 상품을 발굴하는 Virtual goods 전략기획팀의 일원이 되어 나날이 발전할 KT의 역사를 함께 써내려 가고 싶습니다. 상품을 발굴하는 이가 갖춰야 할 가장 중요한 덕목은 타인

의 즐거움을 나의 행복으로 여기는 것'이라 생각합니다. 맛집 동아리 'X'라는 하나의 상품을 만든 저는 4년간 이 단체를 이끌어 오면서 내가 기획한 상품으로 누군가의 얼굴에 웃음꽃을 피울 수 있다는 것을 느꼈습니다. 또한 이런 즐거움을 선사할 수 있는 상품 기획을 업(業)으로 삼아야겠다고 다짐했습니다. [2문단 – 직무 지원동기]

가상재화 상품을 이용하는 주체는 결국 사람입니다. 소비자들이 스마트폰을 이용하는 데 있어 어떤 상품에 미소를 던져줄지 치열하게 고민하겠습니다. 입사 후엔 선배님들의 경험을 배울 뿐만 아니라 직무 스터디를 만들어 동료들과 지식을 나누고 흡수하겠습니다. 전략적으로 내놓은 상품을 이용함으로써 웃음을 자아낼 수 있게끔 만들어, 무한경쟁인 업계의 선두를 탈환해 KT가 빛날 수 있게 보탬이 되겠습니다. [3문단 – 입사 후 포부]

HIDDEN POINT

꼭 산업/기업과 관련된 경험이 아닐지라도 지원동기를 작성할 수 있다.

"해당 산업/기업과 관련된 대외활동 경험도 없고, 직무와 관련된 인턴도 아르바이트도 해본 적이 없습니다. 지원동기 작성이 가능할까요?"는 가장 많이 듣는 질문 중 하나입니다.

제 대답은 "네, 가능합니다."입니다. 해당 에피소드에서 얻은 '배움이 중요'한 것이지, 경험 자체가 중요한 것이 아닙니다. 이는 PART 2의 'CHAPTER 02 유일하게 나를 차별화할 수 있는 배움'에서 이미 언급했습니다.

> … (중략) … 상품을 발굴하는 이가 갖춰야 할 가장 중요한 덕목은 "타인의 즐거움을 나의 행복으로 여기는 것"이라고 생각합니다. 맛집 동아리 'X'라는 하나의 상품을 만든 저는 4년간 이 단체를 이끌어 오면서 내가 기획한 상품으로 누군가의 얼굴에 웃음꽃을 피울 수 있다는 것을 느꼈습니다. 또한 이런 즐거움을 선사할 수 있는 상품 기획을 업(業)으로 삼아야겠다고 다짐했습니다. … (중략) …

해당 에피소드는 상품기획과 관련된 인턴이나 아르바이트 경험도 아닙니다. 하지만 이 에피소드를 통해 배운 점이 '상품기획'과 맞닿아 있습니다. 이것이 핵심 포인트입니다. 마케팅 업무를 해 본 사람만이 마케팅팀에서 근무할 기회를 얻는 것이 아닙니다. 마찬가지로 인사팀에 지원하는 취준생들이 '인사'와 관련된 업무를 과연 얼마나 해 봤을까요?

특정 에피소드를 통해 얻을 수 있던 '배움'을 전략적으로 해당 직무에 초점을 맞출 줄 안다면 꼭 관련된 분야에서의 경험이 없더라도 합격할 수 있는 것입니다. 위 사례에서는 맛집 동아리 'X'라는 동아리를 창단하면서 제가 느꼈던 배움을 상품기획 직무와 연계시켰기에 합격할 수 있었습니다.

03

홍보

E1

E1 자소서 항목

1. 본인의 가치관/생활신조/성격/장점/재능을 구체적으로 작성하여 주십시오.

2. 당사에 지원하게 된 동기와 입사 후 본인의 포부를 구체적으로 작성하십시오.

3. 어떤 문제에 대해 체계적인 계획을 세워 해결했던 경험을 작성해 보십시오.

4. 어떤 사안에 대해 이해관계자들과 우호적 관계를 형성해 본 경험을 작성해 보십시오.

5. 다양한 경로를 통해 필요한 자료 및 정보를 수집하고, 이를 신속하게 정리하여 활용하였던 경험을 작성해 보십시오.

1. 본인의 가치관/생활신조/성격/장점/재능을 구체적으로 작성하여 주십시오. [1,000자 이내]

짧은 문항 안에 제시된 모든 것들을 작성하라는 의미는 아닙니다. 이 중 하나만 구체적으로 작성해도 무방합니다.

질문을 크게 분류하면 가치관(=생활신조)/성격/장점(=재능) 3가지 중 선택하여 기재하라는 의미로 해석됩니다. 셋 중 자신 있게 쓸 수 있는 한 가지를 골라 구체화시키는 것이 중요합니다.

1. 가치관(=생활신조)
- 본인의 가치관(=생활신조)을 서두에 제시
- 대학생활 동안 본인의 가치관(=생활신조)이 긍정적인 결과를 가져온 에피소드
- 본인의 가치관을 회사에 어떻게 적용시킬 수 있을지

2. 성격
- 본인의 성격의 장점을 서두에 제시(단, '배려심이 있다.'와 같은 표현은 키워드이지, 핵심 주제가 될 수 없으므로 어떤 배려심을 가진 사람인지 구체화할 필요가 있음)
- 성격의 장점을 보여줄 수 있는 에피소드
- 해당 성격이 지원 기업/직무에서 어떤 긍정적인 효과를 나타낼 수 있을지

3. 장점(=재능)
- 본인의 장점(=재능)을 서두에 제시(단, '책임감이 있다.'와 같은 표현은 키워드이지, 핵심 주제가 될 수 없으므로 어떤 책임감을 가진 사람인지 구체화할 필요가 있음)
- 장점(=재능)을 보여줄 수 있는 에피소드
- 본인의 장점(=재능)을 회사에서 어떻게 적용할 수 있을지

이기려면 뻔뻔하라

뻔뻔함은 부정적 이미지가 아니라 "주눅 들지 않는다, 붙임성 좋다, 앞장선다."라고 할 수 있는 생존을 위한 훌륭한 도구이고, 나 자신에게 뻔뻔해져야 나를 이기며 남에게 주눅 들지 않고 목표를 달성할 수 있음을 깨달았습니다. 인간관계가 서툴렀던 저는 뻔뻔함을 제 무기로 만들고자 끊임없이 노력했고, 누구에게나 쉽게 다가가며 인테크가 무엇인지 아는 회원 수 4,000명 규모의 맛집 동아리 'X' 창단자 및 1대 회장이 될 수 있었습니다. 또한 SBS, EBS 등 다양한 방송 매체에 대학생 '맛' 대표로 섭외되어 인터뷰한 경험도 갖고 있습니다. [1문단 - 뻔뻔함에 대한 나만의 정의 및 뻔뻔함 활용 사례]

또한 이 뻔뻔한 추진력을 적극 활용해 동아리가 발전할 수 있도록 기업, 정부기관에 기획안을 직접 제안해 프로젝트를 함께 진행한 경험이 있습니다. 인간적 매력, 추진력의 근원이 된 긍정적 뻔뻔함을 토대로 홍보/CSR의 일원이 되어 기자를 마주하는 데 있어 당사의 입장이 왜곡돼지 않도록 협조를 이루고, 파워블로거였던 경험을 바탕으로 E1의 긍정적 소식을 SNS 상에 효과적으로 알리겠습니다. [2문단 - 뻔뻔함 활용 사례 2 및 적용]

HIDDEN POINT

배움과 적용만 달리하면 어떤 에피소드든 반복해서 활용이 가능하다.

앞서 제시된 '02 KT'의 1번 문항과 같은 에피소드입니다. 달라진 점이 있다면 마지막 문단의 "홍보/CSR의 일원이 되어 ~ 알리겠습니다."까지의 적용 부분입니다. 추진력은 어떤 직무에서든 필요한 범용적 역량입니다. 따라서 해당 역량을 지원하고자 하는 직무에서 어떻게 활용할 것인지를 변경하여 효과적으로 어필할 수 있다면 얼마든지 지원 직무에 최적화된 자기소개서로 작성이 가능합니다.

홍보/CSR 직무에서 추진력이 어떻게 활용될까요? 이를 작성하기 위해선 직무에 대한 공부가 필요합니다. 당시 조사한 결과, 홍보팀은 언론을 상대하기 때문에 회사의 긍정적 이미지가 될 만한 것들을 적극적으로 알리는 한편, 언론사를 상대로 당사가 이슈가 된 사안에 대해 입장 왜곡을 방지하기 위한 협조도 요청해야 하는 직무라는 것을 알 수 있었습니다. 따라서 이런 협조 요청 시에는 우물쭈물 있는 것이 아니라 긴급한 사안에 대해선 빠르게 업무 처리를 해야 한다고 생각했고, '추진력'이 어울린다고 판단한 것입니다.

솔직하게 말씀드리면 자기소개서라는 것은 갖다 붙이기 나름입니다. 입장 왜곡을 방지하기 위해 언론사와의 '긴밀한 커뮤니케이션 역량'도 필요합니다. 만약 커뮤니케이션을 강조하고 싶었다면, 뻔뻔함으로 상대와 유대적 관계를 형성한 것을 에피소드에서 보여줬을 것입니다.

본인이 방향성을 어디에 맞추느냐에 따라서 달라지는 것일 뿐, 기본적으로 우리가 중요하다고 생각하는 '모든 역량'들은 '모든 직무'에서 필요로 하는 역량들입니다. 홍보팀에서 도전 정신이 필요하지 않을까요? 분석력이 필요 없을까요? 아닙니다. 우리가 흔히 말하는 모든 역량은 해당 직무에서 필요로 합니다.

택시기사마저 내게 프로포즈를

저는 오다가다 만난 사람들과도 쉽게 친구가 될 수 있는 치명적 매력을 가졌습니다. 이는 타인의 이야기를 적극 경청할 줄 아는 저의 자세에서 비롯되었습니다. 작년 겨울 지하철이 끊길 때까지 공부를 하다 택시를 타야만 했습니다. 하지만 지갑엔 5천 원뿐이기에 금액만큼만 택시를 타고 나머지는 걸어 가야겠다 생각했습니다. 가는 도중 기사님이 자녀 이야기를 시작하셨고 저도 흥미를 느껴 적극 공감해드렸습니다. 계기판에 5천 원이 찍혔을 때 기사분께 제 사정을 말씀드렸더니, 저와 이야기를 나누는 시간이 즐거우셨던 기사님은 돈을 받지 않으시고 집 앞까지 데려다 주셨습니다. [1문단 - 역량 제시 및 역량을 발휘한 에피소드]

이는 저의 인간적 매력과 의사소통 능력을 방증한다고 생각합니다. 이를 적극 활용하여 홍보/CSR의 일원이 되었을 때, 대/내외적 업무상 마주할 수 있는 불협화음 속에서 탁월한 소통 능력을 십분 발휘해 문제를 해결하겠습니다. [2문단 - 적용]

HIDDEN POINT

1문단 : 자기소개서에 작성 가능한 문장을 노트 필기하라.

임팩트 있는 모든 문장을 혼자만의 생각으로 만들기에는 벅찰 수도 있습니다. 글감을 떠올리는 것보다 임팩트 있게 문장을 변형하는 데 더 많은 시간이 소요되기 때문입니다. 많은 취준생들이 합격한 자기소개서의 문장과 구조들을 참고합니다. 그런데 합격 자기소개서에서 볼 수 있는 문장은 이미 공개된 자료이자, 누군가 작성해 제출했던 자료이기 때문에 매력적이지 않습니다. 즉, 차별화되기 어려울 수 있다는 이야기입니다. 따라서 여러분들은 합격 자기소개서 외 우수 참조 자료를 구하셔야 합니다.

필자는 서점을 추천합니다. PART 2의 'CHAPTER 05 소제목, 섹시하게 작성하라'에서도 언급했지만, 소제목뿐만 아니라 자기소개서 문장에서도 활용할 수 있는 좋은 문구들이 책 속에는 넘쳐 흐릅니다. '오다가다 만난 사람들과도 쉽게 친구가 될 수 있는 치명적 매력'이라는 표현 또한 어떤 도서에서 발견한 문구입니다. 문장을 보자마자 '아! 이건 내 자기소개서에 활용해야지.'라는 생각이 들었고, 이를 노트에 필기해 두었습니다.

실제로 이 문장으로 효과를 본 경우도 많았습니다. E유통사, S은행에서 "이중원 씨는 '치명적 매력'을 지니셨나 보네요?"라는 질문이 들어올 정도로 인사담당자의 이목을 끈 문장이었습니다.

면접장의 상황에 따라 다르겠지만 주목을 받는다는 것은 환영할 일이라 생각합니다. 나를 뽑고자 하는 사람이 내게 관심이 없다면 '탈락'할 가능성이 더 높다고 생각합니다. 내게 한 번의 눈길이라도 더 주게끔 만들기 위한 나만의 핵심 문장이 필요하고, 혼자 만들어내기 어렵다면 여유가 있을 때 서점을 방문해 보기 바랍니다.

아쉬운 POINT

2문단

'인간적 매력 / 의사소통 능력'이 홍보/CSR 직무에서 어떻게 활용될 수 있을지 '밋밋하게' 기재했습니다. 인사담당자에 따라 추상적으로 들릴 수 있는 표현입니다. 또한 엄밀히 말해 인간적 매력과 의사소통 능력은 서로 다른 역량입니다. '1문항 1주제'라는 원칙에 따라 둘 중 하나만 취사선택하는 것이 유기적인 자기소개서가 되기 좋습니다.

E1
수정/보완 자기소개서

이기려면 뻔뻔하라

뻔뻔함은 부정적 이미지가 아니라 "주눅 들지 않는다, 붙임성 좋다, 앞장선다."라고 할 수 있는 생존을 위한 훌륭한 도구이고, 나 자신에게 뻔뻔해져야 나를 이기며 남에게 주눅 들지 않고 목표를 달성할 수 있음을 깨달았습니다. 인간관계가 서툴렀던 저는 뻔뻔함을 제 무기로 만들고자 끊임없이 노력했고, 누구에게나 쉽게 다가가며 인테크가 무엇인지 아는 회원 수 4,000명 규모의 맛집 동아리 'X' 창단자 및 1대 회장이 될 수 있었습니다. 또한 SBS, EBS 등 다양한 방송 매체에 대학생 '맛' 대표로 섭외되어 인터뷰한 경험도 갖고 있습니다.

이 뻔뻔한 추진력을 또한 적극 활용해 동아리가 발전할 수 있도록 기업, 정부기관에 기획안을 직접 제안해 프로젝트를 함께 진행한 경험이 있습니다. 인간적 매력, 추진력의 근원이 된 긍정적 뻔뻔함을 토대로 홍보/CSR의 일원이 되어 기자를 마주하는데 있어 당사의 입장이 왜곡되지 않도록 협조를 이루고, 파워블로거였던 경험을 바탕으로 E1의 긍정적 소식을 SNS 상에 효과적으로 알리겠습니다.

택시기사마저 내게 프로포즈를

저는 오다가다 만난 사람들과도 쉽게 친구가 될 수 있는 치명적 매력을 가졌습니다. 이는 타인의 이야기를 적극 경청할 줄 아는 저의 자세에서 비롯되었습니다. 작년 겨울 지하철이 끊길 때까지 공부를 하다 택시를 타야만 했습니다. 하지만 지갑엔 5천 원뿐이기에 금액만큼만 택시를 타고 나머지는 걸어 가야겠다 생각했습니다. 가는 도중 기사님이 자녀 이야기를 시작하셨고 저도 흥미를 느껴 적극 공감해드렸습니다. 계기판에 5천 원이 찍혔을 때 기사분께 제 사정을 말씀 드렸더니, 저와 이야기를 나누는 시간이 즐거우셨던 기사님은 돈을 받지 않으시고 집 앞까지 데려다 주셨습니다.

경청이라는 것은 단순히 듣기만 하는 것이 아닌, 상대와의 공감이 형성되었을 때 힘을 발휘하는 것이라고 생각합니다. 사회공헌(CSR)이라는 것은 우리와 내가 아닌 '도움이 필요로 하는 대상'의 깊은 고민거리를 읽어야 합니다. 단순 듣기를 넘어, 공감대를 형성할 수 있는 제 치명적 매력은 사회공헌 전문가가 되는데 있어 필수요소로 자리매김할 것입니다.

2. 당사에 지원하게 된 동기와 입사 후 본인의 포부를 구체적으로 작성하십시오. [1,000자 이내]

질문 해석

- 해당 산업(=가스/에너지)에 지원한 동기
- 다른 가스회사가 아닌 E1에 지원한 이유
- 많은 직무 중에서도 지원 직무를 선택한 이유
- 입사 후 포부

지속 가능한 성장의 주춧돌 — 티

소위 선진국이라고 하는 나라들은 다가올 미래의 변화를 감지하고 에너지 산업에 대한 막대한 투자를 진행하고 있습니다. 에너지라는 것은 인류의 생존과 함께하기에 국가적인 역량이 총동원되어야 하는 산업 분야입니다. 자원이 부족해 대부분의 에너지를 수입에 의존하고 있는 대한민국이지만, E1이 그동안 쌓아온 노하우를 기반으로 해서 추후에 벌어질 에너지 전쟁에서 생존할 수 있을 것이라고 믿습니다. [1문단 – 산업 및 기업 지원동기 1]

제가 직업을 선택하는 데 있어서 가장 크게 고민하는 부분은 '사회에 얼마나 기여할 수 있느냐'입니다. E1의 핵심인 LPG사업으로부터 앞으로 전개될 친환경 에너지 산업은 우리 사회의 지지기반이 되는 매우 중요한 사업이라고 생각합니다. 인간이 살아가는 데 필요한 것은 의, 식, 주라고 배웠지만, 의미 있는 의, 식, 주로 만드는 것은 바로 에너지가 해야 할 역할입니다. 이러한 문제에 대해 고민하며 저의 젊음을 던질 수 있는 곳이 바로 E1이라 생각합니다. [2문단 – 산업 및 기업 지원동기 2]

홍보/CSR 직무를 수행함에 있어서 갖춰야 할 역량은 타인과의 커뮤니케이션 능력, 발 빠른 정보력과 판단력이라고 생각합니다. 파워블로거 경험을 통해 대중들이 어떤 정보에 민감하게 반응하는지, 관심을 갖는지에 대해 배울 수 있었습니다. 또한, '뉴런'이라는 사이트를 만들어 '다른 길'을 걷고 있는 이들과의 인터뷰를 통해 다양한 인적네트워크를 쌓을 수 있었으며, 깊은 관계를 쌓아가며 소통할 줄 아는 방법을 배웠습니다. 최근에는 OOOOOO 총무팀에서 근무하며 PT 경진대회 때, 'GREEN OOOOOO'라는 주제로 친환경 에너지의 중요성과 사업 연계 방안에 대해 발표해 3위라는 영예를 얻기도 했습니다. 이러한 경험은 홍보/CSR 업무에 접근하는데 있어서 핵심적인 바탕이 될 것입니다. [3문단 – 직무에 필요한 역량 제시, 커뮤니케이션, 정보력, 판단력 및 이에 따른 뒷받침]

저는 E1이 대내/외적으로 긍정적 이미지를 불러 일으킬 수 있도록 출입기자들과의 협력 및 사회공헌 기획에 최선을 다해, 글로벌 에너지리더를 추구하는 E1이 우뚝 설 수 있도록 보탬이 되겠습니다. [4문단 – 적용]

1문단 : 의미 없는 기업분석, 이제 그만 Bye!

어떤 기업분석 보고서나 책/가이드북에서도 이런 문장을 찾기 어렵습니다. 기업분석 책/보고서는 객관적 사실을 이야기해야만 하는 특성을 갖고 있기 때문입니다. 그러나 자기소개서라는 것은 내 경험과 생각을 기술하는 공간이기 때문에 '객관적 사실'이 아닌, '객관을 토대로 한 나의 생각'을 서술해야만 합니다. 즉, 의미 없는 기업분석을 위해 막대한 양의 페이지를 다룰 필요가 없다는 것입니다. 그보다는 에너지 산업에 대한 나만의 생각을, 가스 사업을 영위하는 E1에 대한 인상과 같은 것들을 적는다면 더 좋은 점수를 받을 수 있습니다.

3문단 - 1

많은 것을 어필하려고 하지 말 것. 선택과 집중이 필요합니다. 홍보/CSR 직무를 수행하기 위해 총 3가지의 역량(정보력/판단력/커뮤니케이션)이 필요하다고 기재했습니다. 이럴 경우 역량 나열 - 단순 경험 나열의 형태가 되어 추상적으로 느껴질 수 있습니다.

3문단 - 2

'파워블로거 경험'을 이야기하며 정보력이 있다고 어필하고 있습니다만. 글을 읽는 인사담당자 입장에서는 해당 역량을 갖추고 있다고 믿기가 힘듭니다. 왜냐하면 파워블로거란 경험 자체가 정보력이 있다고 말하기엔 논리적인 비약이 있기 때문입니다. 파워블로거라는 경험 자체가 아니라, 파워블로거로 활동하던 중 있었던 에피소드에서 정보력이 갖추고 있음을 보여줄 수 있는 사례가 필요합니다. 그래야만 읽는 이가 이 지원자가 정보력이 있다고 판단할 수 있습니다.

이와 같이 에피소드를 통해 해당 역량을 갖추었음을 보여주기 위해서는 적어도 200자 이상이 필요합니다. 그러나 한 가지에만 집중해도 빠듯한 글자 수에서 3가지 역량을 제시했기 때문에 추상적인 인상을 줄 수 밖에 없습니다. 심지어 중요하다고 이야기한 '판단력' 부분은 근거가 아예 누락되고 말았습니다.

물론 정보력도 필요할 수 있고, 판단력도 필요할 수 있고, 커뮤니케이션 역량도 필요할 수 있습니다. 그러나 욕심내지 마세요. 이 문항에서는 정보력만 이야기하고, 다른 문항에서 충분히 '판단력과 커뮤니케이션' 역량을 어필할 수 있습니다. 1개의 문항에서는 1가지만 명료하게 이야기해도 좋은 점수를 받을 수 있습니다.

지속 가능한 성장의 주춧돌 — 티

소위 선진국이라고 하는 나라들은 다가올 미래의 변화를 감지하고 에너지 산업에 대한 막대한 투자를 진행하고 있습니다. 에너지라는 것은 인류의 생존과 함께하기에 국가적인 역량이 총동원되어야 하는 산업 분야입니다. 자원이 부족해 대부분의 에너지를 수입에 의존하고 있는 대한민국이지만, E1이 그 동안 쌓아온 노하우를 기반으로 해서 추후에 벌어질 에너지 전쟁에서 생존할 수 있을 것이라고 믿습니다.

제가 직업을 선택하는 데 있어서 가장 크게 고민하는 부분은 '사회에 얼마나 기여할 수 있느냐'입니다. E1의 핵심인 LPG사업으로부터 앞으로 전개될 친환경 에너지 산업은 우리 사회의 지지기반이 되는 매우 중요한 사업이라고 생각합니다. 인간이 살아가는 데 필요한 것은 의,식,주라고 배웠지만, 의미 있는 의,식,주로 만드는 것은 바로 에너지가 해야 할 역할입니다. 이러한 문제에 대해 고민하며 저의 젊음을 던질 수 있는 곳이 바로 E1이라 생각합니다.

홍보/CSR 직무를 수행하기 위해 가장 필요한 역량은 '한 발 빠른 예측력'이라고 생각합니다. 블로거였던 저는 파워블로거로 불리기 위한 기준치 방문자 수를 확보하기 위해 사람들이 어떤 키워드로 검색하는지 예측했습니다. 예를 들어, 추석이 다가오고 있으면 '추석 귀경길 버스 예약'과 같은 키워드들을 일주일 전 선점하여 글을 게재했고, 이는 폭발적인 방문자 수라는 결과로 제 블로그의 품질을 높여 줬습니다. E1의 대/내외적인 사안들을 언론과 협조해야 하는 홍보/CSR 직무는 위와 같은 예측력이 필수입니다.

언론이라는 것은 급작스럽기 마련입니다. 불시에 E1의 민감한 사안에 대해 노출될 수 있을 것입니다. 이때 어떻게 대응해야 하는지 알고 민감하게 반응할 수 있는 제 예측력은 귀사의 지속 가능 경영에 있어 근간이 될 수 있을 것입니다.

3. 어떤 문제에 대해 체계적인 계획을 세워 해결했던 경험을 작성해 보십시오. [1,000자 이내]

뚫어라 뚫린다! - 전통시장 활성화 프로젝트

지난 설 전통시장을 찾는 손님들이 갈수록 줄어들어 존폐 위기까지 몰리고 있다는 기사를 보았습니다. 유년 시절 어머니와 함께 탕수육을 사 먹었던 시장 구석의 '참새 분식집'이란 추억의 장이 사라질지도 모른다는 안타까움과 함께, 대학생으로서 사회 이슈에 대해 관심을 가져야 한다고 생각했습니다. 생각을 실천으로 옮겨야겠다는 결심으로 전통시장 활성화 프로젝트를 준비하기로 마음먹었습니다. [1문단 - 계획 수립 배경]

3개월의 회의 끝에 SBS 예능 '런닝맨'으로부터 모티브를 얻어 대학생 150명이 참여하는 '시동 프로젝트'를 기획했습니다. 진행 중 예산 제약, 장소 섭외 등 한계점이 보여 정부 단체를 섭외해 주최해야겠다고 판단해 OOOOOOO 측에 제안했습니다. 사업 육성 관계자분들과 2주 동안 아이디어 현실화 방안에 대한 구체적인 논의를 했고 최종 결재만 기다렸습니다. 하지만 예산문제로 차질이 생겨 모든 기획안이 한순간에 종잇조각이 되어버렸습니다. [2문단 - 체계적인 계획 제시 및 장애물]

함께 프로젝트를 준비했던 동료들의 아쉬움과 실망스러운 눈빛을 아직도 잊을 수가 없습니다. 무에서 유를 창조해야 했던 과정이기에 리더로서 그들에게 어떤 보상도 해줄 수 없다는 현실이 너무나 안타까웠습니다. 하지만 낙담하기보다는 실패를 교훈 삼아 또 다른 성공으로 이끌어내야겠다고 결심하게 됐습니다. 다른 기회를 살피던 중, 전통시장 활성화 공모전이 있다는 것을 알게 되었고, 아이디어를 보완 후 제출해 우수상이라는 값진 상과 함께 동료들에게 환희도 안겨다 줄 수 있었습니다. [3문단 - 문제 해결을 위해 필요했던 역량 제시 및 결과]

우수상이란 결과도 중요하지만 실패를 두려워하지 않고 재도전해 성과를 창출한 과정이 제겐 큰 배움이 되었습니다. 이는 귀사의 '몰입, 끈기, 책임' 핵심가치에 충족될 뿐만 아니라, 앞으로 어떤 예기치 못한 상황을 마주하더라도 다시 기지를 발휘해 'E1'에 긍정적 결과를 만들어 낼 자양분이 될 것입니다. [4문단 - 배움 및 적용]

아쉬운 POINT

2문단

질문에서 요구하는 바에 대한 명확한 답변이 가장 중요합니다. 문항에서 요구하는 것은 계획 수립 과정, 해결 역량을 보고자 한 것입니다. 그러나 일을 추진하게 된 배경(1문단)이 지나치게 길고, 정작 중요한 '체계적인 계획 수립(2문단)'은 "3개월의 회의 끝에 SBS 예능 '런닝맨'으로부터 모티브를 얻어 대학생 150명이 참여하는 '시동프로젝트'를 기획했습니다."한 문장으로 축약 제시했습니다. 만약 채점 기준이 '목표 수립 과정에 대해 체계적으로 단계를 나누어 제시했는지'였다면 좋은 점수를 받지 못한 문항이었을 것입니다.

E1
수정/보완 자기소개서

뚫어라 뚫린다! - 전통시장 활성화 프로젝트

지난 설 전통시장을 찾는 손님들이 갈수록 줄어들어 존폐 위기까지 몰리고 있다는 기사를 보았습니다. 유년 시절 어머니와 함께 탕수육을 사 먹었던 추억의 시장이 사라질지도 모른다는 안타까움에 주변 친구들과 함께 전통시장 활성화 프로젝트를 준비하기로 결심했습니다.

전통시장을 알리기 위한 가장 효과적인 도구가 무엇인지부터 고민했습니다. 당시 언론 등 이슈화가 되려면 플래시몹이 효과적이었기에, 여럿이 함께 하는 100명 이상의 행사로 기준을 세웠습니다. 다만, 일회적 이벤트가 된다면 또 다시 소모적인 행사가 될 것을 우려해 젊은 이들이 시장 속에서의 추억을 얻어갈 수 있는 행사로 방향성을 맞췄습니다. '런닝맨'으로부터 모티브를 얻어 미션과 이벤트가 공존하는 체험형 '시동 프로젝트'가 회의 끝에 기획되었습니다. 그러나 해당 행사를 집행하기 위해서는 예산과 장소 섭외 등 한계점이 보였고, 이를 집행하는 기관에 제안했습니다. 2주

동안 아이디어 현실화 방안에 대해 논의했고, 최종 결재를 기다렸습니다만 기관 내부적 사정으로 인해 기획안이 한 순간에 종이조각이 되어 버렸습니다.

함께 프로젝트를 준비했던 동료들의 아쉬움과 실망스러운 눈빛을 아직도 잊을 수가 없습니다. 무에서 유를 창조해야 했던 과정이기에 리더로서 그들에게 어떤 보상도 해 줄 수 없다는 현실이 너무나 안타까웠습니다. 하지만 또 다른 기회를 빠르게 포착해 성공으로 이끌어 내야겠다고 결심하게 됐습니다. 이에 조사하던 중, 전통시장 활성화 공모전이 있다는 것을 알게 되었고, 아이디어를 수정/보완 후 제출해 우수상이라는 값진 상과 함께 동료들에게 환희도 안겨다 줄 수 있었습니다.

우수상이란 결과도 중요하지만 악재가 있어도 또 다른 기회는 얼마든지 있을 수 있다는 신념을 갖게 해 주었습니다. 귀사의 핵심가치는 '몰입, 끈기, 책임'입니다. 어려움은 언제든 기업이 맞닥뜨릴 수 있는 현실입니다. 현실에 굴복하지 않고, 또 다른 기회를 창출해 상황을 헤쳐나가는 E1의 일원이 되겠습니다.

4. 어떤 사안에 대해 이해관계자들과 우호적 관계를 형성해 본 경험을 작성해 보십시오. [1,000자 이내]

질문 해석

- 특정 사안 제시
- 문제를 해결하기 위한 본인만의 방법(관계 형성 관련)
- 결과 및 배운 점
- 적용

힐링! 홍보대사 – 마음까지 녹이는 팔로워십

'리더는 꼭 앞장서는 사람이 아니다. 각자의 역할에서 묵묵히 최선을 다하는 모든 이들이 리더이다.' 많은 자기계발서를 읽고, 사회적으로 인정받는 리더들과 대화 속에서 깨닫게 된 통찰입니다. 조직 생활에서 가장 힘들었던 순간은 00000위원회 홍보대사를 수행했을 때입니다. 각자 개성과 주장이 강한 40명의 의견을 모두 수렴하는 것은 불가능에 가까웠습니다. 그래서인지 첫 회의를 시작하자마자 다른 사람들과의 마찰이 조금씩 생겨났습니다. 결국 한 달 채도 안돼 선발인원의 20%가 이탈하고 말았습니다. [1문단 - 특정 사안 및 문제점 제시]

그래서 자기주장이 다소 강한 저이지만, 조직의 갈등을 최소화하고 발전적인 방향으로 나아가기 위해 기장의 의견에 힘을 실어주는 역할을 자발적으로 맡았습니다. 사공이 많은 배가 산으로 간다는 말이 있듯이, '내 자신이 앞장서는 리더가 되기보다는 노를 성실히 저어주는 사람이 되자.'라고 생각하며 제 역할에 대해 충분히 인식했습니다. 생각을 실천으로 옮기고자 비협조적인 혹은 열정을 잃고 있는 구성원들을 한 사람 한 사람 찾아 다니며 "리더가 얼마나 고생하는지 모른다, 우리가 조금 더 힘이 되어주자."라는 말과 함께 이 활동이 우리에게 가져다 줄 '비전'에 대해 설명했습니다. [2문단 - 문제를 해결하기 위한 본인만의 방법 제시]

그 이후 삐걱거렸던 홍보대사 조직이 조금씩 변화하는 모습을 볼 수 있었습니다. 더 이상의 이탈도 없었고, 상대방이 던진 말이 추구하는 목표에 부합하지 않더라도 그들이 왜 그런 이야기를 꺼냈는지에 대해 공감을 해주었더니, 차츰 마음을 열고 서로가 존중하는 조직으로 변화할 수 있었습니다. 우리가 논의한 이야기들은 점차적으로 하나로 모였고 "2011년 OOOO"를 성공적으로 기획할 수 있었습니다. 또한 구성원 모두와 우호적 관계를 맺게 된 저는 활동이 끝난 후 만장일치로 동창회장이 될 수 있었습니다. 비록 앞에 나서는 것은 아니었지만 리더의 의견에 힘을 싣고, 서로를 존중해줄 줄 아는 팔로워십은 곧 위대한 리더십이라는 것을 깨달을 수 있었습니다. [3문단 - 우호적 관계 형성 결과 및 배움]

HIDDEN POINT

1문단 : 나만의 고찰이 반영된 자기소개서

흔히 말하는 리더가 아닌, '팔로워'도 하나의 리더일 수 있음을 보여준 에피소드입니다. 통념을 깨뜨린 '반전 글'이기에 주제 측면에서 임팩트가 있었습니다. 임팩트도 중요하지만, 이 자기소개서 문항에서 주목해야 할 점은 '나만의 생각과 고찰'입니다. '리더'라는 것에 대한 나만의 관점이 공감을 살 수 있었기에 합격으로 이어졌을 것입니다.

> '리더는 꼭 앞장서는 사람이 아니다. 각자의 역할에서 묵묵히 최선을 다하는 모든 이들이 리더이다.' 많은 자기계발서를 읽고, 사회적으로 인정받는 리더들과 대화 속에서 깨닫게 된 통찰입니다.

여러분들도 나름의 삶에 대한 통찰이 분명 존재할 것입니다. 컨설팅을 하면서 가장 안타까운 점은 많은 취준생들이 좋은 생각, 좋은 마인드를 가지고 있는데 불구하고 이를 과소평가한다는 점입니다. 혹은 남들이 쓰는 방식대로 작성해야만 합격할 수 있다는 두려움을 갖고 있는지도 모르겠습니다. 그러나 남들과 같은 방식, 남들과 같은 생각만으로는 특출함을 보여줄 수 없습니다. 여러분이 갖고 있는 철학과 신념을 자기소개서에 어필하세요. 이에 대해 충분한 뒷받침만 있다면 어떤 주장도 공감을 살 수 있을 것입니다.

5. 다양한 경로를 통해 필요한 자료 및 정보를 수집하고, 이를 신속하게 정리하여 활용하였던 경험을 작성해 보십시오. [1,000자 이내]

질문 해석

- 자료 및 정보 수집이 필요했던 배경 설명
- 이를 수집하고 신속하게 정리하기 위한 본인의 역량과 특정 경로 설명
- 결과 및 배움
- 적용

In 종로 호스텔, 외국인 울렁증 극복기!

작년에 유럽 여행을 준비하면서 외국인 친구를 꼭 만들자는 결심을 했습니다. 피렌체의 호스텔에서 금발의 여성이 제게 "한국인이세요?"라며 말을 건넸습니다. 하지만 제 결심과는 달리 외국인에게 두려움을 느껴 피하고 있는 저를 발견했습니다. 입국 후, 스스로 제 자신이 한심스러워 영어 실력을 키워야겠다며 절치부심했습니다. 결심을 실행으로 옮기기 위해 국내라는 주어진 상황 하에서 어떻게 하면 영어실력은 물론 외국인 울렁증을 극복할 수 있을까를 고민했습니다. 그러던 중 우리나라에도 외국인 여행객들이 머무르는 호스텔이 있을 것이란 생각이 떠올랐습니다. 종로에 소재한 곳을 알게 되었습니다만 엄연한 사업장이었기에 돈을 지불하지 않고 지내기가 어려울 것 같았습니다. [1문단 – 자료수집 및 아이디어 착안]

이를 해결하기 위한 방안에 대해 고민하던 중 사장님께 "언어교환, 문화교류라는 매력적인 상품을 만듦으로써 외국인 여행객들을 이끌 수 있는 하나의 전략이 될 수

있고, 제겐 영어를 배울 수 있는 윈윈전략"이라고 제안했습니다. 마침 외국인 관광객을 더 유치하는 방안에 대해 고민 중이셨던 사장님은 흔쾌히 이 제안을 받아들이셨습니다. [2문단 - 수집된 정보&자료를 신속하게 활용]

그 후 두 번의 실패를 경험하지 않기 위해 외국인 친구들에게 적극적으로 다가가려 노력했습니다. 그 결과 덴마크, 캐나다 여행객들에게 광장시장도 안내하며 자연스럽게 울렁증을 극복했고 유창하지는 않지만 일상 대화를 주고받을 수 있는 실력이 되어 자신감을 얻게 되었습니다. 또한 이 호스텔은 언어교환이 활성화된 호스텔로 알려져 외국인들에게 큰 호응을 얻었고 매출이 향상될 수 있었습니다. [3문단 - 해결 결과]

타인의 입장에서 무엇이 필요한지 빠르게 파악 후 제안한 것이, 제겐 배움이라는 새로운 기회를 얻게 된 소중한 경험이 되었습니다. 이 경험은 각 언론매체 출입기자들을 상대함에 있어 재빠르게 그들이 무엇을 필요로 하는지 알아차려, 귀사의 대내외적 중요 사항을 발 빠르게 판단 및 선별해 긍정적 이미지를 제고시키는 데 보탬이 될 것입니다. [4문단 - 자료 및 정보 수집을 위해 필요한 역량 제시, 배움 및 적용]

HIDDEN POINT

귀에 걸면 귀걸이, 코에 걸면 코걸이

이번 사례 또한 매 합격 자기소개서에서 보게 될 에피소드입니다. 에피소드를 '복사+붙여넣기'를 한 뒤 '배움'과 '적용' 부분만 조금씩 달리하면 어느 자기소개서에서도 활용할 수 있다고 이야기했습니다. 그러나 주의점이 있습니다. 문항 질문과 어울리는 답변인지 확인해야 합니다. 질문에서는 '자료 수집을 토대로 문제를 어떻게 해결했는지'를 묻고 있습니다. 따라서 '복사+붙여넣기'를 하더라도 질문에서 요구한 사항이 담겨 있는지를 필수적으로 확인해야 합니다.

> … (중략) … 우리나라에도 외국인 여행객들이 머무르는 호스텔이 있을 것이란 생각이 떠올랐습니다. 종로에 소재한 곳을 알게 되었습니다만… (중략) …

이 부분은 자료 수집으로 볼 수 있는 항목입니다.

> … (중략) … "언어교환, 문화교류라는 매력적인 상품을 만듦으로써 외국인 여행객들을 이끌 수 있는 하나의 전략이 될 수 있고, 제겐 영어를 배울 수 있는 윈윈전략"이라고 제안했습니다. … (중략) …

이 부분은 문항에서 요구한 '수집된 정보&자료를 정리/활용'과 일치합니다. 따라서 있는 그대로 옮겨 적을 수 있던 것입니다. 만약 질문이 '본인에게 해결하기 어려웠던 경험과 이를 극복하기 위해 노력한 점에 대해 기술하시오.'였어도 이를 그대로 활용할 수 있습니다.

〈질문 변경〉 본인에게 해결하기 어려웠던 경험과 이를 극복하기 위해 노력한 점에 대해 기술 하시오.

작년에 유럽 여행을 준비하면서 외국인 친구를 꼭 만들자는 결심을 했습니다. 피렌체의 호스텔에서 금발의 여성이 제게 "한국인이세요?"라며 말을 건네주었습니다. 하지만 제 결심과는 달리 외국인에게 두려움을 느껴 피하고 있는 저를 발견했습니다. [1문단 – 해결하기 어려웠던 경험 (두려움)]

입국 후, 스스로 제 자신이 한심스러워 영어 실력을 키워야겠다며 절치부심했습니다. 결심을 실행으로 옮기기 위해 국내라는 주어진 상황 하에서 어떻게 하면 영어실력은 물론 외국인 울렁증을 극복할 수 있을까를 고민했습니다. 그러던 중 우리나라에도 외국인 여행객들이 머무르는 호스텔이 있을 것이란 생각이 떠올랐습니다. 종로에 소재한 곳을 알게 되었습니다만 엄연한 사업장이었기에 돈을 지불하지 않고 지내기가 어려울 것 같았습니다. [2문단 – 극복하기 위해 노력한 점 1]

이를 해결하기 위한 방안에 대해 고민하던 중 사장님께 "언어교환, 문화교류라는 매력적인 상품을 만듦으로써 외국인 여행객들을 이끌 수 있는 하나의 전략이 될 수 있고, 제겐 영어를 배울 수 있는 윈윈전략"이라고 제안했습니다. 마침 외국인 관광객을 더 유치하는 방안에 대해 고민 중이셨던 사장님은 흔쾌히 이 제안을 받아들이셨습니다. 그 후 두 번의 실패를 경험하지 않기 위해 외국인 친구들에게 적극적으로 다가가려 노력했습니다. 그 결과 덴마크, 캐나다 여행객들에게 광장시장도 안내하며 자연스럽게 울렁증을 극복했고 유창하지는 않지만 일상 대화를 주고받을 수 있는 실력이 되어 자신감을 얻게 되었습니다. 또한 이 호스텔은 언어교환이 활성화된 호스텔로 알려져 외국인들에게 큰 호응을 얻었고 매출이 향상될 수 있었습니다. [3문단 – 극복하기 위해 노력한 점 2 및 결과]

한 글자도 바꾸지 않았지만, 작성했던 문항 자체가 요구 질문에 답변이 충분히 되기 때문에 그대로 활용 가능했습니다. 귀에 걸면 귀걸이, 코에 걸면 코걸이입니다. 질문에 집중하여 기존에 작성했던 답변이 지금 작성하고 있는 자소서 질문에 대한 답변으로 충분하다면 '복사+붙여넣기'로 빠르게 작성하고, 타 문항에 집중합시다.

04

B2B SALES

LG전자

LG전자 자소서 항목

1. 자신이 가진 열정에 대하여
2. 본인이 이룬 가장 큰 성취에 대하여
3. 본인의 가장 큰 실패 경험에 대하여
4. 본인의 역량에 관하여(지원 분야 관련 전문지식)
5. 본인의 성격에 관하여(본인의 약점/강점에 대하여)
6. 본인의 10년 후 계획에 대하여

1. 자신이 가진 열정에 대하여 [4,000 bytes 이내]

- 열정을 보여주는 에피소드(성공/실패 무관)
- 해당 에피소드를 통해 배운 점
- 적용

대학생 갈증 해소! 색다른 동아리 맛집 동아리 'X'

LG전자의 우수한 제품을 대기업, 각 기관에 제안 및 성사시키기 위해서, B2B 영업인은 '차별화 된 제안 및 꾸준한 인적 네트워크 관리' 역량을 갖춰야 한다고 생각합니다. 이미 대한민국 제품들은 성능, 디자인 면에서 세계 최고의 위치에 속해 있습니다. 따라서 타 사와의 경쟁에서 승리하기 위해선 기술적인 부분도 중요하지만, 타 사 영업인들과 비교해 '제안, 계약, 사후관리' 과정에서 차별화된, 꾸준히 인적네트워크를 유지할 줄 아는 B2B 영업인들의 손에 성공의 열쇠가 달려 있다고 생각합니다. [1문단 – 해당 직무가 갖춰야 할 역량 및 B2B 영업 직무의 필요 이유]

저는 맛집 동아리 'X'라는 하나의 상품을 직접 창단 및 4년여간 회장으로 역임했습니다. 회원 수 4,000명, 2012년 최고의 동아리 상을 수상 및 SBS, EBS 등에 출연한 이 동아리는 제 모든 것을 쏟아 부은 하나의 창조적 결과물입니다. 이를 창단하기 전까진 맛집 탐방이라는 것은 돈 있는 어른들의 향유물에 불과했습니다. 하지만 저렴한 가격의 맛집을 찾으려는 저희의 시도로부터 대학생 맛집 문화가 생겼다고 자부합니다. 또한 모임에 참여하고 싶은 대학생이라면 누구든지 참여할 수 있게 만듦으로써 '그들만의 리그'인 타 동아리와 차별화할 수 있었습니다. [2문단 – 열정적 에피소드 1/2]

이 동아리가 성공할 수 있었던 가장 큰 원인은 대학생들이 기존 동아리의 폐쇄성에 갈증나고 있음을 정확히 파악해, 누구에게나 열려 있는 단체라는 '차별성'으로 그들의 욕구를 해소해 주었기 때문이라고 생각합니다. 꾸준하게 새로운 콘텐츠를 개발함으로써 동아리를 찾는 대학생들에게 항상 즐거움을 선사했고, 가볍게 스쳐갔던 사람들조차도 꾸준하게 연락하며 인적 네트워크를 구축해 'X=언제나 나를 반겨주는 동아리'로 브랜드화시켰기 때문이라고 생각합니다. [3문단 – 열정적 에피소드 2/2]

이런 경험을 바탕으로, 전자업계의 무한경쟁체제에서 승리하기 위해 고객사를 상대함에 있어 '차별성'을 무기로 삼겠습니다. 상대방이 무엇에 갈증을 느끼는지 정확히 파악하고, 이를 기초로 차별화된 기획서를 제안해 매출 성과를 달성하도록 노력하겠습니다. 또한 5명으로 시작했던 동아리가 4,000명의 대학생들에게 사랑받는 동아리로 자리매김하기까지 인적 네트워크 즉, 고객관리의 중요성을 느낄 수 있었습니다. 이런 배움을 통해 향후 만나게 될 수많은 법인 고객들의 진정한 친구가 되겠습니다. 그들이 힘들 때 위로하고 저 또한 업무적으로, 또는 그 이외의 것으로 힘들 때 연락해 술 한 잔하고 도움받을 수 있는 그런 친구로 남겠습니다. 진정한 친구라는 관계 속에서 기회는 무궁무진할 것입니다. [4문단 - 배움 및 적용]

HIDDEN ▶ POINT

1문단 : 지원 직무의 필요성 언급은 자연스럽게 '직무 지원동기'가 될 수 있다.

즐겨 쓰던 직무 지원동기 구조입니다. '해당 직무가 회사 내에서 얼마나 중요한지 이야기한다는 것 자체만으로도 지원동기가 될 수 있지 않을까?'하는 생각에 기초했습니다. 이와 유사한 LG서브원 합격 자기소개서를 살펴 보겠습니다.

> 현재 LG서브원은 경쟁이 치열해지고 경기 침체와 잦은 정부의 규제에도 불구하고 높은 신장률을 기록하며 MRO업계 2위에서 '1위'로 상승했고 그 입지를 굳건히 하고 있습니다. 하지만 1위 자리를 지속적으로 유지하기 위해서는 관계사에만 기댈 것이 아니라 비 관계사를 개척함으로써 타 업체와 차별을 이루어야 합니다. 따라서 비 관계사와의 새로운 관계를 구축하고 유지하기 위한 최고의 영업맨이 필요하다고 생각합니다. … (중략) …

왜 영업 직무가 필요한지를 이야기함으로써 직무의 중요성을 보여줬고, 중요성을 어필했기에 자연스럽게 직무 지원동기가 되었습니다. 이처럼 본인 경험에 기반해 직무 지원동기를 작성하기 어려운 경우, 하나의 팁으로 활용할 수 있습니다.

2. 본인이 이룬 가장 큰 성취에 대하여 [4,000 bytes 이내]

- 목표
- 목표 달성을 위해 어떤 액션을 취했는지
- 본인에게 어떤 성취감을 주었는지(배움/핵심 포인트)
- 적용

In 종로 호스텔, 외국인 울렁증 극복기!

작년에 유럽 여행을 준비하면서 외국인 친구를 꼭 만들자는 결심을 했습니다. 피렌체의 호스텔에서 금발의 여성이 제게 "한국인이세요?"라며 말을 건넸습니다. 하지만 결심과는 달리 외국인에게 두려움을 느껴 피하고 있는 저를 발견했습니다. [1문단 - 목표 수립의 배경]

입국 후, 제 자신이 한심스러워 영어 실력을 키워야겠다며 절치부심했습니다. 결심을 실행으로 옮기기 위해 국내라는 주어진 상황 하에서 어떻게 하면 영어실력은 물론, 외국인 울렁증을 극복할 수 있을까를 고민했습니다. 그러던 중 우리나라에도 외국인 여행객들이 머무르는 호스텔이 있을 것이란 생각이 떠올랐습니다. 종로에 소재한 곳을 알게 되었습니다만 이곳 또한 엄연한 사업장이었기에 돈을 지불하지 않고 외국인들과 어울리며 지내기가 어려울 것 같았습니다. [2문단 - 목표]

이를 해결하기 위한 방안에 대해 고민하던 중 사장님께 "언어교환이라는 매력적인 상품을 만듦으로써 외국인 여행객들을 이끌 수 있는 하나의 전략이 될 수 있고, 제겐 영어를 배울 수 있는 윈윈전략"이라고 제안했습니다. 마침 외국인 관광객을 더 유치하는 방안에 대해 고민 중이셨던 사장님은 흔쾌히 이 제안을 받아들이셨습니다. [3문단 - 목표 달성을 위한 액션]

그 후 두 번의 실패를 경험하지 않기 위해 외국인 친구들에게 적극적으로 다가가려 노력했습니다. 하지만 막상 언어교환 프로그램을 시작하니 외국인 울렁증이 다시 재발하기 시작했습니다. 지나가다 만난 사람들과도 친구가 될 수 있는 저인데, 문화와 인종이 다르다는 이유만으로 그들 앞에서 주눅 들었습니다. 또한 몇몇 외국인들이 재미없는 눈치를 보이며 슬슬 자리를 피하는 상황도 연출됐습니다. [4문단 - 새롭게 발생한 문제점 및 목표 재설정]

이 상황을 극복하고 적응하기 위해 외국인 관광객들에게 재미를 주고자 광장시장 등 '명소'와, 가이드북에 나와 있는 음식점이 아닌 한국의 '진정한 맛집'들을 직접 소개 해줬습니다. 이후 제게 외국인 친구가 생기기 시작했고 자연스레 영어실력 향상은 물론 울렁증 또한 극복할 수 있었습니다. 또한 이 호스텔은 언어교환, 문화교류가 활성화된 호스텔로 알려져 외국인들에게 큰 호응을 얻었고 매출이 향상될 수 있었습니다. [5문단 - 문제 해결(성취)]

타인의 입장에서 무엇이 필요한지 파악 후 제안한 것이, 제겐 배움이라는 새로운 기회를 얻게 된 소중한 경험이 되었습니다. B2B 영업을 하는 데 있어 가장 중요한 것이 고객사의 욕구를 파악하는 것이라 생각합니다. 이 경험을 토대로 우리의 현 상황을 철저히 분석하고 고객이 무엇을 원하는지 욕구를 정확히 파악함으로써, 차별화된 기획안을 제안해 성과를 달성하는 마케팅본부 B2B SALES 일원이 되겠습니다. [6문단 - 배움 및 적용]

아쉬운 **POINT**

6문단

적용 파트가 조금 아쉽습니다. 타인이 필요한 바를 읽어낼 줄 아는 바를 강조했습니다. LG전자 B2B 영업의 특정 구체적인 상황 속에서 해당 역량을 어떻게 펼칠 수 있을지를 기재했어야만 합니다.

In 종로 호스텔, 외국인 울렁증 극복기!

작년에 유럽 여행을 준비하면서 외국인 친구를 꼭 만들자는 결심을 했습니다. 피렌체의 호스텔에서 금발의 여성이 제게 "한국인이세요?"라며 말을 건넸습니다. 하지만 결심과는 달리 외국인에게 두려움을 느껴 피하고 있는 저를 발견했습니다.

입국 후, 제 자신이 한심스러워 영어 실력을 키우고자 절치부심했습니다. 국내라는 주어진 상황 하에서 어떻게 하면 영어실력은 물론, 외국인 울렁증을 극복할 수 있을까를 고민했습니다. 그러던 중 우리나라에도 외국인 여행객들이 머무르는 호스텔이 있을 것이란 생각이 떠올랐습니다. 종로에 소재한 곳을 알게 되었습니다만 이곳 또한 엄연한 사업장이었기에 돈을 지불하지 않고 외국인들과 어울리며 지내기가 어려울 것 같았습니다.

이를 해결하기 위한 방안에 대해 고민하던 중 사장님께 "언어교환이라는 매력적인 상품을 만듦으로써 외국인 여행객들을 이끌 수 있는 하나의 전략이 될 수 있고, 제겐 영어를 배울 수 있는 윈윈전략"이라고 제안했습니다. 마침 외국인 관광객을 더 유치하는 방안에 대해 고민 중이셨던 사장님은 흔쾌히 이 제안을 받아들이셨습니다.

그 후 두 번의 실패를 경험하지 않기 위해 외국인 친구들에게 적극적으로 다가가려 노력했습니다. 하지만 막상 언어교환 프로그램을 시작하니 외국인 울렁증이 다시 재발하기 시작했습니다. 지나가다 만난 사람들과도 친구가 될 수 있는 저인데, 문화와 인종이 다르다는 이유만으로 그들 앞에서 주눅들었습니다. 또한 몇몇 외국인들이 재미없는 눈치를 보이며 슬슬 자리를 피하는 상황도 연출됐습니다.

이 상황을 극복하고 적응하기 위해선 외국인 관광객들에게 재미를 주는 것이 우선이라 생각했습니다. 광장시장 등 '명소'와, 가이드북에 나와 있는 음식점이 아닌 한국의 '진정한 맛집'들을 직접 소개해줬습니다. 그 이후 제게 외국인 친구가 생기기 시작했고 자연스레 영어실력 향상은 물론 울렁증 또한 극복할 수 있었습니다. 또한 이 호스텔은 언어교환, 문화교류가 활성화된 호스텔로 알려져 외국인들에게 큰 호응을 얻었고 매출이 향상될 수 있었습니다.

B2B 영업을 진행하기 위해선 무작정 들이미는 개척 정신도 필요하겠지만, 상대가 어떤 부분이 가려운지 재빨리 캐치해내는 '눈치'가 필수라고 생각합니다. 고객 유치가 필요한 호스텔 사장님과 흥미를 잃은 외국인들의 가려움을 긁어줬던 제 생각은 모두를 만족시켰고, 저를 성장시키는 데 일조했습니다. 만나게 될 고객사와의 첫 대면은 앞으로의 지속적 관계를 위한 첫 단추가 될 것입니다. 내가 원하는 것만을 요구하는 영업을 하기보다는, 상대의 고민이 무엇인지 캐치하는 역량으로 고객사의 사무실과 창고에 LG전자 제품이 가득하게 만들어 보이겠습니다.

3. 본인의 가장 큰 실패 경험에 대하여 [4,000 bytes 이내]

질문 해석

단순히 실패한 경험만을 기재하라는 문항은 아닙니다. 실패 이유가 무엇이고, 이를 극복하기 위해 어떤 과정을 거쳤으며, 어떤 결과를 도출했는지가 포함되어야 하는 문항입니다.

- 실패 에피소드
- 실패 원인 분석
- 실패를 극복하기 위한 본인의 노력
- 결과
- 배움 및 적용

뚫어라 뚫린다! – 전통시장 활성화 프로젝트

지난 설 전통시장을 찾는 손님들이 갈수록 줄어들어 존폐 위기까지 몰리고 있다는 기사를 보았습니다. 유년 시절 어머니와 탕수육을 사 먹었던 추억의 장이 사라질지도 모른다는 안타까움과 대학생으로서 사회 이슈에 대해 관심을 가져야 한다고 생각했습니다. 생각을 실천으로 옮겨야겠다는 결심으로 전통시장 활성화 프로젝트를 준비하기로 마음먹었습니다. [1문단 – 추진 배경 및 목표]

3개월의 회의 끝에 SBS 예능 '런닝맨'으로부터 모티브를 얻어 대학생 150명이 참여하는 '시동 프로젝트'를 기획했습니다. 진행 중 예산 제약, 장소 섭외 등 한계점이 보여 정부 단체를 섭외해 주최해야겠다고 판단해 OOOOOOO 측에 제안했습니다. 사업성 관계자분들과 2주 동안 아이디어 현실화 방안에 대한 구체적인 논의를 했고 최종 결재만 기다렸습니다. 하지만 예산문제로 차질이 생겨 모든 기획안이 한 순간에 종잇조각이 되어버렸습니다. [2문단 – 실패한 이유]

함께 프로젝트를 준비했던 동료들의 아쉬움과 실망스러운 눈빛을 아직도 잊을 수가 없습니다. 무에서 유를 창조해야 했던 과정이기에 리더로서 그들에게 어떤 보상도 해줄 수 없다는 현실이 너무나 안타까웠습니다. 하지만 낙담하기보다는 실패를 교훈 삼아 또 다른 성공으로 이끌어 내야겠다고 결심하게 됐습니다. [3문단 – 실패 극복에 대한 본인의 노력 1]

'상생'이라는 키워드를 내세우고 있는 기업에 제안을 해볼까, 아니면 전통시장 아이디어 공모전에 제출할까 등 여러 방안들을 고민하게 되었습니다. 조금 더 우리 아이디어를 유용하게, 본 취지대로 활용할 수 있는 것은 공모전이라 생각했습니다. 이에 아이디어를 수 차례 검토 및 보완 후 제출했고, 우수상이라는 값진 상과 함께 동료들에게 환희도 안겨다 줄 수 있었습니다. [4문단 – 실패 극복에 대한 본인의 노력 2 및 결과]

우수상을 수상했던 결과도 중요하지만, '한 번의 실패에 두려워하지 않고 재도전해 성과를 창출한 과정'이 제겐 큰 배움이 되었습니다. 이는 LG전자의 일원이 되기 위한 '도전정신' 인재상에 충족될 뿐만 아니라, 앞으로 어떤 예기치 못한 상황을 마주하더라도 다시 기지를 발휘해 LG전자에 긍정적 결과를 만들어 낼 자양분이 될 것입니다. 이런 도전정신을 품고 LG전자가 업계 선두를 탈환할 수 있도록 든든한 조력자가 되겠습니다. [5문단 – 배움 및 적용]

HIDDEN POINT

귀에 걸면 귀걸이, 코에 걸면 코걸이

여러 번 보았던, 이 책에서 자주 보게 될 사례입니다. 문항에서 실패 경험을 적으라고 했기에 '실패했으나 극복한 사례'를 찾다 보니 위의 에피소드였고, 타 자기소개서에 썼던 내용을 '복사+붙여넣기'했습니다. 다만, 앞서 언급했듯이 '배움과 적용'만큼은 달라졌습니다.

아쉬운 POINT

5문단

적용 파트가 아쉽습니다. '실패 속에서 일어날 줄 아는 용기'가 LG전자 B2B 직무를 수행할 때 구체적으로 어떤 상황 속에서 어떤 도움을 줄 수 있을지를 적었어야 합니다. 그러나 어설프게 '긍정적인 자양분을 만들 것이다.', '기지를 발휘할 것이다.'와 같은 표현을 썼기 때문에 좋은 점수를 받긴 어렵습니다.

뚫어라 뚫린다! - 전통시장 활성화 프로젝트

지난 설 전통시장을 찾는 손님들이 갈수록 줄어들어 존폐 위기까지 몰리고 있다는 기사를 보았습니다. 유년 시절 어머니와 탕수육을 사 먹었던 추억의 장이 사라질지도 모른다는 안타까움과 대학생으로서 사회 이슈에 대해 관심을 가져야 한다고 생각했습니다. 생각을 실천으로 옮겨야겠다는 결심으로 전통시장 활성화 프로젝트를 준비하기로 마음먹었습니다.

3개월의 회의 끝에 SBS 예능 '런닝맨'으로부터 모티브를 얻어 대학생 150명이 참여하는 '시동 프로젝트'를 기획했습니다. 진행 중 예산 제약, 장소 섭외 등 한계점이 보여 정부 단체를 섭외해 주최해야겠다고 판단해 ○○○○○○○ 측에 제안했습니다. 사업육성 관계자분들과 2주 동안 아이디어 현실화 방안에 대한 구체적인 논의를 했고 최종 결재만 기다렸습니다. 하지만 예산문제로 차질이 생겨 모든 기획안이 한 순간에 종잇조각이 되어버렸습니다.

함께 프로젝트를 준비했던 동료들의 아쉬움과 실망스러운 눈빛을 아직도 잊을 수가 없습니다. 무에서 유를 창조해야 했던 과정이기에 리더로서 그들에게 어떤 보상도 해줄 수 없다는 현실이 너무나 안타까웠습니다. 하지만 낙담하기보다는 실패를 교훈 삼아 또 다른 성공으로 이끌어 내야겠다고 결심하게 됐습니다.

'상생'이라는 키워드를 내세우고 있는 기업에 제안을 해볼까, 아니면 전통시장 아이디어 공모전에 제출할까 등 여러 방안들을 고민하게 되었습니다. 조금 더 우리 아이디어를 유용하게, 본 취지대로 활용할 수 있는 것은 공모전이라 생각했습니다. 이에 아이디어를 수 차례 검토 및 보완 후 제출했고, 우수상이라는 값진 상과 함께 동료들에게 환희도 안겨다 줄 수 있었습니다.

수상 결과 자체도 중요하지만, 낙담하는 자세로 마무리했다면 '실패'라는 딱지가 제게 남아 있었을 것입니다. 그러나 이를 극복했기에 스스로 만족할 수 있는 결과가 나왔다고 생각합니다. 현재 LG전자는 '극복'이라는 키워드와 많이 닮아 있습니다. 모바일 시장이 둔화된 상황에서도 G시리즈를 통해 반전을 이뤘습니다. 또 다시 부정적 상황이 올지라도 이를 다시금 극복할 것입니다. 극복의 과정 한 켠에서 동료들에게 재도전 정신을 설파할 수 있는 B2B SALES 영업맨이 되겠습니다.

4. 본인의 역량에 관하여(지원 분야 관련 전문지식) [4,000 bytes 이내]

- 어필하고 싶은 본인의 역량(키워드) – 직무와 연계 필요
  * 지원 분야 관련 전문지식 : 지원 직무 전문지식(중요 전공/자격증 등) 필요 여부에 따라 선택적으로 기재
- 해당 키워드에 따른 세부 주제 설정
- 주제에 따른 역량 발휘 사례
- 배움 및 적용

알려라! 대학교 맛집, 대학생 맛집 전도사

맛집 동아리를 창단 후 초창기, 이 조직을 대외적으로 널리 알리기 위한 활동이 필요하다고 판단했습니다. 동아리의 본질적 요소인 '맛'이라는 방향을 잃지 않으면서 프로젝트를 진행할만한 기업을 섭외했고 OOO라는 소셜커머스 기업과 함께 공동 프로젝트를 진행하게 되었습니다. [1문단 – 업무 추진 배경]

'맛집추천우후'라는 공동 프로젝트는 '맛'과 관련된 전문가들이 하나의 스토리를 만들어 일반인들에게 맛집 정보를 제공하는 상품 및 콘텐츠였습니다. 저는 그 중에서 대학생 '맛' 대표로서 약 40개 대학 주변의 맛집을 소개하는 역할과 어떻게 하면 효과적으로 사람들에게 이 사이트를 알릴 수 있을지 방법을 제시하는 역할을 맡았습니다. [2문단 – 본인의 역할 및 지원분야 관련 에피소드]

이 프로젝트를 진행하면서 아이디어를 통해 콘텐츠를 개발하고, 콘텐츠로 인하여 사람들이 사이트로 유입되고 매출로 직접 연결되는 과정을 배울 수 있었습니다. 또한, 마케팅팀과의 수 차례에 걸친 회의와 서로 간의 엇갈리는 의견을 조율하는 과정을 통해, 완벽한 콘텐츠를 생성하고 뚜렷한 성과를 얻기 위해서는 아이디어만 중요한 것이 아니라 조직이 추구하는 목표에 부합해야 한다는 것을 배울 수 있었습니다. [3문단 – 특정 에피소드에서 배운 점 제시, 배움 1: 매출로 직접 연결되는 과정 / 배움 2: 아이디어는 조직이 추구하는 목표에 부합해야 함]

이러한 배움을 바탕으로 LG전자 B2B 영업을 담당하는 일원이 되어, 팀과 함께 수립한 영업 전략이 매출로 직결될 수 있도록 노력하겠습니다. 또한 구체적인 영업 전략 솔루션을 도출하는 과정에서 기발한 아이디어도 중요하지만 팀과 회사의 중·장기 계획에 부합하도록 의견을 조율하고 합의점을 도출하겠습니다. [4문단 – 배움 1, 2에 따른 적용]

3, 4문단

'1문항 1주제' 원칙을 지켜야 합니다. 만약 문항 글자 수가 너무 많아 하나의 주제로 작성하는 데 어려움을 느낀다면, 질문에 대한 답을 두 가지로 나누어 각각 서로 다른 주제를 설정해 작성해도 좋습니다.

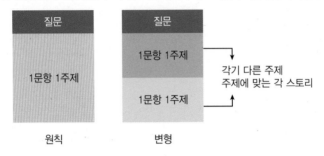

해당 문항에서는 하나의 에피소드 안에 2가지 배움(=주제)를 강조해 문장의 유기성을 어지럽히고 있습니다. 배움 1과 2 중에서 하나만 구체화하고, 이에 따른 적용도 조금 더 디테일했다면 우수한 글이 되었을 것입니다.

이제 외국인 여행객 바가지는 그만!

작년 여름, 외국인 방문객들이 한국에서 바가지를 쓴다는 기사를 보았습니다. 한류 붐으로 우리나라 이미지가 상승하고, 방문객이 증가하는 현실 속에 일부 몰지각한 상인들의 이기심 때문에 우리를 바라보는 시각이 부정적으로 변하게 될까 걱정스러웠습니다. 이에 자발적으로 '외국인 여행객 바가지 방지 안내책자' 기획안을 작성했습니다. [1문단 - 업무 추진 배경]

이 책자를 상품화하기 위해 'OOOOOO'에 연락했습니다. 직접 찾아뵙고 아이디어에 대한 구체적인 논의를 했더니, 담당자께서 '공정사회 정책제안 공모전'이 있다는 것을 제게 귀띔해 주셨습니다. 그 이후 아이디어를 수정 및 보완해 제출해 '아이디어 입선'이라는 결과를 얻을 수 있었습니다. [2문단 - 지원 분야 관련 에피소드 제시]

이 경험을 통해서 기회는 스스로 만드는 것이라는 확신이 생기게 됐습니다. B2B 업무를 하는 데 이런 적극적 자세는 꼭 필요하다고 생각합니다. 시키는 것만 수행하는 사원이 아니라, 수 많은 정보를 접함으로써 떠오르는 아이디어를 적극 제안하여 회사와 팀 목표에 보탬이 되는 LG인이 되겠습니다. [3문단 - 특정 에피소드에서 배운 점 및 적용]

3문단

직무에 초점을 맞춘 '적용'이 필요합니다. 전반적으로 취업준비생이던 당시 작성한 필자의 자소서는 에피소드 전개나 해당 에피소드를 통한 '배움'의 경우 요새의 자기소개서 트렌드와 일치합니다. 그러나 적용 부분만큼은 보완할 점이 상당합니다. 여기서도 '기회는 스스로 만드는 것'이란 주제(=배움)에 맞게끔, 이를 B2B 영업 직무를 하면서 구체적으로 어떻게 활용할지를 기재했다면 더 나은 글이 되었을 것입니다.

LG전자
수정/보완 자기소개서

알려라! 대학교 맛집, 대학생 맛집 전도사

맛집 동아리를 창단 후 초창기, 이 조직을 대외적으로 널리 알리기 위한 활동이 필요하다고 판단했습니다. 동아리의 본질적 요소인 '맛'이라는 방향을 잃지 않으면서 프로젝트를 진행할만한 기업을 섭외했고 OOO라는 소셜커머스 기업과 함께 공동프로젝트를 진행하게 되었습니다.

'맛집추천우후'라는 공동프로젝트는 '맛'과 관련된 전문가들이 하나의 스토리를 만들어 일반인들에게 맛집 정보를 제공하는 상품 및 콘텐츠였습니다. 저는 그 중에서 대학생 '맛' 대표로서 약 40개 대학 주변의 맛집을 소개하는 역할과 어떻게 하면 효과적으로 사람들에게 이 사이트를 알릴 수 있을지 방법을 제시하는 역할을 맡았습니다.

처음엔 단순히 대학 주변 맛집을 방문해 음식을 먹고, 촬영하는 부분만 신경을 쓰면 된다고 생각했습니다. 그러나 회사 측에서 원했던 부분은 단순한 맛집블로그와 같은 형식의 콘텐츠가 아니라, 대학교 맛집 지도와 같은 형태의 칼럼 기획이었습니다. 그래야만 차별화된 콘텐츠로 유저들이 유입이 되고, 해당 콘텐츠에 게재된 상품&서비스를 판매할 수 있을 것이란 의견이었습니다. 즉, 콘텐츠는 수익을 올리기 위한 하나의 수단이었던 것입니다. 이를 통해 이익집단인 기업에선 성과를 얻기 위해서 목적 없는 단순 콘텐츠 생성이 아닌, 수익이 창출되는 기획이 우선시되어야 함을 깨닫는 계기가 되었습니다.

이러한 배움을 바탕으로 LG전자 B2B 영업 담당자로서, 목적 없는 아이디어가 아닌 회사의 실적을 견인할 수 있는 전략적 기획을 진행하고자 합니다. 생각을 행동으로 옮기는 것도 물론 중요합니다만, 어떤 생각을 갖고 움직일 준비를 하는지가 더욱 중요합니다. 수익 창출에 대한 목적의식을 갖고 업무에 매사 임하겠습니다.

이제 외국인 여행객 바가지는 그만!

작년 여름, 외국인 방문객들이 한국에서 바가지를 쓴다는 기사를 보았습니다. 한류 붐으로 우리나라 이미지가 상승하고, 방문객이 증가하는 현실 속에 일부 몰지각한 상인들의 이기심 때문에 우리를 바라보는 시각이 부정적으로 변하게 될까 걱정스러웠습니다. 이에 자발적으로 '외국인 여행객 바가지 방지 안내책자' 기획안을 작성했습니다.

이 책자를 상품화하기 위해 'OOOOOO'에 연락했습니다. 직접 찾아 뵙고 아이디어에 대한 구체적인 논의를 했더니, 담당자께서 '공정사회 정책제안 공모전'이 있다는 것을 제게 귀띔해 주셨습니다. 그 이후 아이디어를 수정 및 보완해 제출해 '아이디어 입선'이라는 결과를 얻을 수 있었습니다.

이 경험을 통해서 기회는 스스로 만드는 것이라는 확신이 생기게 됐습니다. 영업이란 직무 특성상 앉아서 기다린다고 성과가 창출되지는 않을 것입니다. 걸려오는 전화 통화에만 대응하는 영업 사원이 아니라, LG전자의 상품을 필요로 하는 곳은 어디에 있는지, 직접 마케팅 콜을 돌려 니즈를 만들어내는 LG인이 되겠습니다.

5. 본인의 성격에 관하여(본인의 약점/강점에 대하여) [4,000 bytes 이내]

[장점]
- 장점 제시 및 뒷받침 사례
- 해당 성격이 지원 기업/직무에서 어떤 긍정적인 효과를 나타낼 수 있을지

[단점]
- 단점 제시 및 뒷받침 사례
- 극복하기 위한 본인의 노력
- 결과 및 적용

이기려면 뻔뻔하라

뻔뻔함은 부정적 이미지가 아니라 "주눅 들지 않는다, 붙임성 좋다, 앞장선다."라고 할 수 있는 생존을 위한 훌륭한 도구이고, 내 자신에게 뻔뻔해져야 나를 이기며 남에게 주눅들지 않고 목표를 달성할 수 있는 승자가 될 수 있음을 깨달았습니다. 인간관계가 서툴렀던 저는 뻔뻔함을 제 무기로 만들고자 끊임없이 노력했으며, 결국 누구에게나 쉽게 다가가고 인테크가 무엇인지 아는 'OO고등학교 – OO대학교 11대 동문회장', 'OOO 홍보대사 동창회장'이 될 수 있었습니다. 인간적 매력의 근원이 된 긍정적 뻔뻔함을 토대로 LG전자의 B2B 영업의 일원이 되어 제 역량을 발휘하고 싶습니다.

아쉬운 POINT

경험 나열 대신, 에피소드로 무장된 스토리텔링이 필요합니다. 'OO고등학교 – OO대학교 동문회장, OOO 홍보대사 동창회장' 등 자신의 인간적 매력을 어필하기 위해 나열했지만, 이것만으로는 말하고자 하는 '쉽게 다가갈 줄 아는 사람'임을 보여주기엔 역부족입니다. 단순히 동창·동문회장을 맡은 행위 자체가 '인간적 매력'이 있음을 보여주기엔 한계가 있다는 것입니다. 이런 매력이 없어도 떠밀려서 회장 역할을 맡은 것일 수도 있고, 단체의 장이 되는 욕심 있는 사람이기에 회장직을 맡았을 수도 있습니다. 따라서 인간적 매력이 있었기에 리더를 맡았음을 보여주는 에피소드를 활용해야 말하고자 하는 바를 뒷받침할 수 있습니다.

택시기사마저 내게 프로포즈를

저는 오다가다 만난 사람들과도 쉽게 친구가 될 수 있는 치명적 매력을 가졌습니다. 이는 타인의 이야기를 적극 경청할 줄 아는 저의 자세에서 비롯되었습니다. 작년 겨울 지하철이 끊길 때까지 공부를 하다 택시를 타야만 했습니다. 하지만 5천 원뿐이기에 금액만큼만 택시를 타고 나머지는 걸어가야겠다 생각했습니다. 가는 도중 기사님이 자녀 이야기를 시작하셨고 저도 흥미를 느껴 적극 공감해드렸습니다. 계기판에 5천 원이 찍혔을 때 기사분께 제 사정을 말씀드렸고 저와 이야기를 나누는 시간이 즐거우셨던 기사님은 돈을 받지 않으시고 집 앞까지 데려다 주셨습니다. 이 매력을 토대로 B2B 영업의 일원이 되었을 때, 영업 전략 수립 및 기획안을 제안 및 계약하는 과정에서 생기는 불협화음 속에서 열린 마음과 탁월한 의사소통 능력을 발휘하여 회사와 팀이 지향하는 목표에 도달하도록 보탬이 되겠습니다.

내 눈에는 너만 보여

"나는 어디로 가고 있는가?" 저는 제 스스로에게 항상 묻습니다. 저에겐 분명한 목적지가 필요합니다. 이런 성격 때문에 명확한 목표가 없다면 제 삶과 일에 금방 싫증을 느끼곤 합니다. 하지만 이를 단점보다 강점으로 여기고 있습니다. 싫증을 느끼는 만큼 저는 새로운 목표를 항상 갈구해 대학 내내 "홍보대사, 봉사활동, 동아리, 밴드" 등 미래를 위한 투자라는 목표 하에 쉴 새 없이 달려왔습니다. 이를 통해 4,000명 규모의 동아리 창단자이자 대학생 '맛' 대표가 되어 SBS, EBS 등 방송출연을 개인 및 조직의 성과를 얻었습니다. 항상 고객사의 욕구를 파악해 새로운 사업가치를 창출해야 하는 LG전자의 B2B 영업 업무에 있어서 이런 제 목표지향적 역량을 적극 활용할 수 있을 것입니다.

아쉬운 POINT

자기소개서 스토리텔링은 어떻게 해야 할까요? 스토리텔링이 무엇인지 보여줄 수 있는 단적인 사례가 있습니다.

A : 나는 돈이 많아.

B : 나는 삼성전자 주식은 몇 주 있고, 채권은 얼마만큼 보유하고 있고, 비트코인도 꽤 많은 수량을 갖고 있어.

B는 돈이 많다는 이야기를 직접적으로 하지 않았음에도 불구하고, 어느 정도의 자산이 있는 사람임이 드러납니다. 스토리텔링은 이와 같습니다. '나는 OO야.'라는 직접적인 표현이 아니라, **구체적인 설명을 통해 내가 그런 사람임을 자연스럽게 보여주는 것**입니다.

그러나 스토리텔링을 어려워하는 많은 취준생들은 B와 같은 방식 대신, A처럼 자소서를 작성해버리곤 합니다.

위의 사례도 마찬가지입니다. 적용 부분에서 스토리텔링이 정확하게 되지 않은 것이 문제점입니다. '고객사의 욕구를 파악해 새로운 사업가치를 창출하는데 있어, 목표 지향적 역량이 어떻게 활용될 수 있을지'를 구체적으로 기재해야만 우수 자기소개서가 작성되는 것입니다.

이기려면 뻔뻔하라

뻔뻔함은 부정적 이미지가 아니라 "주눅 들지 않는다. 붙임성 좋다. 앞장선다."라고 할 수 있는 생존을 위한 훌륭한 도구이고, 내 자신에게 뻔뻔해져야 나를 이기며 남에게 주눅들지 않고 목표를 달성할 수 있는 승자가 될 수 있음을 깨달았습니다. 인간관계가 서툴렀던 저는 뻔뻔함을 제 무기로 만들고자 노력했습니다. 제가 대학에 입학하기 전, 수년 간 입학생이 없어 고등학교-대학교 동문회가 단절되었습니다. 우연한 기회에 동문회를 갖게 되었는데, 바로 위 선배가 7살 이상 차이 나는 대선배님들이었습니다. 제 동기는 어색함을 참지 못해 금세 자리를 박차고 일어났지만, 저는 나이 차가 있을 뿐 다 같은 동문이라는 생각으로 뻔뻔하게 마지막까지 자리를 지켰습니다. 이 이후로 선배님들의 전원 의견 일치로 동문회장까지 역임하게 되었습니다.

거래처와의 미팅도 사람과 사람의 만남이기에 어색할 수 있습니다. 그러나 결국 성공을 쟁취하는 자는 어색함 속에서도 뻔뻔하게 자리를 지키고 있는 영업맨일 것입니다. 주눅들지 않는, 친분을 쌓아가려는 제 노력을 거래하는 상대방도 알아줄 것이라 생각합니다. 이를 바탕으로 LG전자 B2B SALES팀의 매출 향상에 보탬이 되고자 합니다.

택시기사마저 내게 프로포즈를

저는 오다가다 만난 사람들과도 쉽게 친구가 될 수 있는 치명적 매력을 가졌습니다. 이는 타인의 이야기를 적극 경청할 줄 아는 저의 자세에서 비롯되었습니다. 작년 겨울 지하철이 끊길 때까지 공부를 하다 택시를 타야만 했습니다. 하지만 5천 원뿐이기에 금액만큼만 택시를 타고 나머지는 걸어가야겠다 생각했습니다. 가는 도중 기사님이 자녀 이야기를 시작했고 저도 흥미를 느껴 적극 공감해드렸습니다. 계기판에 5천 원이 찍혔을 때 기사분께 제 사정을 말씀드렸고 저와 이야기를 나누는 시간이 즐거우셨던 기사님은 돈을 받지 않으시고 집 앞까지 데려다 주셨습니다. 이 매력을 토대로 B2B 영업의 일원이 되었을 때, 영업 전략 수립 및 기획안을 제안 및 계약하는 과정에서 생기는 불협화음 속에서 열린 마음과 탁월한 의사소통 능력을 발휘하여 회사와 팀이 지향하는 목표에 도달하도록 보탬이 되겠습니다.

내 눈에는 너만 보여

"나는 어디로 가고 있는가?" 저는 제 스스로에게 항상 묻습니다. 저에겐 분명한 목적지가 필요합니다. 이런 성격 때문에 명확한 목표가 없다면 제 삶과 일에 금방 싫증을 느끼곤 합니다. 하지만 이를 단점보다 강점으로 여기고 있습니다. 싫증을 느끼는 만큼 저는 새로운 목표를 항상 갈구해 대학 내내 "홍보대사, 봉사활동, 동아리, 밴드" 등 쉬지 않고 미래를 위한 투자라는 목표 하에 쉴 새 없이 달려왔습니다. 이를 통해 4,000명의 동아리 창단자, 대학생 '맛' 대표가 되어 SBS, EBS 등 방송출연을 개인 및 조직의 성과를 얻었습니다.

전사적으로, 좁혀서 본부, 팀에서의 목표들이 결정될 것입니다. 이를 달성하기 위한 아이디어 회의 시, 방향성에 맞는 전략적 아이디어를 제출하는데 있어 제 목표지향적 역량이 활용될 수 있을 것입니다. 예를 들어 10억 이상 신규 거래처 20개 이상 확보가 팀의 목표라면, 이를 달성할 수 있게끔 현재 당사와 거래하고 있지 않은 기업 리스트를 매출액 기준으로 TOP-DOWN하여 조사하겠습니다. 리서치와 함께 각 회사가 어떤 부분에 니즈를 갖고 있는지 확인하고, 전화 및 방문 상담을 통해 목표 달성에 보탬이 되는 사원이 되고자 합니다.

6. 본인의 10년 후 계획에 대하여 [4,000 bytes 이내]

질문 해석

[방법 1] 연도별로 작성 예 5년 후, 10년 후 등

[방법 2] 직급으로 나누어 작성 예 사원, 대리, 과장 등

[방법 1]과 [방법 2] 모두 좋습니다. 구성은 중요치 않으나, 각 시기와 직급에 어떤 업무를 담당하고 있을지, 어떤 업무를 맡을 수 있을지 등 직무에 대한 사전 학습이 되어 있을수록 유리합니다. 여기서 포인트는 허황된 포부보다는 현실을 반영한 비전을 담는 것입니다.

LG전자의 스마트 나침반

진정한 영업인이란 지금 당장 눈에 보이는 것에 초점을 맞추는 것이 아니라 장기적인 안목을 갖고 세상을 바라보는 시각을 지닌 사람이라고 생각합니다. 또한 나침반처럼 복잡하게만 보이는 것으로부터 일정한 경향을 발견해 목표를 향해 달려갈 줄 알아야 한다고 생각합니다. 따라서 저는 입사 후 '시장 분석 및 고객의 구매 특성, 성향, 주기를 파악해 최적의 솔루션을 제공'하는 선배님들의 노하우를 제 것으로 만들어 전자 제품 'B2B 영업'에 대한 전반적 이해도를 높이고, 장기적인 안목을 갖추겠습니다. 또한 동료, 후배들과 직무스터디를 만들어 지식을 나누고 흡수해 LG전자가 나아가는 방향을 정확히 파악해, 영업 전략을 수립하는 과정에서도 같은 방향을 지향하도록 적용하겠습니다. [1문단 - 영업인에 대한 나만의 관점]

10년 후, 저는 과장이 되어 있을 것입니다. 전자제품 시장 전반을 아우르는 데이터베이스가 되어 B2B 영업 전문가가 되는 발판을 마련했을 것입니다. 책상물림하며 망상만 하는 영업인이 아니라 수집한 데이터와 현장 경험으로 팀 목표를 성실히 수행하는 영업인이 되어있을 것입니다. [2문단 - 10년 후 목표]

이를 기반으로 지금까지 익혀왔던 실무 경험을 토대로 귀사가 한 걸음 먼저 전자 제품 시장을 선취할 수 있도록 만들겠습니다. 일선에서 기존의 영업 전략과 차별화 된 아이디어를 적극 제안해 구체적인 전략을 수립하고 시행하겠습니다. 팀원들과 함께 고객들과 꾸준한 관계를 유지할 수 있도록 인적 네트워크를 탄탄히 다질 뿐만 아니라, 고객사의 반응을 살피고 후속 전략을 세워 고객 만족을 극대화시키겠습니다. [3문단 - 추가적 목표]

또한, 조직 생활에서 아이디어를 적극적으로 개진하는 것도 중요하지만 '인간관계'만큼 중요한 것이 없다고 생각합니다. 저는 지금까지 제가 창단한 맛집 동아리를 비롯하여 홍보대사, 봉사활동 등 다양한 인적 네트워크를 갖추고 유지하기 위해 노력해왔습니다. 회사 내에서도 인테크의 중요성을 충실히 인지해 팀장님과 대리, 사원 사이에서 HUB 역할을 하고 실무선의 능력을 최대로 키워 성실히 업무를 수행하는 팀의 조력자가 되겠습니다. [4문단 - 또 다른 목표]

단순 글 나열은 NO! 주제를 설정하라.

포부 문항을 마주하게 되면 대부분의 취준생들이 맹목적으로 5년 후, 10년 후와 같이 나열 형태로 글을 작성하곤 합니다. 구성 자체는 위와 같은 방식도 좋지만, 포부 부분이 조금 더 임팩트 있으려면 계획에 대한 주제를 설정하고, 이에 맞춰 뒷받침하는 내용을 쓰는 것이 좋습니다.

위 사례에서 영업인은 '장기적인 안목 / 방향성'을 가져야 한다고 주제를 설정했습니다. 위와 같이 설정하다 보니 밑에 작성된 세부적인 계획 또한 이에 맞춰 흐름을 이어나가고 있고, 전반적으로 글에서 말하고자 하는 바가 명확히 드러나고 있습니다.

설득력만 있으면 어떤 형태로 글을 작성해도 상관없습니다만, 위와 같이 주제가 되는 문장을 먼저 던진 다음 이를 뒷받침하는 형식의 글로 작성하는 것이 조금 더 의미를 명확하게 하는데 효과가 있습니다. 그렇기 때문에 자소서는 두괄식으로 작성하는 것이 보편적입니다.

에피소드부터 먼저 제시하더라도 말하고자 하는 바를 명확히 표현할 수 있는 사람들에게는 해당되지 않을지도 모릅니다. 그러나 말하려는 바가 글 작성 중에 흐트러지기 쉬운 초보자들은 미괄식보다는 두괄식 형태로 글을 쓰길 권유하는 바입니다.

경영기획, 인턴

LG상사

1. LG상사 지원동기/비전 [2,000 bytes 이내]

LG상사의 경영흐름을 읽는 목표수립 전문가

LG상사는 점점 고갈되어 사라지는 석유, 천연가스 등을 주요 사업으로 삼아 해외 각지에서 지속적인 성과를 창출하는 기업입니다. 이러한 기업은 먼 미래에 현재보다 가중된 가치를 가지게 될 것이 무엇인지를 예측하고 발굴할 줄 아는, 앞으로의 발전이 무궁무진한 기업이라고 생각합니다. [1문단 - 기업 지원동기]

저 또한 장기적인 안목을 갖고 단계적으로 해결해 나가는 것에 자신이 있는 유망한 인재입니다. 그 동안 음식과 관련된 동호회는 많았지만, 대학생들이 참여할 동아리는 없었다는 점에 착안하여 동아리를 창단했습니다. 최고의 동아리로 만들자는 목표 하에 3년이라는 시간에 걸쳐 "2012년 최고의 동아리 선정"이라는 영예를 얻은 동아리로 성장할 수 있었고 이 과정에서 장기적 안목을 갖고 단기적 목표를 차근차근 이루어 원하는 결과를 달성할 수 있었습니다. [2문단 - 해당 기업과 나의 연관성]

따라서 이러한 경험을 살려 장기적 안목을 갖고 목표를 이뤄나가는 귀사에서 "목표수립 전문가"로서의 꿈을 펼치고 싶습니다. 특히 현 LG상사가 3분기 실적이 부진하여 4분기 회복을 위해 목표를 설정하고 달성하기 위한 경영실적을 파악하며 RISK를 분석하는 것처럼, 입사 후 매 분기 경영흐름을 예측하기 위해 선배님들의 경험을 배우고 또한 직무스터디를 만들어 동료, 후배들과 지식을 나누고, 흡수하여 LG상사가 처한 상황을 정확히 인식하고 더 나은 방향을 제시하기 위한 목표 설정 및 수립하는 데 열정을 다하겠습니다. 제가 가진 목표를 향한 끝없는 열정의 자세를 바탕으로 꾸준한 자기계발을 통해 지속 성장하는 글로벌 기업이 되는 데 이바지하겠습니다. [3문단 - 희망 직무 제시 및 포부]

1문단 : 범용 가능한 지원동기 툴을 만들어 둘 것

자기소개서에서 가장 어려운 문항은 단연코 '지원동기'입니다. 솔직히 지원자 입장에서는 '회사 전망, 연봉, 복지, 적성' 같은 것들을 고려하여 지원하는데, 기업에서는 위와 같은 뻔한 동기가 아닌 특별한 이유를 원하기 때문입니다. 따라서 지원동기를 작성할 때는 해당 산업/기업을 택한 이유를 본인의 경험/생각을 토대로 작성해야 하는데, 지원하는 모든 기업마다 이를 떠올려 작성하기가 쉽지 않습니다. 그래서 언제 어디서든 사용될 수 있는 나만의 범용 논리 구조가 있다면 좋겠다는 생각을 했고, 관련 산업/기업에 대한 경험이 없는 회사에서는 아래와 같은 구조로 지원동기를 작성했습니다.

> **LG상사 / 경영기획**
>
> LG상사는 점점 고갈되어 사라지는 석유, 천연가스 등을 주요 사업으로 삼아 해외 각지에서 지속적인 성과를 창출하는 기업입니다. 이러한 기업은 먼 미래에 현재보다 가중된 가치를 가지게 될 것이 무엇인지를 예측할 줄 아는 앞으로의 발전이 무궁무진한 기업이라고 생각합니다. … (중략) …

> **두산중공업 / 전략**
>
> 귀사는 점점 고갈되는 생활용수, 공업용수에 대비하고자 원자력, 화력을 발전시켜 해수담수화 세계 1위로 도약하는 등 지속적인 성과를 창출하는 기업입니다. 이러한 기업은 먼 미래에 현재보다 가중된 가치를 가지게 될 것을 예측할 줄 아는 앞으로의 발전이 무궁무진한 기업이라고 생각합니다. … (중략) …

> **KT / Virtual goods 전략기획**
>
> KT는 국내 정보 통신 사업 성공을 기반으로 신규 사업을 개척하려는 앞으로의 성과 창출이 더욱 기대되는 기업입니다. 이러한 기업은 먼 미래에 현재보다 가중된 가치를 가지게 될 것이 무엇인지를 예측할 줄 아는 앞으로의 발전이 무궁무진한 기업이라고 생각합니다. … (중략) …

위와 같이 동일한 논리 구조입니다. 먼 미래에 현재보다 가중된 가치를 알고, 이를 행동으로 옮기는 기업이기에 지원한다는 논리이지요. 그런데 곰곰이 생각해보면 미래를 그려 나가지 않는 기업은 없습니다. 즉, 자동차, 전자, 은행, 통신 등 다양한 산업군에서 언제든 써먹을 수 있는 툴(Tool)이라는 것입니다. 다만 주의할 점이 있다면 위와 같이 어디서나 쓰일 수 있는 구조는 분명 우리 회사만을 위한 자소서가 아니라는 것이 티가 나기 때문에, 높은 점수를 받을 순 없다는 것입니다.

전체 문단

BEST 지원동기가 아닙니다. 무역과 관련된 에피소드를 통한 인사이트 도출, 혹은 무역과 꼭 관련성이 없더라도 무역업에서 필요로 하는 인사이트를 도출한 지원동기가 필요합니다.

위에서 제시한 범용적 툴은 어디까지나 참고 정도만 하기 바라며, 무역상사 자기소개서는 다음과 같이 작성하는 것이 좋겠습니다.

LG상사
수정/보완 자기소개서

LG상사의 경영흐름을 읽는 목표수립 전문가

알리바바 플랫폼을 활용해 중국에서 우리나라로 의류를 소싱한 경험이 있습니다. 무역 강의를 듣고 국제무역사 등을 취득하면서 이론으로만 배웠던 인코텀즈를 실제 활용해 볼 수 있는 소중한 기회였습니다.

중국 셀러와 구매하고자 하는 스타일의 의류를 단가, 업무 범위 등을 협의해 구매를 결정했습니다. 구매 결제만 하면 모든 것이 끝날 줄 알았습니다만, 이후 처리해야 할 물류, 관부가세, 통관 등 이슈들이 상당했습니다. 무역이라는 것이 단순히 셀러 – 바이어 간의 이해타산만 맞다면 쉽게 이루어질 것이라고 생각한 제 착오였던 것입니다.

그러던 중 제가 수입했던 의류가 김포공항 세관에서 통관을 못해 반출이 되지 않는 상황이 발생했습니다. 구매를 결정하기 전에 해당 상품이 문제없이 통관은 되는지, HS-CODE에 따라 관세, 부가세는 얼마나 내야하고, 어떻게 내야하는지 등을 사전에 미리 파악했어야 했는데 그렇지 못했기에 발생한 문제였습니다. 부리나케 김포공항 근처에 있는 관세사를 수배해 문의했고 원산지 라벨로 인해 보수작업을 하지 않으면 통관 자체가 불가능함을 알게 되었습니다. 우여곡절 끝에 상품을 수령했습니다만, 무역을 RISK 없이 진행하기 위해서는 정확한 사전 업무 파악이 필요하다는 것을 깨닫게 해 주었습니다.

제가 지원한 경영기획 직무는 무역 실무를 수행하는 곳은 아닙니다. 그러나 회사가 나아가는 방향성을 정하기 위해서는 경영진들과 현업에서 무역을 진행하는 담당자들의 의견을 조율해야 합니다. 따라서 알리바바를 통해 익혔던 실무는 양자 사이에서 의사소통의 간극을 좁힐 수 있을 것입니다. 또한, 의견을 조율하는 과정 속에서 아무런 준비없이 다가가는 스태프가 되진 않겠습니다. 위 경험을 통해 사전 업무 구조 파악의 필요성을 느낀 만큼, 방향성 수립이라는 중대한 업무를 담당하게 될 경영기획 직무에서 실무자 이상의 지식과 구조 학습으로 산업 이해도를 높여 회사 전략을 제시할 수 있는 스태프가 되도록 노력하겠습니다.

2. 핵심역량 및 성격의 장·단점 [2,000 bytes 이내]

[핵심역량]

- 어필하고 싶은 역량 제시(키워드)
- 해당 역량(키워드)에 대한 세부 주제 설정
- 주제와 부합하는 에피소드 제시
- 배움 및 적용

[성격의 장점]

- 성격의 장점 제시 및 뒷받침 사례
- 해당 성격이 지원 기업/직무에서 어떤 긍정적인 효과를 나타낼 수 있을지

[성격의 단점]

- 성격의 단점 제시 및 뒷받침 사례
- 극복하기 위해 본인이 노력하고 있는 점

어필하고 싶은 역량을 제시할 때에는 실제 본인의 강점을 제시하는 것도 좋겠지만 지원 직무에서 필요로 하는 역량이 무엇인지와 해당 역량을 뒷받침할 수 있는 에피소드가 있는지부터 검토하시는 것이 좋습니다. 자소서는 전략적으로 작성해야 합니다. 여기서 말하는 '전략적'이라는 의미는 '회사에서 원하는 바에 대한 대답'입니다. 회사가 이 질문을 던진 이유가 무엇일까요? 정말로 지원자가 어떤 역량을 갖고 있는지 궁금해서일까요? 아닙니다. '지원하는 직무에서 얼마나 잘할 수 있는 사람인지'를 판단하려는 것입니다. 따라서 회사가 요구하는 바에 맞게 '직무중심적'으로 역량을 선택해야 합니다.

택시기사마저 내게 프로포즈를

저는 오다가다 만난 사람들과도 쉽게 친구가 될 수 있는 치명적 매력을 가졌습니다. 이는 타인의 이야기를 적극 경청할 줄 아는 저의 자세에서 비롯되었습니다. 작년 겨울 지하철이 끊길 때까지 공부를 하다 택시를 타야만 했습니다. 하지만 5천 원뿐이기에 금액만큼만 택시를 타고 나머지는 걸어 가야겠다 생각했습니다. 가는 도중 기사님이 자녀 이야기를 시작하셨고 저도 흥미를 느껴 적극 공감해드렸습니다. 계기판에 5천 원이 찍혔을 때 기사분께 제 사정을 말씀드렸고 저와 이야기를 나누는 시간이 즐거우셨던 기사님은 돈을 받지 않으시고 집 앞까지 데려다 주셨습니다. [1문단 – 역량 제시 및 활용 사례]

경영기획팀의 일원이 되었을 때, 장·단기적 목표를 세워야 하는 과정에서 생길 수 있는 불협화음 속에서 열린 마음과 탁월한 소통 능력을 십분 발휘해 회사와 팀이 지향하는 목표에 도달하도록 보탬이 되겠습니다. [2문단 – 적용]

아쉬운 POINT

2문단

적용 부분이 조금만 더 구체적이었으면 좋았을 것입니다. 경영기획팀 일원이 되었을 때 장·단기적 목표를 세워야 하는 과정에서 구체적으로 어떤 불협화음이 생기는지 직무에 대한 공부를 통해 사전에 파악할 수 있었다면 지금보다 더 구체적인 자소서가 나왔을 것입니다. 구체적으로 작성하기 어렵다면 애초에 적용 파트를 제외시키는 것이 좋습니다.

내 눈에는 너만 보여

"나는 어디로 가고 있는가?" 저는 제 스스로에게 항상 묻습니다. 저에겐 분명한 목적지가 필요합니다. 이런 성격 때문에 명확한 목표가 없다면 제 삶과 일에 금방 싫증을 느끼곤 합니다. 하지만 이를 단점보단 강점으로 여기고 있습니다. 싫증을 느끼는 만큼 저는 새로운 목표를 항상 갈구해 대학 내내 "홍보대사, 봉사활동, 동아리, 밴드"

등 미래를 위한 투자라는 목표 하에 쉴 새 없이 달려왔습니다. 이를 통해 4,000명의 동아리 창단자, 대학생 '맛' 대표가 되어 SBS, EBS 등 방송출연을 하는 개인 및 조직 성과를 얻었습니다. [1문단 - 단점 및 이를 통해 얻게 된 점]

항상 새로운 사업가치를 창출해야 하는 상사의 업무를 함에 있어서 이런 목표지향적 역량을 적극 활용할 수 있을 것입니다. [2문단 - 적용]

아쉬운 POINT

2문단

억지로 기재하는 적용은 글의 유기성만 헤칩니다. 목표지향적 역량을 상사 업무에 있어 도대체 어떻게 활용하겠다는 것인지 기재가 되어 있지 않아 추상적으로만 들립니다. 이런 식으로 작성할 바에는 아예 삭제하는 편이 더 나을 수도 있습니다.

택시기사마저 내게 프로포즈를

저는 오다가다 만난 사람들과도 쉽게 친구가 될 수 있는 치명적 매력을 가졌습니다. 이는 타인의 이야기를 적극 경청할 줄 아는 저의 자세에서 비롯되었습니다. 작년 겨울 지하철이 끊길 때까지 공부를 하다 택시를 타야만 했습니다. 하지만 5천 원뿐이기에 금액만큼만 택시를 타고 나머지는 걸어 가야겠다 생각했습니다. 가는 도중 기사님이 자녀 이야기를 시작 하셨고 저도 흥미를 느껴 적극 공감해드렸습니다. 계기판에 5천원이 찍혔을 때 기사분께 제 사정을 말씀드렸고 저와 이야기를 나누는 시간이 즐거우셨던 기사님은 돈을 받지 않으시고 집 앞까지 데려다 주셨습니다.

경영기획팀의 일원이 되었을 때, 현업의 의견을 충분히 듣고 계획을 수립해야 할 것입니다. 필드에서 어떤 부분에 대한 고민을 하고, 어떤 전략을 세우고자 하는지에 대한 의견을 상세히 듣겠습니다. 이를 토대로 지원-영업이 함께 발을 맞춰 목표를 달성하는 쾌거를 이뤄보겠습니다.

3. 성공 및 실패 경험 [2,000 bytes 이내]

질문 해석

[방법 1]

- 성공 에피소드
- 성공할 수 있었던 본인만의 역량
- 배움 및 적용
- 실패 에피소드
- 실패 원인 분석
- 이를 통해 얻은 교훈(=배움), 극복하려 노력한 점
- 적용

[방법 2]

- 실패 에피소드 제시
- 실패 원인 분석
- 얻은 교훈(=배움)
- 교훈(=배움)을 통해 성공으로 이끈 에피소드
- 적용

[방법 1]처럼 성공 1문단/실패 1문단으로 나누어 각각 작성해도 좋고, [방법 2]처럼 실패를 교훈 삼아 성공한 에피소드에 대해 서술하는 것도 좋습니다.

무던 쇠에서 마법의 검으로

저는 부족함을 깨달아 독창적인 방법으로 성장할 줄 아는 인재입니다. 여행을 가기 전 외국인 친구들을 꼭 만들어야겠다고 결심했습니다. 피렌체 호스텔에서 한 미국인이 "혹시 한국분이세요?"라며 저에게 말을 건넸습니다. 하지만 결심과는 달리 외국인에게 두려움을 느껴 피하고 있는 저를 발견했습니다. [1문단 – 말하고자 하는 바(부족함을 깨달아 독창적인 방법으로 성장) 및 실패 에피소드 제시]

제 자신이 한심스러워 입국 후 영어 공부를 해야겠다고 결심했고 울렁증을 극복할 수 있는 방법이 무엇인가에 대해 고민했습니다. 그러던 중 한국 호스텔에도 외국인이 많을 것이라는 것을 착안해 영어 공부를 하고 싶다며 종로에 소재한 호스텔 측에 "언어교환, 문화교류라는 프로그램을 만듦으로써 외국인 여행객들을 이끌 수 있는 하나

의 전략이 될 수 있고 저에겐 영어를 배울 수 있는 기회가 되는 윈윈전략"이라고 제안했고 흔쾌히 받아들여졌습니다. [2문단 - 실패 극복 방안]

그 이후로 두 번의 실패를 경험하지 않기 위해 외국인 친구들에게 다가가려 적극적으로 노력했습니다. 그 결과 덴마크, 캐나다, 미국 여행객들과 술 한 잔하며 어울리면서 자연스럽게 울렁증을 극복했고 유창하지는 않지만 일상 대화를 주고받을 수 있는 영어 실력이 되어 자신감을 얻게 되었습니다. [3문단 - 실패를 성공으로 이끈 에피소드 제시]

이를 통해 외국인을 두려워했던 저 자신을 떨쳐버릴 수 있었고, 외국이 아닌 국내라는 제한된 상황 하에서 최대한의 효율을 끌어내 성과를 이뤄내는 경험을 할 수 있었습니다. 이러한 경험은 경영기획의 일원이 되었을 때 마주할 수 있는 문제점과 제한된 상황 하에서 우리의 현 상황을 명확히 인식하고 창의적인 방법으로 문제를 해결해나가는 데 필요한 역량이 될 것입니다. [4문단 - 배움(=제한된 상황 하에서 최대한의 효율을 이끌어 냄) 및 적용]

아쉬운 POINT

1, 4문단

글의 주제는 에피소드를 통해 깨닫게 된 배움과 일치해야 합니다. 깨달은 점은 곧 내가 궁극적으로 하고 싶은 말이고, 글의 주제 또한 내가 던지고자 하는 메시지이기에 상호 간 일관성을 지켜야 합니다. 그러나 해당 사례에는 약간의 MISS가 있습니다.

A : 저는 부족함을 깨달아 독창적인 방법으로 성장할 줄 아는 인재입니다.
B : 국내라는 제한된 상황 하에서 최대한의 효율을 끌어내 성과를 이뤄내는 경험을 할 수 있었습니다.

A는 본인에게 부족한 점을 받아들이고, 이를 보완하기 위해 독특한 발상으로 접근한다는 점을 어필하고 있지만, B는 한정된 자원으로 최대의 효율을 이끌어내겠다고 어필하고 있습니다. 따라서 둘은 서로 다른 내용이기 때문에, 이와 같이 함께 작성하면 주제가 두 가지로 나뉘어 버립니다. 하나의 이야기에 두 가지 주제가 담기면 글을 읽는 사람은 '그래서 도대체 너가 하고 싶은 말이 뭔데?'라는 질문을 던질 수 있습니다. 따라서 주제를 둘 중 하나로 명확하게 설정하여야 합니다.

무딘 쇠에서 마법의 검으로

주어진 상황과 한계 속에서 효율적인 방법을 찾아나가는 것, 실패를 극복하는 가장 빠른 지름길입니다. 여행을 가기 전 외국인 친구들을 꼭 만들어야겠다고 결심했습니다. 피렌체 호스텔에서 한 미국인이 "혹시 한국분이세요?"라며 저에게 말을 건넸습니다. 하지만 결심과는 달리 외국인에게 두려움을 느껴 피하고 있는 저를 발견했습니다.

제 자신이 한심스러워 입국 후 영어 공부를 해야겠다고 결심했고 울렁증을 극복할 수 있는 방법이 무엇인가에 대해 고민했습니다. 그러던 중 한국 호스텔에도 외국인이 많을 것이라는 것을 착안해 영어 공부를 하고 싶다며 종로에 소재한 호스텔 측에 "언어교환, 문화교류라는 프로그램을 만듦으로써 외국인 여행객들을 이끌 수 있는 하나의 전략이 될 수 있고 저에겐 영어를 배울 수 있는 기회가 되는 윈윈전략"이라고 제안했고 흔쾌히 받아들여졌습니다.

그 이후로 두 번의 실패를 경험하지 않기 위해 외국인 친구들에게 다가가려 적극적으로 노력했습니다. 그 결과 덴마크, 캐나다, 미국 여행객들과 술 한 잔하며 어울리면서 자연스럽게 울렁증을 극복했고 유창하지는 않지만 일상 대화를 주고받을 수 있는 영어 실력이 되어 자신감을 얻게 되었습니다.

이를 통해 외국인을 두려워했던 저 자신을 떨쳐버릴 수 있었고 외국이 아닌 국내라는 제한된 상황 하에서 최대한의 효율을 끌어내 성과를 이뤄내는 경험을 할 수 있었습니다. 이러한 경험은 경영기획의 일원이 되었을 때 마주할 수 있는 문제점과 제한된 상황 하에서 우리의 현 상황을 명확히 인식하고 창의적인 방법으로 문제를 해결해 나가는 데 필요한 역량이 될 것입니다.

구 LG패션, 상품기획 MD

LF

LF 자소서 항목

1. 본인의 성장과정을 자유롭게 기술하여 주시기 바랍니다.

2. LG패션에 지원하게 된 계기와 LG패션에 대해서 어떤 관심을 갖고 지원을 준비했는지 과정을 설명해 주세요.

3. 본인이 지원한 직무를 선택한 이유를 말씀해 주시고, 그 직무를 수행하기 위해 남들과 차별화되어 준비된 역량이 있다면 설명해 주세요.

4. LG패션이 향후 가져가야 할 사업전략이 무엇이라고 생각하며 본인이 그것을 펼칠 수 있다면 어떻게 펼쳐나갈 것인지 그려보세요.

5. LG패션 입사 후 직무 관련하여 이루고 싶은 목표를 구체적으로 기술하여 주시고 이를 달성하기 위한 본인의 계획을 밝혀주세요.

1. 본인의 성장과정을 자유롭게 기술하여 주시기 바랍니다. [최대 500자]

'성장과정' 문항은 말 그대로 유년 시절부터 지금까지의 성장 일대기를 장황하게 서술하는 것이 아니라, 본인의 가치관/좌우명 등을 제시한 후 이를 긍정적으로 활용한 대학 생활 동안의 특정 에피소드를 보여주는 것이 좋습니다.

- 가치관/좌우명
- 이를 활용해 이룩한 성과 및 에피소드

다만, 수동적으로 느껴질 수 있는 부분들은 지양하기 바랍니다. 예를 들어, 부모님/은사님의 가르침이 본인의 가치관과 좌우명에 분명 기여할 수 있습니다만, 이는 자발적이라기보다는 타의에 의해 만들어진 것으로 보이기 쉽습니다. 따라서 부모님이나 은사님의 가르침, 유년 시절 이야기 등은 성장과정에서 피하는 편이 좋습니다.

이기려면 뻔뻔하라

뻔뻔함은 부정적 이미지가 아니라 "주눅 들지 않는다, 붙임성 좋다, 앞장선다."라고 할 수 있는 생존을 위한 훌륭한 도구이고, 나 자신에게 뻔뻔해져야 나를 이기며 남에게 주눅 들지 않고 목표를 달성할 수 있음을 깨달았습니다. 인간관계가 서툴렀던 저는 뻔뻔함을 제 무기로 만들고자 끊임없이 노력했고, 누구에게나 쉽게 다가가며 인테크가 무엇인지 아는 '회원 수 4,000명', '2012년 최고의 동아리'에 선정된 XX동아리 'X' 창단자 및 1대 회장이 될 수 있었습니다. [1문단 - 가치관 제시 및 이를 통한 성과]

또한 이 뻔뻔한 추진력을 적극 활용해 동아리가 발전할 수 있도록 기업 및 정부기관에 기획안을 직접 제안해 프로젝트를 함께 진행한 경험이 있습니다. 인간적 매력, 추진력의 근원이 된 긍정적 뻔뻔함을 토대로 중, 장기 브랜드 비전을 수립하면서 발생하는 불협화음 속에서 소통 능력을 십분 발휘하겠습니다. 또한 팀원들과 상품을 기획하는 과정에서 자발적으로 아이디어를 적극 개진해 전사적인 목표 달성에 기여하겠습니다. [2문단 - 가치관 활용 사례 및 적용]

2문단 : 홈페이지에 기재된 직무 소개를 적극 활용하라.

상품기획 MD이기 때문에 소싱, 발주와 같은 업무만 할 것이라 판단했습니다. 그런데 홈페이지에서 직무 소개를 보던 중 해야할 일 중에 하나가 '중·장기 브랜드 비전'이라는 것을 알게 되었습니다.

상품기획만의 이야기는 아닙니다. 예를 들어 '영업 직무'의 경우에도 거래처와 미팅하고 계약 수주하는 업무만 하는 것이 아닙니다. 수주를 위한 전략기획, 수주 후 매출분석 같은 업무들이 수반됩니다. 메인 업무 이외에도 직무적으로 어필할 부분은 충분히 많습니다. 아는 것에만 초점을 맞추지 말고, 부수적인 업무에 대해서도 알아둔다면 자기소개서에서 언급할 이야기들이 조금 더 풍성해질 것입니다.

아쉬운 ⟩ POINT

1문단

'1문항 1주제'를 지키지 않은 점이 아쉽습니다. 이 짧은 글 안에서 '뻔뻔함'이란 키워드를 활용해 '인간적 매력', '추진력' 2가지를 어필했습니다. 한 가지만 어필하기에도 부족한 분량입니다. 둘 중 원하는 주제만으로 문장을 이끌어 가는 것이 좋겠습니다.

LF
수정/보완 자기소개서

이기려면 뻔뻔하라

뻔뻔함은 부정적 이미지가 아니라 "주눅 들지 않는다, 붙임성 좋다, 앞장선다."라고 할 수 있는 생존을 위한 훌륭한 도구이고, 나 자신에게 뻔뻔해져야 나를 이기며 남에게 주눅 들지 않고 목표를 달성할 수 있음을 깨달았습니다. 이런 뻔뻔스러운 강점은 제가 창단한 연합 맛집 동아리를 단지 맛집 탐방에만 그치는 것이 아니라, '맛'이라는 매개체를 통해 기업 및 기관에 제안해 공동 프로젝트까지 진행하게끔 만들었습니다. 전통 시장 먹거리만을 생각하는 데 그치지 않고, 맛과 시장의 활성화 두 마리 토끼를 잡는 '시동 프로젝트'를 기획하여 유관 기관에 제출했고, 우수 아이디어로 선정되는 영예를 얻게 되었습니다.

장기 브랜드 비전을 수립하는 과정에서 불협화음은 존재할 수밖에 없습니다. 그럼에도 불구하고 회사가 추구하는 목표에 최적화된 무언가를 선택해 추진해야 할 것입니다. 충분한 합의를 거쳐 선택된 추진안에 대해 뻔뻔하게 밀고 나갈 줄 아는 상품기획 MD가 되도록 하겠습니다.

2. LG패션에 지원하게 된 계기와 LG패션에 대해서 어떤 관심을 갖고 지원을 준비했는지 과정을 설명해 주세요. [최대 500자]

질문 해석

지원동기 + 지원 준비 과정을 묻고 있습니다.

- **회사 지원동기** : 왜 하필 패션 산업을 택했는지, 그 중에서도 왜 하필 LF패션인지
- **직무 지원동기** : 수 많은 직무 중에 지원 직무(상품기획 MD)를 택했는지
- **뒷받침 근거** : 본인의 경험 및 생각을 바탕으로 → '스토리텔링'

군 월급 모아 '닥스' 핸드백!

하루에도 수 없이 많은 신상품들이 쏟아져 나오고 있습니다. 하지만 결국 살아남는 것은 고객들의 욕구를 지독하게 파악해 출시된 상품들입니다. 그렇다면 하나의 의문점이 생깁니다. '무엇이 고객의 마음을 움직이게 하느냐', 바로 '행복, 자신감' 전달입니다. [1문단 - 경쟁에서 살아남는 상품에 대한 본인의 생각]

군대 월급을 모아 어머님께 처음 사드린 닥스 핸드백. 처음 갖게 된 핸드백에 어머니는 고맙다며 제게 환한 미소를 지어 주셨습니다. 또한 동창 모임에 가서 소소하게 자랑도 하시는 모습을 보며, 하나의 상품이 개인에게 즐거움을 줄 뿐만 아니라 자신의 가치까지 끌어올리는 매개체가 될 수 있음을 깨달을 수 있었습니다. [2문단 - 에피소드 및 배움]

자신감과 행복을 동시에 선사해 주었던 LG패션에서, 이제는 제가 트렌드를 예측하고 중·장기적 브랜드의 비전을 수립하는 상품기획의 일원이 되어 다른 이들에게 또 다른 행복을 전달해주고 싶습니다. 귀사 상품을 사용하는 모든 이들의 얼굴에 함박웃음이 피도록 만들어 보이겠습니다. [3문단 - 직무 지원동기 및 적용]

HIDDEN POINT

상품기획이라는 직무에 대한 고찰이 드러남

직무와 관련된 문항이 제출되면 '직무와 관련된 어떤 활동을 했는지'가 아니라 해당 직무에 대한 본질을 먼저 떠올려야 합니다. 예를 들자면 '대체 왜 이 직무가 있어야만 할까?', '이 직무가 없다면 어

떨까?', '이 직무에서 궁극적으로 추구하고자 하는 바는 무엇일까?', '이 직무의 전문가라고 평가받기 위해선 어떤 역량 혹은 생각을 지닌 사람이어야 할까?' 등이 있습니다.

스스로 질문해 보고 답을 정한 후 자기소개서를 작성합니다. 상품기획 MD는 수집된 자료를 토대로 '소싱을 통해 최종소비자에게 상품을 전달할 때까지 총체적인 책임을 져야 하는 사람'이라고 파악했습니다. 이를 바탕으로, 도대체 어떤 상품을 소싱해야 소비자의 마음을 움직여 구매로 이어지게 할 수 있을까를 생각했습니다. 고민 끝에 소비자들이 상품을 구매함과 동시에 '행복, 자신감'까지 얻게 된다면 우수한 아이템을 소싱할 줄 아는 전문가로 불릴 수 있겠다는 생각이 들었고 이를 자기소개서에 반영했습니다.

이렇게 나만의 관점이 온전히 드러나는 글은 수백 장의 직무분석 보고서를 읽고 요약하여 쓴 것보다 강렬한 인상을 줍니다. 보고서에 있는 뻔한 말 대신, 직무에 대해 스스로 고민한 흔적이 보이는 문장이야말로 인사담당자로 하여금 '우리 회사에 지원하는 직무에 큰 관심이 있구나.'하고 판단하게 할 것입니다.

3. **본인이 지원한 직무를 선택한 이유를 말씀해 주시고 그 직무를 수행하기 위해 남들과 차별화되어 준비된 역량이 있다면 설명해 주세요. [최대 500자]**

질문 해석

- 특정 경험/에피소드를 통해 직무를 선택한 계기(혹은 직무에 대한 나만의 고찰을 바탕으로 선택 이유 뒷받침)
- 직무 수행에 있어 본인만의 차별화 된 역량
- 역량을 뒷받침해 줄 수 있는 근거(에피소드)
- 배움 및 적용

이소 속에 비친 그대

상품기획가가 갖춰야 할 가장 중요한 덕목은 "타인의 즐거움을 나의 행복으로 여기는 것"이라고 생각합니다. 저는 맛집 동아리 'X'라는 하나의 상품을 기획했습니다. 회원 수 4,000명, 2012년 최고의 동아리 상을 수상하고 SBS, EBS 등에 출연한 이 동아리는 제 모든 것을 쏟아 부은 하나의 창조적 결과물입니다. [1문단 - 직무에 대한 나만의 고찰]

이 동아리를 창단하기 전까진 맛집 탐방이라는 것은 돈 있는 어른들의 향유물에 불과했습니다. 하지만 가성비 있는 맛집을 찾으려는 저희의 시도로부터 대학생 맛집 문화가 생겼다고 자부합니다. 또한 모임에 참여하고 싶은 대학생이라면 누구든지 참여할 수 있게 만듦으로써 그들만의 리그인 타 동아리와 차별화할 수 있었습니다. [2문단 – 차별화되어 준비된 역량]

이 단체를 4년간 끌고 오면서 내가 기획한 상품이 누군가의 얼굴에 웃음꽃을 피울 수 있다는 것을 느꼈습니다 이후, 제 아이디어로 사람들을 즐겁게 만드는 직업을 갖자고 다짐했고 상품기획가의 꿈을 갖기 시작했습니다. [3문단 – 직무를 선택한 이유]

HIDDEN POINT

상품기획이라는 직무에 대한 고찰이 드러남

2번 문항과 마찬가지로 상품기획 MD라는 직무를 수행할 때 담당자가 지니고 있어야 할 마인드가 무엇인가에 대한 고민으로부터 출발한 글입니다. 소비자가 내가 기획한 상품 때문에 즐겁고, 이 즐거움을 보며 만족할 수 있는 담당자라면 누구보다 이 직무에 잘 어울리는 사람이라고 생각했습니다. 이에 '타인의 즐거움을 나의 행복으로 여기는 마음'이라는 문장이 탄생하게 된 것입니다.

4. LG패션이 향후 가져가야 할 사업전략이 무엇이라고 생각하며 본인이 그것을 펼칠 수 있다면 어떻게 펼쳐나갈 것인지 그려보세요. [최대 500자]

지금은 브랜드 시대!

바야흐로 브랜드 시대입니다. 질 좋은 상품들도 회사 브랜드 가치의 하락으로 기억에서 사라지고 있습니다. 따라서 끊임없는 브랜드 관리만이 향후 패션 시장에서 살아남을 수 있는 전략이라고 생각합니다. LG패션이 지향하고 있는 '브랜드 컴퍼니' 전략은 시대적 흐름에 발 맞출 뿐만 아니라 지속 가능한 경영을 하는 데 있어 탁월합니다. [1. 문단 – 브랜드에 대한 나와 지원 기업의 일치하는 방향성 제시]

제가 만약 귀사의 전략을 수립한다면 외국에서 조차 잘 알려지지 않은 신규 브랜드를 발굴해보고 싶습니다. 분명 어느 고급 브랜드와 비교해도 우수한 상품을 갖고 있는데도 빛을 발하지 못하고 있는 상품들이 많습니다. 이를 발굴해 저렴하게 수입하고, LG패션만의 브랜드 관리로 고급화시켜 대중들에게 판매해 고수익을 창출할 수 있을 것입니다. 또한, 패션이 꼭 사람에게만 적용되는 시대는 끝났습니다. '혜지 도기'와 같이 점차 늘어나는 애견가들을 타겟으로 삼아 고급 브랜드를 창출한다면 종합 패션 브랜드 회사로 발돋움할 것이라 생각합니다. [2문단 – 1문단에서 제시된 관점 활용 방안]

1문단 : 수 백장의 기업분석 보고서 내용이 아닌, 나만의 관점이 담긴 기업분석

작성 당시, LF가 추구하는 방향성이 '브랜드 컴퍼니'였다는 것을 뉴스 검색만으로도 충분히 확인할 수 있었습니다. 저는 이를 보고 왜 LF가 '브랜드 컴퍼니'를 지향하게 되었을까 근본적인 고민을 해봤습니다.

생각 끝에, 브랜드들이 하루에도 수십 개가 사라지고 있는 현실 속에 체계적인 관리를 통해 우수한 하나의 브랜드가 사라지지 않게 하는 것도 지속 경영의 방법 중 하나라는 판단을 내리게 되었습니다. 그래서 온전한 나만의 생각을 기재했고, 익히 알려진 단편적인 정보가 나열된 글과는 차별화된 나만의 글이 된 것입니다.

기업분석은 지원동기를 작성하기 위해 필수적으로 이루어져야 합니다. 그러나 보고서에 담긴 내용을 그대로 옮겨 적는 것은 차별화를 포기한다는 말과 같습니다. 회사와 관련된 요소 하나를 보더라도 그 의미를 곱씹어 고민한 결과물이 합격하는 데 지름길이 되어줄 것입니다.

5. LG패션 입사 후 직무 관련하여 이루고 싶은 목표를 구체적으로 기술하여 주시고 이를 달성하기 위한 본인의 계획을 밝혀주세요. [최대 500자]

질문 해석

- **입사 후 포부** : 직무 기반
- 포부를 달성하기 위한 구체적인 계획도 함께 제시

LG패션의 스마트 나침반

진정한 기획가란 지금 당장 눈에 보이는 것에 초점을 맞추는 것이 아니라 장기적인 안목을 갖고 세상을 바라보는 시각을 지닌 사람이라고 생각합니다. 또한, 나침반처럼 복잡하게만 보이는 것으로부터 일정한 경향을 발견해 목표를 향해 달려갈 줄 알아야 한다고 생각합니다. [1문단 - 기획직무에 대한 나만의 관점]

따라서 저는 입사 후, 시장을 선도하는 상품을 기획하기 위해 '시장 분석 및 소비자의 라이프 스타일을 파악해 중·장기적으로 상품의 로드맵을 계획'하는 선배님들의 노하우를 제 것으로 만들어 패션 '상품기획'에 대한 장기적인 안목을 갖추겠습니다. [2문단 - 입사 후 포부]

또한 동료들과 직무스터디를 만들어 지식을 공유하고 귀사가 나아가는 방향을 파악해 상품 기획 과정에 적용시키겠습니다. 5년 후, 패션 시장 전반을 아우르는 데이터 베이스가 되어 상품 기획 전문가가 되는 발판을 마련하겠습니다. 10년 후, 책상물림 하며 망상만 하는 이가 아니라 수집한 데이터와 현장 경험을 갖춘 상품기획가로서 팀 목표를 성실히 수행하겠습니다. [3문단 - 구체적인 포부 및 계획 수립]

07

마케팅, 인턴

이마트

이마트 자소서 항목

1. 지원동기 및 포부
2. 다른 사람과 구별되는 능력
3. 성격의 장점 및 보완점
4. 자신이 성취했던 구체적 사례
5. 입사를 위한 준비과정
6. 본인이 내렸던 가장 큰 결단

1. 지원동기 및 포부 [700자]

질문 해석

- **회사 지원동기** : 왜 하필 유통(마트) 산업을 택했는지, 그 중에서도 왜 하필 이마트인지
- **직무 지원동기** : 수많은 직무 중에 특정 직무(마케팅)를 택했는지
- **뒷받침 근거** : 본인의 경험 및 생각을 바탕으로 → '스토리텔링'
- 입사 후 포부

상쾌한 모닝 커피를 선사해 드리겠습니다

사람과 밀접한 기업, 이마트. 이마트는 항상 고객들의 니즈와 욕구를 파악하며 미래 사업을 준비하기 때문에 앞으로의 발전이 무궁무진한 기업이라 생각합니다. 저 또한 이러한 인간의 본질적 욕구 중 '맛'이라는 테마를 갖고 맛집 동아리를 창단하였고 기업과 함께 공동 마케팅 프로젝트를 진행하면서 마케터가 되기 위한 소양을 길렀습니다. 사람과 밀접한 사업을 통해 무언가를 이루려는 이마트는 저와 일치하는 부분이 많다고 생각하여 지원하게 됐습니다. [1문단 - 기업 및 직무 지원동기]

현재 이마트는 경쟁이 치열해지고 경기 침체로 위축된 소비 심리에도 불구하고 높은 신장률을 기록하면서 '국내 1위 할인마트' 입지를 굳건히 하고 있습니다. 1위 자리를 지속적으로 유지하기 위해서는 질적 혁신으로 타 업체와는 차별화를 이루어야 합니다. '국내 최저 가격'이라는 슬로건보다는 '국내 최고 서비스'의 컨셉으로 고객에게 접근해야 합니다. [2문단 - 기업의 현 상황에 따른 솔루션 제시]

최고의 서비스를 위해 제가 갖고 있는 무기는 성실함입니다. 2시간여의 통학 시간에도 불구하고 결석 한 번 없이 대학생활을 마무리 할 수 있었던 성실함은 이마트 가족들에게 모닝 커피를 선사할 수 있는 부지런한 사원으로 거듭나게 할 것입니다. 고객들에게 있어서는 성실함으로 충만한, 빈틈없는 사원으로 고객의 문제를 즉시 해결해 주는 역할을 하겠습니다. [3문단 - 솔루션을 통한 입사 후 포부]

1문단 : 범용 가능한 지원동기 툴을 만들어 둘 것

> 사람과 밀접한 기업, 이마트. 이마트는 항상 고객들의 니즈와 욕구를 파악하며 미래 사업을 준비하기 때문에 앞으로의 발전이 무궁무진한 기업이라 생각합니다. 저 또한 이러한 인간의 본질적 욕구 중 '맛'이라는 테마를 갖고 맛집 동아리를 창단하였고 …(중략)…

사람과 밀접하지 않은 기업은 없을 것이고, 고객(대상 고객이 기업이든, 개인이든)의 니즈를 파악하지 않는 기업도 없습니다. 마찬가지로 미래 사업을 준비하지 않는 기업도 없습니다. 해당 산업에 대한 직접적인 경험도 없고, 간접적인 경험을 통해 산업의 통찰을 이끌어 내기도 어려울 때 위와 같은 범용 지원동기를 만들어 두면 편리합니다.

유사 사례 1 - GS리테일 지원동기

[날 닮은 너 feat. GS 리테일]

사람과 밀접한 기업, GS리테일은 항상 고객들의 니즈와 욕구를 파악하며 미래 사업을 준비하기 때문에 앞으로의 발전 또한 무궁무진한 기업이라 생각합니다. 저 또한 이러한 인간의 본질적인 욕구 중 '맛'이라는 테마를 갖고 맛집 동아리를 창단하였고 유통 기업과 함께 공동 프로젝트를 진행하면서 영업관리자가 되기 위한 소양을 길렀습니다. 사람과 밀접한 사업을 통해 무언가를 이루려는 귀사는 저와 일치하는 부분이 많다고 생각하여 지원하게 됐습니다. … (중략) …

유사 사례 2 - LG서브원 지원동기

[이기려면 뻔뻔하라]

LG서브원은 항상 기업 고객들의 니즈와 욕구를 파악하여 미래 사업을 준비하기 때문에 앞으로의 발전이 무궁무진한 기업이라 생각합니다. 저 또한 이러한 인간의 본질적 욕구 중 '맛'이라는 테마를 갖고 맛집 동아리를 창단하였고 기업 및 정부기관과 함께 공동프로젝트를 직접 추진 및 기획하면서 영업MD가 되기 위한 소양을 길렀습니다. 항상 새로운 사업을 개척하고 최적의 성과를 달성하기 위한 추진력으로 무언가를 이루려는 LG서브원은 저와 일치하는 부분이 많다고 생각하여 지원하게 되었습니다. … (중략) …

유사 사례 3 - 이랜드리테일 지원동기

[이랜드는 우리의 과거이자 현재며 미래다]

하루에도 수 없이 새로운 상품들이 쏟아져 나오고 있습니다. 하지만 결국 살아남는 상품들은 우리 생활과 밀접한 것들입니다. 이랜드는 본질적 욕구인 의 · 식 · 주뿐만 아니라 미 · 휴 · 락을 주요 사업으로 삼아 고객과 항상 밀접하며 고객을 어루만지겠다는 경영이념을 가진 기업입니다. 제 유년 시절에는 언더우드 자켓을 입었고, 현재는 뉴발란스를 신고 있으며, 앞으로는 이랜드가 전략적으로 기획하는 상품을 사용하리라 의심치 않습니다.

이러한 기업은 항상 사람들의 욕구를 파악하며 미래 사업을 준비하기 때문에 앞으로의 발전이 무궁무진한 기업이라 생각합니다. 저 또한 이러한 인간의 본질적 욕구인 '맛'이라는 테마를 갖고 맛집 동아리를 창단하였고 기업과 함께 공동 프로젝트를 진행하면서 하이퍼매니저가 되기 위한 소양을 길렀습니다. … (중략) …

다시 말하지만, 이런 범용적 지원동기는 좋은 평가를 받기는 어렵습니다. 인사담당자가 자세히 살펴보면, 우리 회사만을 위해 작성한 자기소개서가 아니라는 것이 티가 날 수 있기 때문입니다. 한번에 많은 자기소개서를 작성해야 할 때 불가피하게 써먹을 하나의 팁 정도로만 생각하는 것이 좋습니다.

2. 다른 사람과 구별되는 능력 [300자]

질문 해석

- 차별화된 역량
- 이를 보여줄 수 있는 에피소드

※ 문항 글자 수 제한으로 인한 압박이 있는 경우, 에피소드 대신 핵심 경험만 간결히 제시

내 눈에는 너만 보여

"나는 어디로 가고 있는가?" 제 스스로에게 항상 묻습니다. 저에겐 분명한 목적지가 필요합니다. 이런 성격 때문에 명확한 목표가 없다면 제 삶과 일에 금방 싫증을 느끼곤 합니다. 싫증을 느끼는 만큼 저는 새로운 목표를 항상 갈구해 "홍보대사, 봉사활동, 동아리" 등 미래를 위한 투자라는 목표 하에 쉴 새 없이 달려왔습니다. 전년도 실적을 분석해 새로운 프로모션을 고안해야 하는 이마트 마케팅 업무를 함에 있어 이런 목표지향적 역량을 적극 활용할 수 있을 것입니다.

3. 성격의 장점 및 보완점 [300자]

[성격의 장점]

• 성격의 장점 및 뒷받침 사례

• 해당 성격이 지원 기업/직무에서 어떤 긍정적인 효과를 나타낼 수 있을지

[성격 보완점]

• 성격의 단점 및 뒷받침 사례

• 이를 보완하기 위해 노력하고 있는 점

300자로 글자 수가 제한되기 때문에 둘 중 하나만 작성해도 무방하지만, 질문에서 장점 및 보완점을 기재하라고 했기 때문에 원칙상 150자씩 두 가지로 나누어 작성하는 것이 맞습니다.

다만, 필자의 경우 성격의 장·단점 문항이 제시되면 단점은 아예 작성하지 않았던 적도 꽤나 됩니다.

택시기사마저 내게 프로포즈를

저는 오다가다 만난 사람들과도 쉽게 친구가 될 수 있는 치명적 매력을 가졌습니다. 이는 타인의 이야기를 경청할 줄 아는 자세에서 비롯되었습니다. 작년 지하철이 끊길 때까지 공부를 하다 택시를 타야 했지만 5천 원뿐이기에 금액만큼만 타고 가야겠다 생각했습니다. 운전하면서 기사님이 자녀 이야기를 시작하셨고 저도 흥미를 느껴 적극 공감해 드렸습니다. 계기판에 5천 원이 찍혔을 때 기사분께 제 사정을 말씀 드렸더니 저와 이야기를 나누는 시간이 즐거우셨던 기사님은 돈을 받지 않으시고 집 앞까지 데려다 주셨습니다.

4. 자신이 성취했던 구체적 사례 [300자]

질문 해석

- 일의 배경
- 본인만의 목표
- 목표 달성 과정에 대한 에피소드
- 결과
- 배움 및 적용

글이 짧기 때문에 배움 및 적용은 생략해도 됩니다. 질문에서 요구한 내용을 채우는 것이 우선입니다.

뚫어라, 뚫린다!

전통시장 쇠퇴에 아쉬움을 느껴 대학생만의 프로젝트를 만들었습니다. 3달 동안 완성한 기획안을 OOOOOOO 측에 제안했고 관계자분들과 여러 차례 논의했습니다. 하지만 성사 직전까지 갔던 프로젝트가 예산 문제로 무산되었습니다. 무에서 유를 만들고자 했던 과정이었기에 결과물이 없어 팀원들의 사기가 꺾였습니다. 하지만 팀 리더로서 포기하지 않고 재도전하자고 다독였고, 2012 전통시장 공모전에 기획안을 제출해 우수상을 받았습니다.

5. 입사를 위한 준비과정 [300자]

질문 해석

• 유통업(=마트) 종사하기 위해 노력한 본인만의 경험/수학내용
• 마케팅 직무에 종사하기 위해 노력한 본인만의 경험/수학내용

산업에 초점을 맞춰도 되고, 직무에 중점을 둬도 무방합니다. 물론 두 가지 모두를 보여주는 것이 모범 답안입니다.

현장과 함께하는 유통마케팅 전문가

10년 후 유통마케팅 전문가가 되겠다는 목표를 가지고 있습니다. 경제신문 유통업 파트를 꼼꼼히 보고 있으며, 전문가 칼럼들을 스크랩하고 있습니다. 최근에는 유통업계의 전통시장과의 상생마케팅, 정부의 유통 단계 축소와 관련된 이슈에 관심을 갖고 변화하는 정세에 촉각을 곤두세우고 있습니다. 유통마케팅 전문가는 책상물림하며 망상만 하는 이가 아니라, 현장을 통해 감각을 찾는 사람입니다. 입사 후에는 국내에 있는 이마트 점포를 구석구석 발로 뛰어다니는 성실한 사원이 되고자 합니다.

6. 본인이 내렸던 가장 큰 결단 [300자]

질문 해석

- 지금의 본인을 만들어 준 '선택'은 무엇인지
- 그 '선택'에 따라 어떤 결과가 일어났는지

내 모든 것을 쏟아 부어라 - 맛집 동아리 X

저는 연합 맛집 동아리를 창단했습니다. 음식이라는 매개체를 통해 같은 학교, 학과에서 벗어나 다양한 사람들과 인맥을 형성하고 싶다는 생각에 만든 동아리가 현재 4,000명의 회원 수 돌파, 2012년 최고의 동아리에 선정, 프로젝트 기획 공모전 우수상 등 성과를 내고 SBS 다큐멘터리, EBS 라디오 등 언론매체에 출연할 만큼 인지도가 높아졌으며, 이제는 친목을 넘어서 새로운 대학생 문화로 자리매김하였습니다.

08

일반직

대한항공

대한항공 자소서 항목

1. [지원동기 및 포부] 많은 직장 중에서 항공사를 선택하게 된 이유와 특히 대한항공에 지원하게 된 동기 및 입사 후 포부에 대해 구체적으로 기술하시오.

2. [진취적 성향] 자신에게 주어진 일이나 과제를 수행하는데 있어, 고정관념을 깨고 창의적으로 문제를 해결했던 사례에 대해 구체적으로 기술하시오.

3. [서비스 정신과 올바른 예절] 본인이 경험한 최고의 서비스, 최악의 서비스에 대해 기술하고, 그렇게 판단한 근거 및 사유에 대해 설명하시오.

4. [국제적 감각] 항공사 직원이 함양해야 할 국제적 감각이란 무엇이며, 이 역량을 배양하기 위해 본인은 어떠한 노력을 기울였는지 기술하시오.

5. [성실한 조직인] 과거 타인과의 인간관계에서 가장 힘들었던 갈등상황과 이를 슬기롭게 극복할 수 있었던 본인의 전략 및 노하우에 대해 기술하시오.

1. (지원동기 및 포부) 많은 직장 중에서 항공사를 선택하게 된 이유와 특히 대한항공에 지원하게 된 동기 및 입사 후 포부에 대해 구체적으로 기술하시오. [600자 이내]

- **회사 지원동기**: 왜 하필 항공 서비스 혹은 물류 산업을 택했는지, 그 중에서도 왜 하필 대한항공인지
  * 대한항공은 여객 및 화물운송(물류)으로 크게 나누어져 있습니다.
- **직무 지원동기**: 수 많은 직무 중에 특정 직무(Alliance)를 택했는지(일반직으로만 지원 가능하나, 일반직 중에서도 특정 직무를 희망한다고 쓰는 것이 구체적 작성에 도움이 됨)
- **뒷받침 근거**: 본인의 경험 및 생각을 바탕으로 → '스토리텔링'
- 입사 후 포부

대한항공 비단길, 함께 걸어가고 싶습니다

수 많은 사람들이 오며 가는 모습을 보고 있으면 마치 제가 입·출국이라도 하는 것처럼 마음이 설렙니다. 그래서인지 가슴이 답답하고 힘들 때, 공항철도를 타고 인천공항을 가곤 합니다. 이런 설렘은 저를 항공사에 지원하게끔 이끌었습니다. [1문단 - 항공업 지원동기]

그 중에서도 제가 가지고 있는 도전 DNA를 적극 활용할 수 있는 대한항공에서 제 젊음을 바치고 싶습니다. 최고의 서비스로 이미 세계적인 항공사가 되었음에도 불구하고, 얼마 전 세계에서 가장 이용객이 많은 애틀란타 국제공항에서 A380 여객기 운항사업을 이루는 등 대한항공의 도전은 지칠 줄 모릅니다. 저는 상대 항공사와의 제휴를 통해 스케줄 경쟁력 확보와 수익을 개선시킬 수 있는 ALLIANCE팀의 일원이 되고 싶습니다. [2문단 - 대한항공 지원동기 및 특정 직무 희망 제시]

ALLIANCE팀이 갖춰야 할 역량은 협상력과 기획력입니다. 정부기관 및 기업에 직접 기획서를 제안하고 프로젝트를 성사시키는 경험을 통해 상대의 동의를 이끌어내는 협상력과 기획력을 배양할 수 있었습니다. 입사 후 제 역량을 활용해 ALLIANCE의 일원이 되어, 타 항공사와의 제휴를 통해 신규 노선을 개척하는 비단길을 함께 개척해 나가고 싶습니다. [3문단 - 희망 직무를 잘 할 수 있는 역량 제시 및 적용]

1문단 : 단순 회사 소개가 아닌, 나만의 이야기로

문항에서 요구하는 대로 항공업을 택한 이유를 서술해야 합니다. 아무런 경험이나 통찰적 근거 없이 산업에 대한 개괄적인 소개만으로 자기소개서를 작성한다면 다른 경쟁자와의 차별화를 이루기 어렵습니다. 이럴 바에는 1문단처럼 소소하더라도 본인만의 이유를 작성하는 편이 낫습니다. 물론 BEST 라는 말은 아닙니다.

동일한 맥락에서 2문단은 회사 소개가 주를 이루고 있기에 썩 좋지만은 않습니다. 도전하는 대한항공이 본인의 '도전 DNA'를 실현할 수 있는 곳이라고 엮었기 때문에 그나마 볼만한 수준인 것입니다.

아쉬운 **POINT**

3문단

말하고자 하는 키워드 즉, 협상력과 기획력 중 하나를 선택하고, 조금 더 구체적으로 작성하는 편이 좋겠습니다. ALLIANCE 직무에서 필요로 하는 중요 역량 하나를 제시한 뒤, 해당 역량을 보여줄 수 있는 본인의 에피소드를 제시합니다. 그리고 직무 담당자로서 이 역량을 바탕으로 향후 어떻게 업무를 처리할 것인지 구체적으로 적는 편이 좋습니다.

**대한항공
수정/보완 자기소개서**

대한항공 비단길, 함께 걸어가고 싶습니다

수 많은 사람들이 오며 가는 모습을 보고 있으면 마치 제가 입·출국이라도 하는 것처럼 마음이 설렙니다. 그래서인지 가슴이 답답하고 힘들 때, 공항철도를 타고 인천공항을 가곤 합니다. 이런 설렘은 저를 항공사에 지원하게끔 이끌었습니다.

그 중에서도 제가 가지고 있는 도전 DNA를 적극 활용할 수 있는 대한항공에서 제 젊음을 바치고 싶습니다. 최고의 서비스로 이미 세계적인 항공사가 되었음에도 불구하고, 얼마 전 세계에서 가장 이용객이 많은 애틀란타 국제공항에서 A380 여객기 운항 사업을 이루는 등 대한항공의 도전은 지칠 줄 모릅니다. 저는 상대 항공사와의 제휴를 통해 스케줄 경쟁력 확보와 수익을 개선시킬 수 있는 ALLIANCE팀의 일원이 되고 싶습니다.

ALLIANCE팀이 갖춰야 할 역량은 협상력입니다. 정부기관 및 기업에 직접 기획서를 제안하고 프로젝트를 성사시킬 수 있었던 원동력은 나와 상대가 원하는 바를 절충할 수 있었던 네고(NEGO) 때문이었습니다. 입사 후 ALLIANCE의 팀의 일원이 된다면, 제 협상력을 바탕으로 타 항공사와 신규 및 기존 노선 개편하는 업무에 있어 최소한의 양보로 최대한의 수익을 내는 대한항공으로 만들어 보이겠습니다.

2. (진취적 성향) 자신에게 주어진 일이나 과제를 수행하는데 있어, 고정관념을 깨고 창의적으로 문제를 해결했던 사례에 대해 구체적으로 기술하시오. [600자 이내]

질문 해석

- 주어졌던 일/과제 수행에 있어 애로사항
- 이를 해결하기 위한 본인만의 창의적 방법
- * 창의는 키워드, 본인이 어필하고자 하는 창의란 무엇인지 세부 주제 설정
  - 예 '세상에 없던 것을 새롭게 제시하는 것'도 기존 방식과 다른 아이디어 방식일 수 있고, '기존의 것을 융합해 새롭게 제시하는 것'도 기존 방식과 다른 아이디어 방식일 수 있음
  - → 단, 해당 문항에서는 창의라는 키워드에 대해 '고정관념을 깬'이라고 한정적으로 정의를 내렸기 때문에 이에 맞춘 세부 주제를 설정해야 함
- 세부 주제와 부합하는 본인의 해결 에피소드
- 배움 및 적용

한계점을 뛰어넘어 기회로

유럽 여행 출발 전 외국인 친구를 만들자는 결심을 했습니다. 피렌체에서 금발의 여성이 한국인이냐며 말을 걸었습니다. 하지만 결심과는 달리 외국인에게 두려움을 느껴 피하고 있는 저를 발견했습니다. 입국 후 어떻게 하면 영어 실력 향상은 물론 울렁증을 극복할 수 있을까를 고민하던 중 우리나라에도 외국인 여행객들이 찾는 호스텔이 있을 것임을 착안해 종로에 소재한 호스텔 측에 연락했습니다. [1문단 - 문제 상황 및 창의적 해결 1]

'문화교류의 장을 만듦으로써 외국인 여행객을 이끌 수 있고 제겐 영어를 배울 수 있는 원원 전략'이라며 제안했고, 사장님은 흔쾌히 수락하셨습니다. 그 이후 덴마크, 캐나다 여행객들에게 광장시장도 안내하며 자연스럽게 울렁증을 극복했고, 일상 대화를 주고받을 수 있는 실력이 되어 자신감을 갖게 되었습니다. 또한 이 호스텔은 문화교류가 활성화된 호스텔로 알려져 외국인들에게 큰 호응과 함께 수익성도 개선할 수 있었습니다. [2문단 - 창의적 해결 2 및 결과]

한국이라는 제한된 상황 속에서도 제 스스로 기회를 만들어 한계점을 보완할 수 있는 경험이 되었습니다. 이를 바탕으로 대한항공 입사 후, 고객에게 만족을 줄 수 있는 서비스 제안을 적극 창안해 '고객 행복'을 실천하겠습니다. [3문단 - 배움 및 적용]

아쉬운 POINT

질문에서 요구하는 창의는 '고정관념을 탈피한 것'입니다. '창의'는 도전/책임감 등과 같은 키워드일 뿐이고, 세부 주제를 정해야 한다고 여러 번 강조했습니다. 그러나 해당 문항의 경우 기업에서 요구하는 창의가 '고정관념 탈피'로 구체적으로 제시되었기 때문에 이에 맞는 주제로 글을 작성하면 됩니다. 그러나 2문단의 경우, '니즈 파악' 관련 주제와 에피소드이기 때문에 문항에서 요구한 창의와는 거리가 멉니다. 글에서 요구하는 바에 맞게 작성해야 합니다.

한계점을 뛰어넘어 기회로

유럽 여행 출발 전 외국인 친구를 만들자는 결심을 했습니다. 피렌체에서 금발의 여성이 한국인이냐며 말을 걸었습니다. 하지만 결심과는 달리 외국인에게 두려움을 느껴 피하고 있는 저를 발견했습니다. 입국 후 어떻게 하면 영어 실력 향상과 동시에 울렁증을 극복할 수 있을까를 고민하게 되었습니다. 주변 친구들이 회화 학원, 영어 스터디와 같은 것들을 추천해줬으나 학원은 외국인 친구를 만들기엔 역부족이라는 점, 스터디는 외국인이 아닌 한국인들끼리의 대화의 장이라는 점 때문에 목적을 달성할 수 없을 것 같았습니다. 이에 전통적인 영어학습의 장을 탈피해 조금은 다른 방법을 모색해보고자 했습니다. 그러던 중 타국에서 외국인을 만났던 장소가 '호스텔'이었고, 우리나라에도 장기간 체류하면서 여행을 즐기는 외국인들이 '국내 호스텔'에

거주할 것이라는 생각이 떠올랐습니다. 이에 종로에 소재한 호스텔 측에 연락해 한 가지 제안을 했습니다.

'문화교류의 장을 만듦으로써 외국인 여행객을 이끌 수 있고 제겐 영어를 배울 수 있는 윈윈 전략'이라며 제안했고, 사장님은 흔쾌히 수락하셨습니다. 그 이후 덴마크, 캐나다 여행객들에게 광장시장도 안내하며 자연스럽게 울렁증을 극복했고, 일상 대화를 주고받을 수 있는 실력이 되어 자신감을 갖게 되었습니다. 또한 이 호스텔은 문화교류가 활성화된 호스텔로 알려져 외국인들에게 큰 호응과 함께 수익성도 개선할 수 있었습니다.

만약 기존 통념을 받아 들여 전통적인 영어학습으로 시간을 보냈다면, 언어적 역량은 강화되었을지 몰라도 원했던 대로 외국인 울렁증을 극복하지도, 자유로운 대화를 주고 받을 수 있는 외국인 친구들을 사귀지도 못했을 것입니다. 통념은 말 그대로 통념입니다. 생각을 조금만 전환할 수 있어도 생길 수 있는 기회는 무궁무진할 것입니다. 신규 노선을 개발 및 개편해야 하는 얼라이언스 팀에서, 발상의 전환을 통해 부진하던 항로 길의 수익을 플러스로 전환할 줄 아는 인재로 거듭나겠습니다.

3. (서비스 정신과 올바른 예절) 본인이 경험한 최고의 서비스, 최악의 서비스에 대해 기술하고, 그렇게 판단한 근거 및 사유에 대해 설명하시오. [600자 이내]

[최고의 서비스]
- 최고의 서비스 정의
- 관련 에피소드
- 배움 및 적용

[최악의 서비스]
- 최악의 서비스 정의
- 관련 에피소드
- 교훈 및 적용

타 문항과 마찬가지로 전략적인 글쓰기가 필요합니다. 이때 나에게 있어 개인적으로 '최고의&최악의 서비스'였던 것보다는, '대한항공'에서 필요로 하는 서비스란 어떤 것일지 고민 후, 각 서비스를 정의하고 이에 어울리는 에피소드를 작성하는 것이 좋습니다.

환한 미소는 고래도 춤추게 한다

이제 막 개업한 스터디 카페, 문을 열고 들어갔을 때 젊은 사장님은 우리를 향해 환한 미소와 함께 날이 덥다며 시원한 아이스티를 건네 주셨습니다. 정성과 미소에 덩달아 웃음 짓게 된 스터디원들, 그 이후로 이 곳은 우리들의 단골 스터디 장소가 되었습니다. [1문단 – 최고 서비스 에피소드]

시원한 차 한 잔과 환한 미소는 제가 대한항공 일원이 되었을 때, 고객들에게 언제나 건넬 수 있는 '진한 행복'이라고 생각합니다. 항공서비스업은 고객이 변심한다면 언제든지 시장의 판도가 바뀔 수 있는 불안정한 위치에 속해 있습니다. 고객을 향한 따뜻한 미소와 차 한 잔 건넬 수 있는 정성으로, 대한항공을 향후 제가 만나게 될 모든 고객들의 단골 항공사로 만들어 보이겠습니다. [2문단 – 최고의 서비스 정의 및 적용]

반면 경험한 최악의 서비스는 '약속'을 지키지 않는 쇼핑몰이었습니다. 3일 후면 배송이 완료된다는 쇼핑몰. 일주일이 지나서도 물품이 도착하지 않자 전화했더니 재고가 떨어졌다는 무성의한 대답뿐이었습니다. 이후 우수한 물품이 많았어도 신뢰가 떨어져 구매하지 않습니다. [3문단 – 최악 서비스 정의 및 에피소드]

고객과의 사소한 약속을 지키지 않아 대한항공의 '최고 서비스, 고객 신뢰'라는 위상이 떨어지지 않도록 항상 노력하겠습니다. [4문단 – 교훈 및 적용]

HIDDEN POINT

회사의 입장에서 이 질문을 왜 던졌는지 고민한 후 작성할 것

단순히 본인이 느꼈던 최고/최악의 서비스를 묻는 질문이 아닙니다. 지원자가 대한항공에서 근무 시 어떤 마인드를 갖고 고객들에게 서비스를 할 수 있는 사람인지를 확인하려는 문항입니다. 따라서 회사에서 '어떤 서비스 정신을 필요로 할지 먼저 생각하고 작성'하는 전략적인 접근이 필요합니다.

작성 당시 떠올렸던 최고의 서비스는 '소소한 감동을 주는 것'이었고, 어떻게 보면 이런 것들이 짧다고 할 수 있는 비행 시간 속에서 항공사 직원 및 승무원으로부터 받을 수 있는 선물이라고 생각했습니다. 이에 이를 주제로 설정했습니다. 또 이와 반대로, 최악의 서비스는 비행기를 탑승하는 고객들이 어떤 서비스를 받게 될 때 가장 기분이 나쁠까를 먼저 고민했고, '비행시간 등 시간 약속을 지키지 않는' 항공사에 대한 불만이 클 것이라고 판단했습니다. 이에 '정해진 약속을 지키지 않는' 것을 주제로 설정했습니다. 마지막으로, 각각의 서비스 정의를 뒷받침하는 근거로 관련 해당하는 에피소드를 서술했습니다.

4. (국제적 감각) 항공사 직원이 함양해야 할 국제적 감각이란 무엇이며, 이 역량을 배양하기 위해 본인은 어떠한 노력을 기울였는지 기술하시오. [600자 이내]

- 국제적 감각에 대한 나만의 정의
- 해당 역량을 보여줄 수 있는 에피소드
- 배움 및 적용

흔히 취준생들은 '국제적 감각'이나 '글로벌 역량'과 같은 문항이 나오면 별다른 고민 없이 어학적 능력, 교환학생, 세계여행 등의 경험부터 떠올리고는 줄줄이 써내려가는 경우가 많습니다. 그러나 스펙이나 경험보다 선행되어야 할 것은 질문에서 요구하는 바에 대한 주제 설정입니다. 국제적 감각이라는 것 또한 키워드 중 하나입니다. 키워드에 따른 주제부터 명확히 설정 후 접근하는 것이 좋겠습니다.

아름다운 공작단 그리고 '다문화 가정'

외국어 능력, 다양한 문화의 이해와 존중도 중요하지만 결국 항공사 직원이 갖춰야 할 국제적 감각은 '모든 사람은 동등하다'는 당위성을 인정하는 것입니다. [1문단 – 국제적 감각에 대한 나만의 정의]

저는 조금 더 밝은 세상을 만드는 '아름다운 공작단'이라는 봉사 기획단에 참여한 경험이 있습니다. 정해진 활동은 없고, 우리가 직접 대상을 선정해 캠페인을 기획하고 대중들의 참여를 이끌어내는 것이 주된 활동이었습니다. 저는 그 중에서도 다문화 가정에 대해 관심을 기울였습니다. 영화 '마이 리틀 히어로'에서도 그려지듯, 같은 사람임에도 불구하고 다문화 가정에서 태어났다는 이유만으로 차별을 받아야 하는 이들을 보며 안타까워 조금이나마 대중들의 인식 변화와 참여를 이끌고 싶었습니다. 다양한 국적의 가족들을 섭외해 그 나라만의 특색 있는 음식도 만들어보고, 담소를 나누면서 함께 웃고, 울 수 있는 모든 사람은 동등하다는 것을 다시 한 번 배울 수 있었습니다. [2문단 – 해당 역량을 보여줄 수 있는 에피소드 및 배움]

항공사 직원으로서 국제적인 서비스를 자랑하기 위해서는 모든 인종, 사람들을 동등하게 대하는 따뜻한 마음이 필요하다 생각합니다. 단 한 사람이라도 대한항공이 제공하는 최상의 서비스에서 벗어나지 않게끔 노력하겠습니다. [3문단 – 적용]

5. (성실한 조직인) 과거 타인과의 인간관계에서 가장 힘들었던 갈등상황과 이를 슬기롭게 극복할 수 있었던 본인의 전략 및 노하우에 대해 기술하시오. [600자 이내]

질문 해석

문항에서 요구하는 그대로 작성하면 됩니다.

리더십의 기본은 팔로워십

조직 생활에서 가장 힘들었던 순간은 ○○○○○○○ 홍보대사를 수행했을 때입니다. 각자 개성과 주장이 강한 40명의 의견을 모두 수렴하는 것은 불가능에 가까웠습니다. 그래서인지 첫 회의를 시작하자마자 다른 사람들과의 마찰이 조금씩 생겨났고, 결국 한 달 채도 안돼 선발인원의 20%가 이탈하고 말았습니다. [1문단 – 갈등 상황]

그래서 자기주장이 다소 강한 저이지만, 조직의 갈등을 최소화하고 발전적인 방향으로 나아가기 위해 기장과 부기장의 말에 힘을 실어주는 역할을 자발적으로 맡았습니다. 사공이 많은 배가 산으로 간다는 말이 있듯이, 내 자신이 '앞장서는 리더가 되기보다는 노를 성실히 저어주는 사람이 되자.'라고 생각하며 제 역할에 대해 충분한 인식하고 실천했습니다. [2문단 – 해결하기 위한 노하우/방법]

그 이후 삐걱거렸던 홍보대사 조직이 조금씩 변화하는 모습을 볼 수 있었습니다. 상대방이 던진 말이 추구하는 목표에 부합하지 않더라도 그들이 왜 그런 이야기를 꺼냈는지에 대해 공감을 해주었더니, 차츰 마음을 열고 서로가 존중하는 조직으로 변화할 수 있었습니다. 리더의 의견에 힘을 싣고, 서로를 존중해줄 줄 아는 팔로워십은 곧 위대한 리더십이라는 것을 깨달을 수 있었습니다. [3문단 – 결과 및 배움]

경영지원, 인턴

현대글로비스

현대글로비스 자소서 항목

1. 자기소개를 상세하게 작성하여 주시기 바랍니다(성격, 생활신조, 취미, 특기, 학교생활).

2. 지금까지 자신이 한 도전 중 가장 기억에 남는 도전(성공 or 실패)은 무엇이며, 이를 통해 얻게 된 경험을 기술하시오.

3. GLOVIS에 지원하게 된 동기와 희망직무를 기술하시오(경험, 관심, 전공 등과 구체적으로 연계).

4. 이를 위해 본인이 무엇을 준비해 왔는지 그리고 앞으로 개인의 목표와 이를 실행하기 위한 계획을 구체적으로 기술하시오.

5. 본인의 활동 경험 중 GLOVIS 인재상과 부합되는 사실을 구체적으로 기술하시오.

1. 자기소개를 상세하게 작성하여 주시기 바랍니다(성격, 생활신조, 취미, 특기, 학교생활). [700자 이내]

질문 해석

괄호 안에 있는 것들을 모두 작성하기 보다는, 5가지 중 1~2가지 정도 선택하여 구체적으로 작성합니다.

700자 제한이므로 700자로 1가지, 혹은 350자씩 2가지를 선택해 작성하는 것을 권장합니다. 3가지 이상을 작성하기에는 최대 글자 수가 적어 에피소드를 풍부하게 보여줄 수 없습니다.

택시기사마저 내게 프로포즈를

저는 오다가다 만난 사람들과도 쉽게 친구가 될 수 있는 치명적 매력을 가졌습니다. 이는 타인의 이야기를 적극 경청할 줄 아는 저의 자세에서 비롯되었습니다. 작년 겨울 지하철이 끊길 때까지 공부를 하다 택시를 타야만 했습니다. 하지만 5천 원뿐이었기에 금액만큼만 택시를 타고 나머지는 걸어가야겠다 생각했습니다. 가는 도중 기사님이 자녀 이야기를 시작하셨고 흥미를 느껴 적극 공감해드렸습니다. 계기판에 5천 원이 찍혔을 때 기사분께 제 사정을 말씀드렸고, 저와 이야기를 나누는 시간이 즐거우셨던 기사님은 돈을 받지 않으시고 집 앞까지 데려다 주셨습니다. [1문단 - 성격 및 에피소드 제시]

경영지원팀의 일원이 되었을 때 장·단기적 목표를 세워야 하는 과정에서 생기는 불협화음 속에서 이런 열린 마음과 탁월한 소통 능력을 십분 발휘해 회사와 팀이 지향하는 목표에 도달하도록 보탬이 되겠습니다. [2문단 - 적용]

아쉬운 POINT

2문단

적용 부분이 아쉽습니다. 어떤 장·단기적 목표를 세운다는 것일지 의문이 남습니다. 이와 같이 작성한 이유는 직무에 대한 충분한 이해가 되어 있지 않기 때문입니다. 사전에 직무에 관한 디테일한 탐색이 이루어져야 하는 이유가 여기에 있습니다.

내 눈에는 너만 보여

"나는 어디로 가고 있는가?" 스스로에게 항상 묻습니다. 제겐 분명한 목적지가 필요합니다. 이런 성격 때문에 명확한 목표가 없다면 제 삶과 일에 금방 싫증을 느끼곤 합니다. 싫증을 느끼는 만큼 저는 새로운 목표를 항상 갈구해 "홍보대사, 봉사활동, 동아리" 등 미래를 위한 투자라는 목표 하에 쉴 새 없이 달려왔습니다. 항상 새로운 사업가치를 창출해야 하는 귀사의 업무를 함에 있어서 이런 목표지향적 역량을 적극 활용할 수 있을 것입니다.

아쉬운 POINT

마찬가지로 적용 부분이 아쉽습니다. 경영지원의 일원으로 '어떤 업무'를 할 때 새로운 사업가치를 창출해야 한다는 것인지, 또한 이런 새 가치를 창출하는 데 있어 목표지향적 역량을 어떻게 활용하겠다는 것인지를 포함시켜야 구체적인 글이 됩니다.

택시기사마저 내게 프로포즈를

저는 오다가다 만난 사람들과도 쉽게 친구가 될 수 있는 치명적 매력을 가졌습니다. 이는 타인의 이야기를 적극 경청할 줄 아는 저의 자세에서 비롯되었습니다. 작년 겨울 지하철이 끊길 때까지 공부를 하다 택시를 타야만 했습니다. 하지만 5천 원뿐이기에 금액만큼만 택시를 타고 나머지는 걸어가야겠다 생각했습니다. 가는 도중 기사님이 자녀 이야기를 시작하셨고 흥미를 느껴 적극 공감해드렸습니다. 계기판에 5천 원이 찍혔을 때 기사분께 제 사정을 말씀드렸고 저와 이야기를 나누는 시간이 즐거우셨던 기사님은 돈을 받지 않으시고 집 앞까지 데려다 주셨습니다.

경영지원의 일원이 되었을 때, 매 연말 팀의 사업계획을 수립해야 하는 과정 속에 불협화음이 생기더라도, 이와 같은 열린 마음과 탁월한 소통 능력을 십분 발휘해 팀이 지향하는 목표를 수립하는 데 보탬이 되겠습니다.

내 눈에는 너만 보여

"나는 어디로 가고 있는가?" 스스로에게 항상 묻습니다. 제겐 분명한 목적지가 필요합니다. 이런 성격 때문에 명확한 목표가 없다면 제 삶과 일에 금방 싫증을 느끼곤 합니다. 싫증을 느끼는 만큼 저는 새로운 목표를 항상 갈구해 "홍보대사, 봉사활동, 동아리" 등 미래를 위한 투자라는 목표 하에 쉴 새 없이 달려왔습니다. 자칫 머뭇거리다 놓칠 수 있는 신성장 동력 추진을 목표함에 있어, 목적지까지 도달하게 만드는 제 역량을 적극 발휘해 보고 싶습니다.

2. 지금까지 자신이 한 도전 중 가장 기억에 남는 도전(성공 or 실패)은 무엇이며, 이를 통해 얻게 된 경험을 기술하시오. [700자 이내]

- 도전은 하나의 키워드, 말하고 싶은 도전이란 무엇인지 세부 주제 설정 필요
- 주제로 설정된 도전을 가장 잘 보여줄 수 있는 에피소드
- 배움 및 적용

뚫어라, 뚫린다!

저는 기회를 스스로 만들어 성과를 낼 줄 아는 인재입니다. 전통시장이 몰락해가는 것이 이슈화가 되었고 대학생으로서 이런 현실의 안타까움과 사회에 기여하고 싶은 마음에 동료를 모아 대학생 참여형 프로젝트를 만들었습니다. [1문단 – 말하고자 하는 도전 제시 및 프로젝트 배경]

이를 진행하는데 있어 예산 제약, 장소 섭외 등의 한계점이 보여 정부기관인 ○○○○○○○에 제안했습니다. 경영기획 관계자분들과 2주 동안 아이디어 현실화 방안에 대한 구체적인 논의를 했고 최종 결재만 기다렸지만 마지막 예산에 차질이 생겨

모든 기획안이 한 순간에 종잇조각이 되어버렸습니다. [2문단 - 장애물 발생]

함께 프로젝트를 준비했던 동료들의 아쉬움과 실망스러운 눈빛을 아직도 잊을 수가 없습니다. 리더로서 그들에게 어떤 보상도 해 줄 수 없다는 점이 너무나 안타까웠습니다. 하지만 일을 책임져야 할 사람으로서 함께 낙담하기보다는 실패를 교훈 삼아 또 다른 성공으로 이끌어내야겠다고 결심하게 되었습니다. [3문단 - 말하고자 하는 바 2 및 해결 의지]

다른 기회를 살피던 중에 전통시장 활성화 아이디어 공모전이 있다는 것을 알게 되었고, 아이디어를 수정 및 보완하여 제출해 우수상이라는 값진 상을 얻을 수 있었습니다. 이 과정 속에서 발휘했던 상대방을 설득하기 위해 체계적으로 준비한 기획력, 실패에 좌절하지 않고 재도전했던 경험을 토대로 귀사의 어떤 예기치 못한 상황에서도 책임감있는 모습으로 다시 기지를 발휘하는 일원이 되겠습니다. [4문단 - 결과 및 적용]

아쉬운 POINT

1, 3 문단

'1문항 1주제' 원칙을 지키지 못했습니다. '주제 1(1문단) : 기회를 스스로 만들어 성과를 창출함', '주제 2(3문단) : 낙담보다는 실패를 다른 성공으로 만들겠다는 의지'로 이야기하고자 하는 바가 둘로 나뉘어 버립니다. 1문항 1주제 원칙에 따라 한 가지만 선택하시기 바랍니다.

4문단

적용 부분은 직무에 최적화 되게끔 작성해야 합니다. 경영지원 중에서도 기획분야에 지원한 자기소개서입니다. 따라서 4문단에서 말하고자 한 기획력과 책임감이 '기획부서'에서 어떻게 활용될 수 있을지 구체적으로 이야기해야 합니다. 물론, '1문항 1주제' 원칙을 지켜야 하기 때문에 주제와 연관되는 키워드 '기획력과 책임감' 두 가지 중 하나를 선택하여 구체적으로 작성하는 것이 좋습니다.

뚫어라, 뚫린다!

전통시장이 몰락해가는 것이 이슈화가 되었고 대학생으로서 이런 현실의 안타까움과 사회에 기여하고 싶은 마음에 동료를 모아 대학생 참여형 프로젝트를 만들었습니다. 이를 진행하는데 있어 예산 제약, 장소 섭외 등의 한계점이 보여 정부기관인 ○○○○○○○에 제안했습니다. 사업육성 관계자분들과 2주 동안 아이디어 현실화 방안에 대한 구체적인 논의를 했고 최종 결재만 기다렸지만 마지막 예산에 차질이 생겨 모든 기획안이 한 순간에 종이조각이 되어버렸습니다.

함께 프로젝트를 준비했던 동료들의 아쉬움과 실망스러운 눈빛을 아직도 잊을 수가 없습니다. 리더로서 그들에게 어떤 보상도 해줄 수 없다는 점이 너무나 안타까웠습니다. 하지만 일을 책임져야 할 사람으로서 함께 낙담하기 보다는 실패를 교훈 삼아 또 다른 성공으로 이끌어내야겠다고 결심하게 되었습니다.

다른 기회를 살피던 중에 전통시장 활성화 아이디어 공모전이 있다는 것을 알게 되었고, 아이디어를 수정 및 보완하여 제출해 우수상이라는 값진 상을 얻을 수 있었습니다.

목표라는 것은 기업 상황에 맞게끔 언제든 변동될 수 있습니다. 중간 변동으로 인해 현업 부서에 목표 수립을 재요청하는 과정에서 불거지는 갈등은 피할 수 없을 것입니다. 업무 과중으로 인해 현업 일원들과 함께 낙담하기보다는, 변화가 회사에 더 좋은 결과로 만들어 질 것이라는 진취적인 자세로 업무에 임하도록 하겠습니다.

3. GLOVIS에 지원하게 된 동기와 희망직무를 기술하시오(경험, 관심, 전공 등과 구체적으로 연계). [700자 이내]

질문 해석

전형적인 지원동기 문항입니다.

- 종합물류산업을 선택한 이유
- 현대글로비스를 선택한 이유
- 지원 직무(경영지원)를 선택한 이유
- 본인의 경험과 생각을 바탕으로 → 스토리텔링화

※ 글로비스는 크게 물류/해운/유통 사업을 영위합니다. '산업을 선택한 이유'에서 세 가지를 모두 일컫는 종합물류를 선택한 이유를 제시해도 좋고, 이 중 하나를 선택해 지원한 이유를 이야기해도 좋습니다.

　예 해운산업에 뛰어들고 싶은 이유 / 유통산업에 뛰어들고 싶은 이유

쇼핑몰 사업에서 물류의 성장성을 엿보다

'맘쉬공'이라는 유아 물품 수입 사업을 하는 지인의 부탁으로 사업 투자 기획안을 써준 경험이 있습니다. 월 매출 몇 천만 원 정도 되는 이 쇼핑몰은 다른 사업체들과 비교하여 가격경쟁력이 큰데, 조사하는 과정에서 물류라는 중간 비용의 역할이 컸음을 알 수 있었습니다. 유아용 비스킷, 기저귀 등을 수입하는 이 업체는 동종 경쟁 업체와는 달리 대형 물류 사업체와 협약을 맺고 있었고 이로 인해 대량 주문이 가능, 저렴한 비용으로 물건을 들여올 수 있어 꾸준한 수익을 낼 수 있었습니다. 이 과정을 지켜보면서 물류 사업의 비전을 볼 수 있었습니다. [1문단 - 해당 에피소드를 통해 물류의 중요성을 깨달음]

앞으로도 온라인, 오프라인을 기반으로 한 수입, 수출 사업은 지속적으로 성장할 것이라고 생각합니다. 그 가운데 물류 사업은 '태풍의 눈'이 될 것이라 의심치 않습니다. 그 중에서도 현대자동차 관련 상품을 담당하고 있는 글로비스의 발전이 기대되고 입사 후 경영기획의 '목표 수립 전문가'로 성장 및 역량을 발휘하여 그 과정을 함께 지켜보고 싶습니다. [2문단 - 물류 산업의 성장 가능성 및 지원 직무 제시]

현재 잇따라 다른 나라에서 발생하고 있는 저금리 상황으로 인한 해외수출에 비상이 걸렸습니다. 이런 대외적인 리스크를 대비할 수 있는 전사적인 전략을 수립할 수 있도록 입사 후 노력하여 귀사가 어떤 상황에서도 흔들리지 않고 목표를 향해 달려갈 수 있는 최고의 기업이 되도록 보탬이 되고 싶습니다. [3문단 - 대외적 상황 속에서 직무 포부 제시]

1문단 : 단순 회사소개가 아닌, 나만의 에피소드 속에서 '산업적 인사이트'가 담긴 지원동기

BEST 지원동기는 지원하고자 하는 산업과 관련된 경험을 통해 해당 산업의 필요성과 중요성을 깨닫게 되었다는 내용을 쓰는 것입니다. 차선책으로는 해당 산업과 직접적으로 관련 있는 경험은 아니지만, 타 분야에서 간접적으로 지원하고자 하는 산업의 중요성, 필요성을 깨달았다는 통찰이 담긴 글입니다.

위의 지원동기에서는 실질적으로 물류 산업과 관련된 직접적인 경험을 보여주고 있진 않습니다. 쇼핑몰을 운영하는 사업자분을 위해 투자 기획서를 써준 경험일 뿐입니다. 그러나 나만의 에피소드를 통해 물류의 중요성에 대해 언급했기 때문에 충분히 우수한 지원동기가 되었습니다. 이처럼 단순히 회사 소개가 아닌, 에피소드 속에서 산업적 통찰을 드러내며 글을 작성한다면 합격 가능성은 한층 더 높아집니다.

4. 이를 위해 본인이 무엇을 준비해 왔는지, 그리고 앞으로 개인의 목표와 이를 실행하기 위한 계획을 구체적으로 기술하시오. [700자 이내]

질문 해석

입사를 위해 산업과 기업(=현대글로비스) 측면에서 무엇을 준비했는지 서술해야 합니다.
- '물류/해운/유통' 혹은 '글로비스'와 관련된 직접적인 에피소드
- 관련 경험이 없다면 '지원 직무'를 잘 수행할 수 있음을 보여줄 수 있는 에피소드
- 입사 후 포부

글로비스의 스마트 나침반

진정한 기획가란 지금 당장 눈에 보이는 것에 대해 초점을 맞추는 것이 아니라 장기적인 안목을 갖고 세상을 바라보는 시각을 지닌 사람이라고 생각합니다. 또한 나침반처럼 복잡하게만 보이는 것으로부터 일정한 경향을 발견해 방향을 잡고 목표를 향해 달려갈 줄 알아야 합니다. [1문단 - 기획가에 대한 정의]

저는 대학생 연합 맛집 동아리 'X'를 창단 및 1대 회장으로서 이 조직을 이끌어 오면서 이러한 역량을 십분 발휘했습니다. 음식과 관련된 모임이 어른들의 향유물이었던 몇 년 전, 대학생을 위한 저렴한 맛집을 찾으려는 저의 시도로부터 맛집탐방 문화가 생겼다고 자부합니다. 최고의 동아리로 만들자는 목표 아래 3년이라는 시간에 걸쳐 모 기업으로부터 "2012년 최고의 동아리 선정"이라는 영예를 얻은 조직으로 성장할 수 있었고, 이 과정에서 장기적 안목을 갖고 단계적 절차를 밟아 원하는 결과를 달성하는 경험을 할 수 있었습니다. 이런 경험을 발판 삼아 경영기획팀의 일원이 되어 물류 업계 최고를 목표로 하는 글로비스의 조직이념에 보탬이 되겠습니다. [2문단 - 지원 직무(경영기획)을 잘 수행할 수 있는 이유(장기적 안목) 제시]

또한, 이를 실현하기 위해 5년, 10년 후 목표를 세웠습니다. 5년 후, 물류 시장 전반을 아우르는 데이터베이스가 되어 전문가가 되기 위한 기틀을 마련하겠습니다. 10년 후, 책상물림하며 망상만 하는 이가 아니라 수집한 데이터와 현장 경험을 토대로 전사적인 목표 수립에 기여하겠습니다. [3문단 - 입사 후 포부]

5. 본인의 활동 경험 중 GLOVIS 인재상과 부합되는 사실을 구체적으로 기술하시오. [700자 이내]

질문 해석

자기소개서를 작성할 때, 인재상에 집착할 필요가 없다고 앞서 이야기한 바 있습니다. 그러나 책에서 안내한 내용보다 문항에서 요구하는 것이 항상 우선시되어야 합니다. 질문에서 인재상에 부합되는 사실을 기술하라고 한 만큼, 홈페이지에서 글로비스의 인재상이 무엇인지 찾아보셔야 합니다.

• 인재상 중 1~2가지 선택

• 인재상 세부 주제에 부합하는 본인의 에피소드 기재

※ 인재상 또한 하나의 키워드이기 때문에, 키워드에 따른 세부적인 주제를 설정할 것

사소한 차이가 기회를 부른다

작년 유럽 여행을 준비하면서 외국인 친구를 만들자는 결심을 했습니다. 피렌체 호스텔에서 미국인 여성이 제게 "한국인이세요?" 라며 말을 걸었습니다. 하지만 결심과는 달리 외국인에게 두려움을 느껴 피하고 있는 저를 발견했습니다. [1문단 – 문제 상황 발생]

제 자신이 한심스러워 입국 후 영어 실력을 키워야겠다며 절치부심했습니다. 어떻게 하면 영어 실력 향상은 물론, 울렁증을 극복 할 수 있을까를 고민하던 중 우리나라에도 외국인 여행객들이 찾는 호스텔이 있을 것임에 착안해 종로에 소재한 호스텔 측에 연락했습니다. [2문단 – 문제 해결 방법 착안]

"언어교환, 문화교류라는 프로그램을 만듦으로써 외국인 여행객들을 이끌 수 있는 하나의 전략이 될 수 있고, 제겐 영어를 배울 수 있는 기회가 되는 윈윈전략"이라고 제안했습니다. 마침 외국인 관광객을 더 유치하기 위한 방안에 대해 고민 중이셨던 사장님은 수익을 더 이끌어낼 수 있다는 생각에 흔쾌히 수락하셨습니다. 그 이후 외국인들과 자연스럽게 어울리며 울렁증을 극복하고 영어실력을 향상시킬 수 있었습니다. 또한 이 호스텔은 언어교환이 활성화된 호스텔로 알려져 외국인들에게 큰 호응을 얻게 되었습니다. [3문단 – 제안 및 문제 해결]

이처럼 제한된 상황 속에서 효율을 극대화시킬 줄 아는 역량, 제안하는 과정 속에서의 진취성, 조그만 차이로 새로운 기회를 불러일으키는 도전적인 정신을 가진 저는 귀사가 찾고 있는 일꾼이라고 생각합니다. [4문단 – 적용]

아쉬운 POINT

4문단

기업의 인재상 항목은 여러 개일 수 있지만, 그 항목을 전부 가져와서 자신을 일일이 끼워 맞출 필요는 없습니다. 욕심을 내다 보니 너무 많은 것을 보여주려고 했고, 이로 인해 추상적인 글이 되어 버렸습니다. 여러 인재상 속에서 주제를 설정하기 위한 키워드를 한 가지만 선택해야 합니다. 1) 제한된 상황 속 효율 극대화, 2) 진취성, 3) 도전정신 3가지 중 한 가지만 선택하여 작성하시는 것이 좋겠습니다. 그럼에도 꼭 두 가지 정도는 어필해야겠다고 생각한다면 700자인 해당 문항을 둘로 나누어 350자씩 2개로 기재해 작성하는 것도 하나의 방법입니다.

사소한 차이가 기회를 부른다

작년 유럽 여행을 준비하면서 외국인 친구를 만들자는 결심을 했습니다. 피렌체 호스텔에서 미국인 여성이 제게 "한국인이세요?"라며 말을 걸었습니다. 하지만 결심과는 달리 외국인에게 두려움을 느껴 피하고 있는 저를 발견했습니다.

제 자신이 한심스러워 입국 후 영어 실력을 키워야겠다며 절치부심 했습니다. 어떻게 하면 영어 실력 향상은 물론, 울렁증을 극복할 수 있을까를 고민하던 중 우리나라에도 외국인 여행객들이 찾는 호스텔이 있을 것임을 착안해 종로에 소재한 호스텔 측에 연락했습니다.

"언어교환, 문화교류라는 프로그램을 만듦으로써 외국인 여행객들을 이끌 수 있는 하나의 전략이 될 수 있고, 제겐 영어를 배울 수 있는 기회가 되는 윈윈전략"이라고 제안했습니다. 마침 외국인 관광객을 더 유치하기 위한 방안에 대해 고민 중이셨던 사장님은 수익을 더 이끌어낼 수 있다는 생각에 흔쾌히 수락하셨습니다. 그 이후 외국인들과 자연스럽게 어울리며 울렁증을 극복 및 영어실력을 향상시킬 수 있었습니다. 또한 이 호스텔은 언어교환이 활성화된 호스텔로 알려져 외국인들에게 큰 호응을 얻게 되었습니다.

수동적인 자세만 취했더라면, 언어교환을 할 수 있었던 기회는 물론, 그로 인해 외국인을 대하는 두려움을 깰 수 있던 기회까지도 놓치고 말았을 것입니다. 하지만 진취적인 자세로 상황을 헤쳐나갔고 원하는 결과를 얻을 수 있었습니다. 기업에서 직원들에게 필요로 하는 역량은 위와 같은 진취성만은 아닐 것입니다. 그러나 부족한 부분은 바꾸고자 하는 자세만 있다면 언제든 극복 가능할 것입니다. 제가 지닌 역량을 활용해 회사가 놓칠 수 없는 인재가 되도록 하겠습니다.

10

이외 합격 대기업 중

참조할 문항

Q. 한국타이어에서 성취하고자 하는 비전과 목표에 대하여 작성해 주십시오.
[500자 이내]

질문 해석

> 질문 그대로 작성하시면 됩니다.

굴러 온 타이어가 박힌 타이어를 밀어내다

2012년 세계 타이어 기업 매출 7위, 2015년 글로벌 TOP 기업 진입을 가시화하고 있는 한국타이어는 양, 질적으로 우수한 성과를 보이며 세계를 향해 질주하고 있습니다. 저는 입사 후, 굴러온 돌이 박힌 돌을 빼내듯 한국타이어가 현 세계 최고의 타이어 업체인 브리지스톤과 미쉐린의 선두 자리를 탈환할 수 있도록 영업전략과 매출계획을 수립하는 마케팅전략 분야의 전문가가 되고 싶습니다. 이를 실현시키기 위해 저는 다음과 같은 목표를 설정했습니다. [1문단 – 한국타이어 현 상황 및 마케팅전략 담당자로서의 포부]

입사 후, 중·장기적 마케팅 전략을 체계화하시는 마케팅전략 분야 선배님들의 노하우를 제 것으로 만들겠습니다. 5년 후, 타이어 시장 전반을 아우르는 데이터베이스가 되어 전문가가 되기 위한 기틀을 마련하겠습니다. 10년 후, 책상물림하며 망상만 하는 이가 아니라, 수집한 데이터와 현장 경험을 토대로 전사적인 목표 수립에 기여해 귀사의 더 나은 미래를 만드는 데 보탬이 되겠습니다. [2문단 – 목표]

Q. 당사 주요사업(물류영업, 물류운영, 트레이딩, CKD, 중고차 등 中 1가지 선택)을 음악에 비유한다면 어떤 장르로 표현할 수 있을지 기술하십시오. [500자 이내]

질문 해석

• 주요사업에 대한 이해 필수

• 해당 사업을 음악의 특정 장르와 연계할 것

• 장르에 연계시킨 이유 제시

물류영업 TPL팀 - 랩(RAP), 내 FLOW를 느껴봐!

글로비스의 사업영역을 넓히기 위해 최전방에서 일하고 있는 TPL팀이야말로 랩 음악에 비유할 수 있을 것 같습니다. 수주계약을 위해 속사포처럼 빠르게 영업전략을 세워 도전해야 합니다. 랩은 가끔씩 템포, 음정의 높낮이도 달라진다는 특징이 있습니다. 계약처에 전화할 때는 목소리 톤이 급작스럽게 변화해야 합니다. 생전에 내가 들어보지도 못한 낮 간지러운 높은 목소리가 수화기 너머로 들립니다. 템포와 톤은 한 번 더 변화하게 됩니다. 내 적극적인 태도로 관계자와 약속이 잡히면, 프로페셔널한 마인드와 글로비스의 일원이라는 자신감으로 당당하게 그들의 주장을 내세웁니다. 성공적으로 수주 계약을 합의한 TPL 영업맨, 속으로 이렇게 외칩니다. 'I CAN CONTROL YOU.' 글로비스의 비계열 화주사를 대상으로 수출입 물류 영업 및 관리를 하는 물류영업 - TPL팀, 랩과 비유할 수 있겠습니다.

직무에 대한 이해와 동시대의 트렌드를 고려해 작성할 것

TPL팀은 Third party logistics의 약자로, 현대자동차그룹 이외 기업의 수출입 물류를 영업하는 팀입니다. 즉, 아무런 기반 없이 맨땅에 헤딩해야 하는 부서입니다. 이런 특성을 갖고 있기에 다른 어떤 부서보다도 한 템포 빠른 영업 전략이 필요하다고 판단했고, 속사포와 같은 랩과 유사하다고 판단했습니다.

또한 직무를 분석하다 보니 수주계약을 담당해야 하는 부서였고, 거래상대방을 설득했을 때 느낄 수 있는 짜릿한 감정을 'I CAN CONTROL YOU.'라는 문장으로 표현했습니다. 이는 해당 기업에 지원할 당시, 실시간 검색어 1위까지 올라갈 정도로 뜨거웠던 문장입니다. 모 랩퍼들끼리 온라인에서 논쟁을 펼쳤는데, 상대방을 디스(?)하는 랩 가사 중 일부였습니다.

TPL이란 부서를 랩으로 표현했고, 당시 가장 핫했던 랩 제목을 문장에 기재함으로써 신선한 평가를 받았으리라 생각됩니다.

기타 기업 합격 자기소개서 원본 목록

두산중공업(전략), 한국타이어(마케팅전략), 현대제철(경영기획), 현대글로비스(경영지원), 현대상선(경영기획), 효성건설(영업), 이랜드(상품기획/인턴), 이랜드리테일(하이퍼매니저), KT(경영관리/인턴), LG디스플레이(마케팅), LG서브원(영업 MD), S-OIL(사무직)

※ 나머지 문항의 원본은 히든자소서 네이버 카페(http://cafe.naver.com/hiddenresume)에서 다운로드 받으실 수 있습니다. 간단하게 카페 가입만 하시면 다운로드 가능합니다.

PART

4

히든자소서

금융권&언론사
합격 사례 및
수정/보완

예능 PD

SBS

SBS 자소서 항목

1. 입사지원 동기

2. 자신에게 주어졌던 일 중 가장 도전적이고, 어렵다고 느껴졌던 경험에 대해 기술하여 주십시오(일의 배경, 그때 느꼈던 감정, 어려웠던 점, 그것을 극복하기 위해 했던 행동, 일의 결과 등을 포함하여 구체적으로 작성해 주시고 제목을 붙여주시기 바랍니다).

3. 기존에 해오던 방식과는 다른 아이디어나 방식을 생각/제안하거나 직접 시도해 본 경험에 대해 기술하여 주십시오(그것을 제안하거나 시도한 계기, 그때 느꼈던 감정이나 행동, 그 일의 결과 등을 포함하여 구체적으로 작성해 주시고 제목을 붙여주시기 바랍니다).

4. 다른 사람과 함께 공동목표 달성을 위해 노력했던 경험에 대해 기술하여 주십시오(일의 배경과 목표, 본인의 역할과 진행과정, 그때 느꼈던 감정, 어려웠던 점, 일의 결과 등을 포함하여 구체적으로 작성해 주시고 제목을 붙여주시기 바랍니다).

5. 자신의 소신, 원칙이나 기준을 지키려 하지만 상황적으로 지키기 어려울 때가 있습니다. 이런 갈등을 겪었던 경험에 대해 구체적으로 기술하여 주십시오(그때 상황, 느꼈던 생각과 감정, 일의 결과 등을 포함하여 구체적으로 작성해 주시고 제목을 붙여주시기 바랍니다).

1. 입사지원 동기 [1,000자 이내]

질문 해석

- PD의 길을 선택한 이유(직무)
- 많은 방송사 중에 이 방송사를 선택한 이유(기업)

PD 직종은 특수성으로 인해 크게는 방송업 안에 포함되지만, 또 하나의 산업(방송 프로그램 제작업)이라고 생각하는 것이 좋습니다. 따라서 직무 지원동기가 곧 산업 지원동기가 될 수 있습니다. 즉, 질문 자체에 왜 방송업에 지원했는지 묻지 않는다면 왜 PD라는 직종을 선택하게 되었는지에 초점을 두고 작성하면 충분한 대답이 됩니다.

이소 속에 비친 그대

저는 예능 PD가 갖춰야 할 가장 중요한 덕목이 "타인의 즐거움을 나의 행복으로 여기는 것"이라고 생각합니다. 경제학과에 진학하면서 당연히 금융 분야에 직업을 갖게 될 것이라 생각한 제게 이런 생각을 바꾸게 만든 결정적 계기가 있습니다. 09년 9월 대학생 연합 맛집 동아리 'X'를 창단한 것입니다. 현재 회원 수 4,000명, 2012년 최고의 동아리상을 수상하고 SBS, KBS 등 각종 언론매체에 섭외되어 출연한 이 동아리는 제 모든 것을 쏟아 부은 하나의 창조적 결과물입니다. [1문단 – 예능 PD에 대한 나만의 관점 및 성취]

이 동아리를 창단하기 전까진 맛집 탐방이라는 것은 여유 있는 어른들의 향유물에 불과했습니다. 하지만 저렴한 가격의 맛집을 찾으려는 저희의 시도로부터 대학생 맛집 문화가 생겼다고 자부합니다. 또한 기존 동아리들이 동아리원들끼리만 즐기는 그들만의 리그였다면, 저희 동아리는 모임에 참여하고 싶은 대학생이라면 누구든지 참여해 '맛'이라는 매개체를 통해 서로가 공감할 수 있는 단체로 차별화했습니다. 이 단체를 4년여간 끌고 오면서 내가 떠올린 아이디어가 누군가의 얼굴에 웃음꽃을 피게 만들 수 있다는 것을 느꼈습니다. 저는 제가 주최한 이 모임에 참석한 사람들의 웃고 즐기는 모습을 보면서, 내가 떠올린 아이디어로 사람들을 즐겁게 만드는 직업을 갖고 싶다고 다짐하게 되었고 PD의 꿈을 갖기 시작했습니다. [2문단 – PD 지원동기]

교양과 예능의 벽을 허무는 '힐링캠프', '땡큐'와 같은 예능 프로그램을 보면서 제가 추구하는 기획 방향이 SBS와 부합한다 생각했고 지원을 결심했습니다. 동아리 창단 후, 다양한 인적 교류는 제게 있어 책 몇 십 권을 읽은 것보다 더 값진 선물이었습니다.

타인과의 대화를 통해 나와 다른 삶을 살아가는 이들에게 배울 점이 많다는 것을 알게 되었고, 이런 배울 점을 주제로 한 방송을 만들어 시청자들에게 즐거움을 느끼게 해주고 싶습니다. 단순히 즐기는 것이 아닌 공감과 배움과 함께하는 프로그램으로 시청자들의 웃음을 자아낼 수 있는 SBS PD가 되어 꿈을 펼쳐보고 싶습니다. [3문단 – SBS 지원동기]

HIDDEN POINT

2문단 : 직무에 대한 나만의 정의

'예능 PD라면 어떤 자세를 지녀야 할까'라는 질문에서 출발한 직무 정의입니다. 이 직업을 사명감 갖고 일하려면 '누군가의 즐거움을 나의 행복으로 여겨야 한다.'고 생각했고 이와 같이 정의 내렸습니다. 홈페이지에 나와 있는 예능 PD 직무소개를 그대로 옮겨 적는 대신, 나의 고민이 담긴 직무 정의를 내렸기에 좋은 점수를 받을 수 있었다고 생각합니다.

위와 같이 나만의 정의를 내리면 좋은 점이 하나 더 있습니다. 바로 내가 원하는 방향에 맞춰 글을 작성할 수 있다는 것입니다. "예능 PD란 '누군가의 즐거움 → 나의 행복'"이라는 정의를 내렸기 때문에, 뒷받침할 에피소드도 '누군가에게 즐거움을 줬던 것이 나의 행복이 됐던 에피소드'를 활용할 수 있는 것입니다. 만약 "예능 PD란 '웃음 포인트를 정확하게 아는 사람'"이라고 정의 내렸다면, 이를 뒷받침할 에피소드는 '사람들이 어느 타이밍에 웃음을 터뜨리는지 알 수 있었던 에피소드'와 같은 것들이 담겼을 것입니다.

직무에 대한 정의가 누구나 공감할 수 있는 범위 내에서 이루어진다면, 언제든 내가 원하는 방향대로의 글을 작성할 수 있습니다.

3문단 : 개인화된 지원동기

BEST 지원동기는 단연코 관련 경험입니다. 즉, 관련 산업 및 기업에서 업무를 해 보면서, 그 산업이나 기업의 필요성, 중요성 등을 알게 된 스토리를 전달하는 글입니다. 위 사례는 제작업과 관련된 직접적인 경험이 아니기에 BEST는 아닙니다. 그러나 특정 경험을 통해 예능 PD라는 꿈을 갖게 된 과정과 어떤 PD가 되고 싶은지를 구체적으로 작성했기 때문에 높은 점수를 받을 수 있었습니다.

또한 어떤 PD가 되고 싶은지를 SBS 프로그램 '땡큐', '힐링캠프'의 기획의도와 연결하면서 다른 방송국도 많은데 왜 하필 SBS를 선택했는지에 대한 충분한 답변이 되었습니다.

수천 장의 자기소개서를 첨삭하면서 천편일률적인 지원동기들을 볼 때마다 가슴이 아프곤 합니다.

누구나 다 알 수 있는 연혁/실적/사업현황 같은 것들만, 즉 회사만 실컷 홍보하다 끝나는 글을 볼 때마다 안타깝기 그지 없습니다. 사업현황을 언급하더라도 그것이 나와 어떻게 연관성을 지니고 있는지 끊임없이 고민하는 글이 우수한 글이고, 다른 사람들과 차별화되는 나만의 지원동기가 되는 것입니다.

2. 자신에게 주어졌던 일 중 가장 도전적이고, 어렵다고 느껴졌던 경험에 대해 기술하여 주십시오(일의 배경, 그때 느꼈던 감정, 어려웠던 점, 그것을 극복하기 위해 했던 행동, 일의 결과 등을 포함하여 구체적으로 작성해 주시고 제목을 붙여주시기 바랍니다). [1,000자 이내]

질문 해석

- 해결이 어려웠던 상황 제시
- 도전은 키워드, 어떤 도전을 이야기하고 싶은지 '세부 주제 설정'
- 어려움을 해결하고자 취했던 행동 및 배움
- 결과 및 적용

※ 괄호 안 요구사항을 모두 포함하여 작성할 것

오늘의 인터뷰, 프로그램 : 맛집 동아리 'X'

오늘 맛집 동아리 'X' 프로그램을 제작하고 3년 동안 이끌어온 이중원 씨를 만나보겠습니다. 'X'는 현재 6기까지 진행, 회원 수 4천 명 등 명실공히 '맛' 분야 1위를 지키고 있는 프로그램인데요. 여러분들이 가장 궁금해 하는 질문 3개를 가지고 왔습니다.

[1문단 - 차별화된 구성 강조]

Q. 이 프로그램을 제작하게 된 동기는 무엇인가요?

A. 말년 병장 때, 하염없이 시간을 때우기보다는 사회에 나갔을 때 다양한 사람들과 다양한 경험을 즐기기 위해 이 프로그램을 기획하고 구성했습니다. 보조를 서면서도 머릿속에는 어떻게 콘텐츠를 만들어나가고 사람을 끌어 모으고 조직을 구성할까에 대한 생각 뿐이었습니다. [2문단 - 도전적 에피소드에 대한 배경]

Q. 3년 동안 이끌어오면서 가장 힘들었던 일은 무엇이었나요?

A. 아무래도 조직이라는 것은 사람들에 의해 구성되는 것이기에, 사람들을 관리하고 조율하는 과정이 힘들었습니다. 특히 프로그램 초창기, 조직 내에서 연애가 팽배했고 얼마 지나지 않고 다들 사이가 틀어져 일부 인원이 나오지 않는 상황이 발생했습니다. 'X' 3개월설(3개월 안에 망한다는 소문)이 이곳저곳에서 돌았습니다. 상황이 급속도로 악화돼 포기할까도 생각했지만 리더로서 이를 두고만 볼 수 없었고, 책임감을 발휘해 한 사람 한 사람 찾아다니며 이들에게 프로그램에 대한 확신과 다시금 'X'를 찾아올 수 있게 설득했습니다. [3문단 – 어려웠던 점과 이를 극복하기 위한 나의 행동]

Q. 타 프로그램(동아리)와의 차별점이라면 무엇이 있을까요?

A. 다양한 콘텐츠를 창출해 내기 위해 끊임없이 도전하고 노력했습니다. 맛집 동아리니까 '맛집'만 찾아다닐 것이라는 통념을 깨고, 음식과 관련된 문화를 기획하는 일을 만들어 나갔습니다. 특히 소셜커머스 업체와 대학교 주변 맛집을 알리는 공동 프로젝트, 전통 과자와 옛 먹거리에 대해 알리기 위한 축제 기획, '혀'로만 맛을 느끼는 것이 아니라 '머리'로도 맛을 느끼게 하자는 취지로 창업에 성공한 요식업계 CEO분을 초청하여 '맛있는 강연회'를 주최하는 등 다양한 시도를 해왔습니다. [4문단 – 차별화 역량 및 결과]

HIDDEN POINT

구성에 얽매이지 마라.

필자는 많은 취준생들이 말하는 'STAR 기법'이 무엇인지 지금도 잘 모릅니다. 일정한 논리 구조만 갖추면 될 뿐, 글을 작성하는 데 정답이 되는 기법은 없다고 생각하기 때문에 누군가 말해줘도 딱히 귀담아 듣지 않았습니다.

위 합격 사례에서 볼 수 있듯이 구성 자체는 의미가 없습니다. 어떻게 보면 파격적인 구성입니다. 제 자신을 인터뷰 했으니까요. Q&A로 진행된 이 문항은 질문해석에서 제시한 대로 작성하지 않았지만, 그럼에도 불구하고 설득력은 갖추고 있습니다.

필자와 같은 시기에 기아자동차에 서류합격을 했던 친구는 하루를 시작해서 끝날 때까지, 시간대별로 본인의 생활패턴을 나열한 후 본인이 어떤 사람인지를 마지막에 어필했습니다. 우리가 흔히 쓰는 도전, 창의와 같은 역량들을 스토리텔링화 한 글이 아니라 하루 일과로 글을 구성한 것입니다(예를 들면 □:00 하루를 OOO 시작합니다.'와 같은 구성). 그럼에도 불구하고 그 친구의 자기소개서를 읽었을 때, 마지막으로 어필하고자 한 메시지는 그 무엇보다 강렬하게 다가왔습니다. 형식은 벗어났지만, 설득력은 철저히 갖춘 글이었던 것입니다.

자기소개서란 누군가를 설득하기 위한 글이지 글쓰기 기법을 자랑하기 위한 글이 아닙니다. 이 본질을 깨닫고 기억한다면, 글을 작성할 때 특정 기법에 얽매일 필요가 없습니다.

3. 기존에 해오던 방식과는 다른 아이디어나 방식을 생각/제안하거나 직접 시도해 본 경험에 대해 기술하여 주십시오(그것을 제안하거나 시도한 계기, 그때 느꼈던 감정이나 행동, 그 일의 결과 등을 포함하여 구체적으로 작성해 주시고 제목을 붙여주시기 바랍니다). [1,000자 이내]

질문 해석

- 주어졌던 일/과제 수행에 있어 애로사항
- 이를 해결하기 위한 본인만의 창의적 방법 : 창의는 키워드, 본인이 어필하고자 하는 창의란 무엇인지 세부 주제 설정
  - 예 '세상에 없던 것을 새롭게 제시하는 것'도 기존 방식과 다른 아이디어 방식일 수 있고, '기존의 것을 융합해 새롭게 제시하는 것'도 기존 방식과 다른 아이디어 방식일 수 있음
    - → 단, 해당 문항에서는 창의라는 키워드에 대해 '고정관념을 깬'이라고 정의를 내렸기 때문에 이에 맞춘 세부 주제를 설정해야 함
- 세부 주제와 부합하는 본인의 해결 에피소드
- 배움 및 적용
※ 질문 중 괄호 안의 내용을 가이드라인으로 삼아 작성해야 함

사소한 차이가 기회를 부른다 - 외국인 여행객 호스텔

작년 5월에 유럽 여행을 준비하면서 외국인 친구도 만들어보자는 결심을 했습니다. 피렌체 호스텔에서 금발의 미국인 여성이 제게 "한국인이세요?"라며 말을 걸었습니다. 하지만 결심과는 달리 외국인에게 두려움을 느껴 피하고 있는 저를 발견했습니다. 제 자신이 한심스러웠습니다. 입국 후 영어 실력을 키워 다음에는 꼭 친구를 만들겠다며 절치부심했습니다. 결심을 실행으로 옮기기 위해 국내라는 주어진 상황

하에서 어떻게 하면 영어 실력은 물론, 외국인 울렁증을 극복할 수 있을까를 고민했습니다. 그때 우리나라에도 외국인 여행객들이 찾는 호스텔이 있을 것이라는 생각이 떠올랐습니다. 이후 종로에 호스텔이 있다는 것을 알게 되었습니다만 엄연한 사업장이었고, 돈을 지불하지 않고 이곳에서 지낸다는 것은 어려울 것 같았습니다. [1문단 - 시도 계기 및 아이디어 착안]

이를 성사시키기 위한 방안에 대해 고민하던 중 사장님께 "언어교환, 문화교류라는 프로그램을 만듦으로써 외국인 여행객들을 이끌 수 있는 하나의 전략이 될 수 있고, 저에겐 영어를 배울 수 있는 기회가 되는 원원전략"이라고 제안했습니다. 사장님께서도 마침 외국인 관광객을 지금보다 더 유치하기 위한 방안에 대해 고민 중이셨고 제 제안이 수익을 더 이끌어낼 것 같다는 생각에 흔쾌히 수락하셨습니다. [2문단 - 아이디어 제안 및 결과]

그 후 두 번의 실패를 경험하지 않기 위해 외국인 친구들에게 다가가려 적극적으로 노력했습니다. 그 결과 덴마크, 캐나다, 미국 여행객들에게 광장시장 안내도 하며 자연스럽게 울렁증을 극복했고 유창하지는 않지만 일상 대화를 주고받을 수 있는 실력이 되어 자신감을 얻게 되었습니다. 또한 이 호스텔은 언어교환이 활성화된 호스텔로 알려져 외국인들에게 큰 호응을 얻게 되었습니다. [3문단 - 행동 및 결과]

이를 통해 제한된 상황 속에서 효율을 극대화할 수 있는 방안을 경험했고, 제안하는 과정 속에서 조그만 생각의 차이가 새로운 기회를 가져올 수 있다는 것을 다시금 알게 되었습니다. [4문단 - 말하고자 하는 '창의' 및 배움]

HIDDEN POINT

조건이 달린 문항은 문항에서 요구하는 사항을 필수적으로 담을 것

최근 자기소개서 문항의 트렌드는 질문사항을 구체화하는 것입니다. 3번 문항의 질문은 창의적 생각/제안에 대한 경험을 기술하라는 것이지만, 글에 담아야 할 구체적인 부분은 괄호 안에 상세히 제시되어 있습니다.

위와 같이 구체적인 답변을 요구하는 것들은 해당 질문에 대한 답변을 충분히 했는지가 평가요소가 될 수 있습니다. 따라서 물어보는 바에 대한 답을 성실히 하면서도, 스토리라인을 탄탄히 만들어야 합니다.

이런 류의 질문을 선호하는 대표적인 그룹사가 'SK'입니다. 필자가 취준생이던 당시 SK그룹에 인턴도 공채도 합격하지 못했습니다. 그랬던 주된 이유가 물론 스펙일 수도 있겠지만, 지금 와서 돌이켜

보니 질문에 대한 답변을 성실히 하지 않았기 때문이라고 판단됩니다. 이를 인지한 이후 자기소개서 첨삭 및 컨설팅 진행 시, 수강생들에게 다른 어떤 것보다도 문항 세부항목에 대한 답변을 꼼꼼히 하라고 지도하고 있습니다. 이렇게 제출한 자기소개서들이 높은 합격률을 보여줌으로써 그 효과를 증명하고 있습니다.

4. 다른 사람과 함께 공동목표 달성을 위해 노력했던 경험에 대해 기술하여 주십시오 (일의 배경과 목표, 본인의 역할과 진행과정, 그때 느꼈던 감정, 어려웠던 점, 일의 결과 등을 포함하여 구체적으로 작성해 주시고 제목을 붙여주시기 바랍니다). [1,000자 이내]

질문 해석

- 공동 목표
- 목표 달성을 위한 본인의 역할과 노력한 점
- 어려웠던 점 및 느낀 감정
- 이를 극복하기 위해 노력한 점과 결과
- 배움 및 적용

※ 질문 중 괄호 안의 내용을 가이드라인으로 삼아 작성해야 함

뚫어라! 뚫린다, 전통시장 프로젝트

지난 설, 전통시장을 찾는 손님들이 갈수록 줄어듦은 물론 상권이 약화돼 시장이 존폐 위기까지 몰리고 있다는 기사를 읽었습니다. 유년 시절 어머니와 탕수육을 사먹었던 시장 구석의 그 추억의 장소가 사라질지도 모른다는 안타까움과 함께, 대학생으로서 사회 이슈에 대해 관심을 가져야한다고 생각했습니다. 생각을 실천으로 옮겨야겠다는 결심을 하고 전통시장을 살리기 위한 프로젝트를 만들었습니다. [1문단 - 추진 배경과 공동 목표 제시]

동료를 모은 후, 석 달 동안의 회의 끝에 '전통(시)장과 대학생이 (동)행하는 프로젝트=시동 프로젝트'라는 런닝맨 형식의 대학생 150명이 참여하는 프로젝트를 기획하

였습니다. 이를 진행하는 데 있어 예산 제약, 장소 섭외 등의 한계점이 보여 정부 단체를 섭외해서 행사를 주최해야겠다고 판단해 ○○○○○○에 제안했습니다. 경영기획 관계자분들과 2주 동안 아이디어 현실화 방안에 대한 구체적인 논의를 했고 최종 결재만 기다렸습니다. 하지만 마지막 예산에 차질이 생겨 모든 기획안이 한 순간에 종잇조각이 되어버렸습니다. [2문단 - 본인의 역할과 진행과정 및 장애물]

함께 프로젝트를 준비했던 동료들의 아쉬움과 실망스러운 눈빛을 아직도 잊을 수가 없습니다. 무에서 유를 창조해야 했던 과정이기에 리더로서 그들에게 어떤 보상도 해줄 수 없는 현실이 너무나 안타까웠습니다. 하지만 일을 책임져야 할 사람으로서 함께 낙담하기보다는 실패를 교훈 삼아 또 다른 성공으로 이끌어 내야겠다고 결심하게 되었습니다. [3문단 - 느꼈던 감정 및 어려웠던 점]

다른 기회를 살피던 중에 전통시장 활성화 아이디어 공모전이 있다는 것을 알게 되었습니다. 아이디어를 수정 및 보완하여 제출해 우수상이라는 값진 상을 얻을 수 있었고 동료들에게 환희도 안겨다 줄 수 있었습니다. [4문단 - 본인의 역할과 진행과정 2 및 일의 결과]

이 과정 속에서 발휘했던 '사회 이슈를 행사로 만들고자 한 추진력', '상대방을 설득하기 위해 체계적으로 준비한 기획력', '리더로서 실패에 좌절하지 않고 재도전했던 점'을 토대로 어떤 예기치 못한 상황에서도 책임감 있게 다시 기지를 발휘할 수 있는 예능 제작 PD가 되고 싶습니다. [5문단 - 말하고자 하는 바 및 적용]

아쉬운 POINT

5문단

질문이 요구하는 사항(괄호 안 조건)에 대해 꼼꼼히 적은 부분은 우수하지만, 마지막 적용 부분이 아쉽습니다. 해당 적용을 살펴보면 '추진력', '기획력', '책임감'이라는 3가지 포인트에 대해 언급했고, 이 3가지를 겸비한 PD가 되겠다고 이야기하고 있습니다.

우선, 욕심을 너무 부렸습니다. 말하고자 하는 키워드 하나만으로도 충분히 어필 가능합니다. 추진력을 보여주고 싶다면 '기획력, 책임감'은 다른 문항에서 충분히 어필할 수 있습니다. 한꺼번에 여러 가지를 어필하려고 욕심을 내면 글에서 어떤 이야기를 하고 싶은지 파악하기 어렵습니다.

또한, 해당 역량 3가지 키워드를 단순하게 언급했을 뿐, 해당 역량들을 예능 PD로서 어떻게 활용할 것인지 등을 설득력 있게 기재하지 않았습니다. 추진력을 메인 키워드로 설정한다면, 추진력이 예능 PD의 업무에서 어떻게 활용될 수 있을지를 이야기해야 설득력 높은 글이 됩니다.

뚫어라! 뚫린다, 전통시장 프로젝트

지난 설, 전통시장을 찾는 손님들이 갈수록 줄어듦은 물론 상권이 약화돼 시장이 존 폐 위기까지 몰리고 있다는 기사를 읽었습니다. 유년 시절 어머니와 탕수육을 사먹었 던 시장 구석의 그 추억의 장소가 사라질지도 모른다는 안타까움과 함께, 대학생으로 서 사회 이슈에 대해 관심을 가져야한다고 생각했습니다. 생각을 실천으로 옮겨야겠 다는 결심을 하고 전통시장을 살리기 위한 프로젝트를 만들었습니다.

동료를 모은 후, 석 달 동안의 회의 끝에 [전통(시)장과 대학생이 (동)행하는 프로젝 트=시동 프로젝트]라는 런닝맨 형식의 대학생 150명이 참여하는 프로젝트를 기획하 였습니다. 이를 진행하는데 있어 예산 제약, 장소 섭외 등의 한계점이 보여 정부 단 체를 섭외해서 행사를 주최해야겠다고 판단해 OOOOOOO에 제안했습니다. 경영기 획 관계자 분들과 2주 동안 아이디어 현실화 방안에 대한 구체적인 논의를 했고 최종 결재만 기다렸습니다. 하지만 마지막 예산에 차질이 생겨 모든 기획안이 한 순간에 종잇조각이 되어버렸습니다.

함께 프로젝트를 준비했던 동료들의 아쉬움과 실망스러운 눈빛을 아직도 잊을 수가 없습니다. 무에서 유를 창조해야 했던 과정이기에 리더로서 그들에게 어떤 보상도 해 줄 수 없다는 현실이 너무나 안타까웠습니다. 하지만 일을 책임져야 할 사람으로서 함께 낙담하기보다는 실패를 교훈 삼아 또 다른 성공으로 이끌어 내야겠다고 결심하 게 되었습니다.

다른 기회를 살피던 중에 전통시장 활성화 아이디어 공모전이 있다는 것을 알게 되었 습니다. 아이디어를 수정 및 보완하여 제출해 우수상이라는 값진 상을 얻을 수 있었 고 동료들에게 환희도 안겨다 줄 수 있었습니다.

방송 촬영이라는 것은 언제든 불확실성이 내포한다고 생각합니다. 계절적 요인, 출 연진 펑크 등 예기치 못한 상황에 봉착할 때가 많을 것으로 예상됩니다. 이럴 때마다 '프로그램'이라는 배의 선장인 프로듀서는 어쩔 줄 몰라 하는 길 잃은 꼬마가 아니라, 어려운 상황 속에서 방향을 돌리게끔 지시하는 배의 캡틴이 되어야 합니다. 전통시장 관련 프로젝트를 진행하면서 겪은 '낙담'보다는 '또 다른 성공으로 기회를' 활용할 줄 아는, 선장과 같은 PD가 되겠습니다.

5. 자신의 소신, 원칙이나 기준을 지키려 하지만 상황적으로 지키기 어려울 때가 있습니다. 이런 갈등을 겪었던 경험에 대해 구체적으로 기술하여 주십시오(그 때 상황, 느꼈던 생각과 감정, 일의 결과 등을 포함하여 구체적으로 작성해 주시고 제목을 붙여주시기 바랍니다). [1,000자 이내]

질문 해석

주관에 따른 소신 vs 소신을 꺾고 주변 상황을 고려하는 자세, 둘 중 어떤 부분에 가치를 두는지 묻는 문항입니다.

- 문제 발생 상황
- 갈등 상황에 대한 본인의 행동(태도/자세)
- 일의 결과
- 교훈(=배움) 및 적용

※ 질문 중 괄호 안의 내용을 가이드라인으로 삼아 작성해야 함

전체와 일부, 선택의 갈림길

지금까지 제가 경험했던 어떤 단체도 구성원 모두를 이끄느냐, 열정 있는 일부만 이끌고 가는가에 대한 딜레마에서 빠져나올 수 없었습니다. 이 문제에 대한 명확한 답은 없다고 생각하지만 저는 동아리, 홍보대사, 봉사활동 등 다양한 조직생활을 경험하면서 상당한 노력과 시간이 필요하더라도 모두와 함께 해야 한다는 저만의 소신을 갖게 되었습니다. [1문단 – 자신의 소신]

동아리 후배 기장과의 논쟁이 있었습니다. 모두와 끊임없이 소통해 구성원들이 조직에 대해 애정을 갖게 노력해야 한다는 저의 입장과 다르게 후배 기장은 모두를 이끌기 보다는 조직에 애정을 갖는 사람만 챙겨야 한다는 입장이었습니다. 입장 차이가 좀처럼 좁혀지지 않았지만, 그 또한 한 기수의 리더였기에 그의 생각을 묵살하기보다는 수용하고 지켜보고자 했습니다. [2문단 – 상황 및 느낀 생각과 감정]

한 달 후, 구성원들로부터 운영진이 독단적이라는 불만이 쏟아져 나왔습니다. 모든 논제에 대해 운영진끼리만 논의하고 다른 이들에게는 통보만 내린 것입니다. 조직 내에서 자신의 역할이 없다고 느낀 이들이 많아지면서 즐거워야 할 동아리 활동에 웃음이 점차 사라지기 시작했습니다. 또한, 회의 참석률도 점차 줄어 전체적으로 동아리 분위기가 싱숭생숭했습니다. [3문단 – 상황 2]

사태의 심각성을 느낀 저는 비록 많은 시간과 적지 않은 핸드폰 비용이 들었지만 구성원들과 함께 그들의 불만 사항과 개선안에 대하여 대화하려 노력했습니다. 그리고 그들의 의견을 적극 반영했습니다. 자신의 의견이 반영되자 동아리 활동에 점차 재미를 느끼기 시작했고 조직의 발전을 위해 자신을 희생하는 것을 서슴지 않았습니다. [4문단 - 일의 결과]

경험을 발판 삼아 제작 과정에서 제작진들의 구심점이 되어 적극적으로 소통해 불협화음을 없애고, 어떤 구성원도 이탈하지 않도록 노력하겠습니다. 또한, 제작진 모두가 프로그램을 만드는 것이 즐거울 수 있도록 촬영장 분위기를 주도해 가겠습니다. 이런 시너지 효과를 바탕으로 모두와 함께 시청자들까지 덩달아 신날 수 있는 프로그램을 만드는 SBS 예능 제작 PD가 되겠습니다. [5문단 - 적용]

02

예능 PD, 인턴

CJ E&M

1. 제작 PD가 되기로 결정한 이유 혹은 동기를 기술해 주세요. [1,000자 이내]

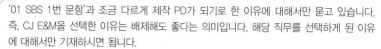

질문 해석

'01 SBS 1번 문항'과 조금 다르게 제작 PD가 되기로 한 이유에 대해서만 묻고 있습니다. 즉, CJ E&M을 선택한 이유는 배제해도 좋다는 의미입니다. 해당 직무를 선택하게 된 이유에 대해서만 기재하시면 됩니다.

- 제작 PD가 되고자 하는 본인만의 이유
- 이를 뒷받침 해 줄 수 있는 스토리텔링
- 배움 및 적용

미소 속에 비친 그대

저는 예능 PD가 갖춰야 할 가장 중요한 덕목이 "타인의 즐거움을 나의 행복으로 여기는 것"이라고 생각합니다. 경제학과에 진학하면서 당연히 금융 분야에 직업을 갖게 될 것이라 생각한 제게 이를 바꾸게 만든 결정적 계기가 있습니다. 09년 9월 대학생 연합 맛집 동아리 'X'를 창단한 것입니다. 현재 회원 수 4,000명, 2012년 최고의 동아리상을 수상 및 SBS, KBS 등 각종 언론매체에 섭외되어 출연한 이 동아리는 제 모든 것을 쏟아 부은 하나의 창조적 결과물입니다. [1문단 – 예능 PD가 가져야 할 자세 제시 및 이를 선택한 결정적 계기]

이 동아리를 창단하기 전까진 맛집 탐방이라는 것은 돈 있는 어른들의 향유물에 불과했습니다. 하지만 저렴한 가격의 맛집을 찾으려는 저희의 시도로부터 대학생 맛집 문화가 생겼다고 자부합니다. 또한 기존 동아리들이 동아리 원들끼리만 즐기는 그들만의 리그였다면, 저희 동아리는 모임에 참여하고 싶은 대학생이라면 누구든지 참여해 '맛'이라는 매개체를 통해 서로가 공감할 수 있는 단체로 차별화했습니다. 이 단체를 4년여간 끌고 오면서 내가 떠올린 아이디어가 누군가의 얼굴에 웃음꽃을 피울 수 있다는 것을 느꼈습니다. 저는 제가 주최한 이 모임에 참석한 사람들의 웃고 즐기는 모습을 보면서, 내가 떠올린 아이디어로 사람들을 즐겁게 만드는 직업을 갖고 싶다고 다짐하게 되었고 제작 PD의 꿈을 갖기 시작했습니다. [2문단 – 예능 PD가 가져야 할 자세를 뒷받침하는 스토리텔링]

최근 시청률 부진으로 인한 프로그램이 한 순간에 폐지가 되고 새로운 프로그램이 우후죽순으로 생겨나는 일들이 벌어지고 있습니다. 시청률에 연연하는 세태가 안타깝긴 하지만 이는 제작 PD의 전적인 책임이라고 생각합니다. 프로그램을 타 프로그램과 차별화시키고 장수하게 할 요인을 만들어내지 못했다는 것을 방증한다고 생각합니다. 저는 이 맛집 동아리를 4년간 이끌어오면서 타 조직과 차별화하고, 참여자들에게 끊임없는 재미를 제공해 한 분야에서 오랜 시간 동안 1위를 놓치지 않았습니다. 이런 저의 역량을 바탕으로 시청자들의 웃음을 자아낼 수 있는 제작 PD가 되어 꿈을 펼쳐보고 싶습니다. [3문단 - 방송 환경에 대한 본인만의 생각과 본인이 제작 PD로서 탁월하다고 생각하는 이유]

HIDDEN POINT

3번 문단 : 산업에 대한 본인만의 주관적 견해를 서술

질문에서 묻는 부분에 대한 대답을 마친 뒤, 방송 환경에 대한 본인의 견해와 이를 극복할 수 있는 본인의 장점을 연결시켜 보여줬습니다. + α가 될 수 있는 요소로서 나라는 사람이 방송제작업에 대해 얼마나 큰 관심을 보여주고 있는지 알아볼 수 있는 문단입니다. 이처럼 객관화가 아닌, 본인의 생각을 덧붙이는 것이 '자기소개서'입니다.

2. 우수한 제작 PD가 되기 위해 준비 또는 노력한 점을 본인의 경험과 관련하여 구체적으로 기술해 주세요. [1,000자 이내]

질문 해석

이 문항은 크게 2가지로 나누어 작성 가능합니다. 필자의 경우 PD가 되기 위해서 직접적으로 노력한 바는 없습니다. 방송과 관련된 산업에서 인턴이나 아르바이트를 한 것도 아니고, 그렇다고 대학교 전공도 이와 무관하고, 심지어 방송 관련 동아리마저 한 번도 하지 않았습니다. 이럴 경우 해당 문항에 대한 답변을 하지 못할까요? 그렇진 않습니다. 우수 제작 PD가 되기 위해선 특정 역량이 필요한데, 그 역량을 갖추기 위해 노력한 부분을 언급해도 괜찮습니다. 즉, 해당 역량을 갖추기 위해 꼭 방송과 관련된 활동만 기재할 필요는 없다는 것입니다.

[방법 1] 방송 관련 경험이 없다면

• 제작 PD가 되기 위한 필수 역량(도전정신, 창의력, 책임감 등)
  : 단, 해당 역량은 키워드로써 세부 주제를 명확히 설정할 필요가 있음
• 해당 역량이 제작 PD가 되었을 때 어떤 긍정적인 자양분이 되어줄 수 있을지

[방법 2] 방송 관련 경험이 있다면

• 제작 PD를 위해 준비한 에피소드
• 우수한 PD란 무엇인지 정의
• 경험한 것 중에서 어떤 부분이 정의한 우수 PD가 되기 위한 노력인지 설명

기회는 땅에서 솟아나지 않는다

저는 기회를 스스로 만들어 나가고 또한 그 기회를 잡아 성과를 낼 줄 아는 인재입니다. 전통시장이 몰락해가는 것이 이슈화가 되었고 대학생으로서 이런 현실의 안타까움과 사회에 기여하고 싶은 마음에 단순히 공모전이 아닌 우리만의 프로젝트를 만들고자 하였습니다. 그 결과 시장에 대한 미래의 잠재 고객인 대학생들의 인식을 바꾸는 '시동 프로젝트=전통(시)장과 대학생들이 (동)행하는 프로젝트'를 만들었습니다.

[1문단 – 제작 PD가 되기 위한 필수 역량 제시]

모 회사가 전통시장의 활성화를 위해 명절 연휴에 전통시장 상품권을 선물로 준다는 신문 기사를 보았습니다. 완성된 제안서를 토대로 사회공헌팀에 연락했지만 되돌아오는 답변은 "우리의 실질 관심사라기보다는 정부 측 입장을 수용한 것이다."는 단호한 답변뿐이었습니다. 세 달에 걸쳐 완성했던 기획서가 한 순간에 종잇조각이 되어버리면서 팀원들의 사기가 꺾이고 말았습니다. 하지만 팀의 리더로서 이들을 격려하고 위로하며 다시 한번 도전해보자며 의기투합했습니다. [2문단 – 실패에 맞서는 자세]

그 후 OOOOOOO 측에 제안하였고 경영기획 관계자 분들과 몇 차례 논의하였습니다. 하지만 성사 직전까지 갔던 이 프로젝트는 마지막 예산상의 문제로 인하여 또 무산되고 말았습니다. 저를 믿고, 프로젝트에 대해 열정을 쏟아 부었던 이들의 눈빛을 보며 미안한 마음이 앞섰습니다. 하지만 제 포기할 줄 모르는 정신은 여기서 그치지 않았습니다. [3문단 – 또 다른 실패와 다시 한 번 실패에 맞서는 자세]

작년 9월에 주최한 2012 전통시장 아이디어 공모전에 우리의 기획안을 제출하여 우수상이라는 값진 결과를 얻을 수 있었습니다. 단순히 생각만 하고 머물러 있었다면 이를 진행하는 과정에서 짜임새 있는 제안서 작성 요령을 배우지 못했을 것입니다. 또한 관계자분들을 설득하기 위해 빈틈없이 준비하는 과정에서 타인을 설득하여 결과를 이끌어내는 법은 물론, 우수상이라는 성과 또한 얻지 못했을 것입니다. 하지만 스스로 기회를 만들어 냈습니다. 이런 주도적 능력과 기획안을 제안하면서 얻었던 경험들이 PD의 꿈을 펼칠 수 있을 때 중요한 역량이 될 것입니다. [4문단 – 성취 및 배움/적용]

아쉬운 POINT

4번 문단

언급한 '주도적 능력'과 '기획안을 제안하면서 얻은 배움'이 제작 PD가 되는 데 있어 어떤 도움이 된다는 것인지 구체적으로 기재하지 않았습니다. 아쉬운 적용 부분이라고 생각합니다. 제작 PD가 어떤 업무를 행하고, 역할을 하는지 조금 더 조사한 후 작성했더라면 더 좋은 점수를 받을 수 있었을 것입니다.

기회는 땅에서 솟아나지 않는다

저는 기회를 스스로 만들어 나가고 또한 그 기회를 잡아 성과를 낼 줄 아는 인재입니다. 전통시장이 몰락해가는 것이 이슈화가 되었고 대학생으로서 이런 현실의 안타까움과 사회에 기여하고 싶은 마음에, 단순히 공모전이 아닌 우리만의 프로젝트를 만들고자 하였습니다. 그 결과 시장에 대한 미래의 잠재 고객인 대학생들의 인식을 바꾸는 '시동 프로젝트=전통(시)장과 대학생들이 (동)행하는 프로젝트'를 만들었습니다.

모 회사가 전통시장의 활성화를 위해 명절 연휴에 전통시장 상품권을 선물로 준다는 신문 기사를 보았습니다. 완성된 제안서를 토대로 사회공헌팀에 연락했지만 되돌아오는 답변은 "우리의 실질 관심사라기 보다는 정부 측 입장을 수용한 것이다."는 단호한 답변뿐이었습니다. 세 달에 걸쳐 완성했던 기획서가 한 순간에 종이조각이 돼버리면서 팀원들의 사기가 꺾이고 말았습니다. 하지만 팀의 리더로서 이들을 격려하고 위로하며 다시 한번 도전해보자며 의기투합했습니다.

그 후에 OOOOOOO 측에 제안하였고 경영기획 관계자 분들과 몇 차례 논의하였습니다. 하지만 성사 직전까지 갔던 이 프로젝트는 마지막 예산상의 문제로 인하여 또 무산되고 말았습니다. 저를 믿고, 프로젝트에 대해 열정을 쏟아 부었던 이들의 눈빛을 보며 미안한 마음이 앞섰습니다. 하지만 제 포기할 줄 모르는 정신은 여기서 그치지 않았습니다.

작년 9월에 주최한 2012 전통시장 아이디어 공모전에 우리의 기획안을 제출하여 우수상이라는 값진 결과를 얻을 수 있었습니다. 단순히 생각만 하고 머물러 있었다면 얻을 수 없던 결과입니다. 하지만 스스로 기회를 만들어 냈습니다. 이런 주도적 능력은 번뜩이는 아이디어를 노트에만 간직하는 수동적 역할에만 머물게 하는 것이 아니라, 현실화할 수 있는 실행력 강한 PD로 거듭나게 할 것입니다. 제가 생각한 아이디어가 설령 부족하더라도 포기하지 않고 수정/보완하여, 만인을 웃게 만드는 프로그램으로 만들어 보이겠습니다.

3. 지망하는 장르의 프로그램 중 하나를 골라 제작 PD의 입장에서 개선안을 작성해 주십시오(tvN : 세얼간이, 엠넷 : 보이스코리아 시즌2, 온게임네트워크 : 스타행쇼, 투니버스 : 막이래쇼 시즌4). [1,000자 이내]

질문 해석

언론사 자기소개서였기 때문에 조금 더 과감해도 된다고 판단했습니다. 단, 지나치게 부정적인 시각만 전달하면 글이 너무 거칠어 보일 것 같아 GOOD/BAD로 나누어 작성했습니다.

• 지망 분야 프로그램 선정
• 해당 분야 우수점 간략히 기재
• 해당 분야 개선안 기재

시청자, 제작자, 출연자를 얼간이로 만드는 세 얼간이

GOOD : 안타깝기 그지 없는 프로그램 "세 얼간이"는 국내 최초의 실시간 예능 방송으로서의 시도가 돋보이는 프로그램입니다. 현 동시간대 케이블 방송 시청률 1위를 달리고 있는 이 프로그램은 실시간이기 때문에 자칫 방송이 난잡할 수도 있다고 생각한 제 선입견을 깨버렸습니다. 예상 외로 깔끔한 영상 처리는 앞으로 예능도 실시간이라는 요소로 재미를 배가할 수도 있겠다는 생각을 들게 했습니다.

BAD : "세 얼간이"라는 방송명에 걸맞는 얼간이 같은 행동이 더 필요하다고 생각합니다. 지금 프로그램대로 계속 진행된다면 보고 있는 사람마저 얼간이로 만드는 아무 의미 없는 프로그램이 될 것입니다. 시청자 의견 중 ★★★의 등장에 ㅁㅁㅁ이 지나친 견제를 해서 눈살이 찌푸려진다는 의견이 올라온 것을 보았습니다. 하지만 저는 프로그램의 기획 취지상 서로가 더 망가지게 만들어 시청자들에게 웃음을 줘야 한다고 생각합니다.

프로그램에 가장 중요한 것은 타 프로그램과의 차별화, 기획의도와 방송의 일관성이라 생각합니다. 이 프로그램이 착한 방송이 되기 보다는 악랄한 방송이 되기를 원합니다. "◇◇◇◇◇"가 거침없는 막말로 끊임없는 논란거리를 만들지만, 이를 사랑하는 고정 시청자들은 제작진과 출연진에게 시청률로 적극적인 애정을 표현합니다. 세 얼간이가 라디오스타를 넘어서는 악동 프로그램이 됐으면 합니다. 보고 있는 시청자들을 우롱할 수 있는 프로그램이 되었으면 좋겠습니다.

실시간이라는 점, 그리고 케이블 방송이라는 점을 앞세워 출연진들에게 거침없는 막말을 퍼부을 수 있도록 주문하길 바랍니다. 실시간이다 보니 그들의 행동에 제한이 있는 것처럼 느껴졌습니다. '보기 싫으면 보지 말든지.'라는 컨셉으로 이미지 관리보다는, 오히려 출연진들에게 있는 그대로를 주문해 최대한 리얼리티를 살리고 이슈거리를 끊임없이 만드는 최초로 시청자를 열받게 하는 악동 프로그램이 되었으면 합니다. 이를 통해 고정적인 시청자층이 생겨 장수프로그램이 되길 바랍니다.

HIDDEN POINT

문항 자체가 지원자의 생각과 관점을 묻고 있기 때문에 철저히 주관적인 글이 작성되었습니다. 그렇기에 타 지원자와 중복되지 않는 나만의 답변이 되었을 것이라 생각합니다. 비단 이런 류의 질문에서만 위와 같이 본인의 생각과 견해를 보여줘야 하는 것이 아닙니다. 지속적으로 언급한 대로, 모든 자기소개서 항목에는 본인의 이야기, 본인의 생각이 담겨야 합니다. 이런 자소서야말로 여러분을 타 경쟁자와 차별화되게끔 만들어줍니다.

일반직

KB국민은행

KB국민은행 자소서 항목

1. KB인이 되기 위해 갖추어야 할 덕목은 무엇이라 생각하십니까?

2. KB에 입사한다면, 5년 후 귀하의 미래상은 어떠할 것이라고 생각하십니까?

3. 귀하의 성장과정에서 가장 큰 의미를 가진 일은 무엇이었으며, 그로 인해 귀하는 어떻게 변화되었습니까?

4. 우리나라의 역사에서 큰 전환점이 되었다고 생각하는 사건과 그 이유에 대해 약술하시기 바랍니다.

5. KB국민은행이 귀하를 반드시 채용해야 하는 이유를 기술하여 주십시오.

6. 귀하와 의견이 다른 타인을 성공적으로 설득했거나, 설득에 실패한 경험을 제시하시고, 그 성공 또는 실패의 이유에 대해 기술하시기 바랍니다.

7. 단체활동 또는 팀 활동을 하면서 열정을 쏟아 몰입했던 경험(성공사례, 혹은 실패사례)에 대하여 기술하여 주십시오.

8. 전공 이외의 다양한 분야에 대한 경험을 쌓기 위해 노력했던 사례와 그 이유에 대해 기술하시길 바랍니다.

9. 문학/역사/철학/예술과 관련한 고민이나 경험을 통해 본인의 창의력, 통찰력을 향상시켰던 사례에 대해 기술하십시오.

1. KB인이 되기 위해 갖추어야 할 덕목은 무엇이라 생각하십니까? [100자 이내]

- 본인 판단 하에 KB국민은행 일원이 되기 위해 필요하다고 생각하는 덕목 제시
- 왜 해당 덕목이 필요하다는 것인지 근거 제시

※ 만약 필요한 덕목이 마땅히 떠오르지 않는다면, 인재상을 참조해도 무관합니다. 단, 해당 인재상이 KB인이 되기 위해 필요한 이유가 무엇인지 뒷받침하는 근거는 본인의 생각에 기초해야 합니다.

고객이 무엇을 원하는지, 어떤 것에 불편함을 느끼는지 즉각적으로 알아차릴 줄 아는 눈치로 고객 만족을 극대화시킬 줄 아는 자세가 KB인이 갖춰야 할 필수 덕목이라고 생각합니다.

HIDDEN POINT

키워드의 독창성

니즈(needs)라는 표현을 흔히 씁니다. 니즈 파악, 물론 중요합니다. 하지만 자기소개서에서 흔히 쓰이는 표현이기 때문에 다른 지원자들과 차별화하기 어려운 단어이기도 합니다.

그래서 유사하지만 다른 표현인 '눈치'를 핵심 키워드로 선정했습니다. 고객 만족을 위한 '니즈 파악' 보다는 고객 만족을 위해 '재빠른 눈치 발휘'라는 표현이 같은 의미를 전달하면서도 색다른 느낌으로 와 닿습니다.

2. KB에 입사한다면, 5년 후 귀하의 미래상은 어떠할 것이라고 생각하십니까? [100자 이내]

질문 해석

질문 그대로 작성하시면 됩니다.

KB 최고의 마당발

스스로의 경쟁력을 높이기 위해 CFP 등 각종 금융 관련 자격증 취득
글로벌 뱅크로서 성장할 국민은행에 발 맞춰 지속적인 외국어 습득

3. 귀하의 성장과정에서 가장 큰 의미를 가진 일은 무엇이었으며, 그로 인해 귀하는 어떻게 변화되었습니까? [100자 이내]

질문 해석

이 또한 질문 그대로 작성하시면 됩니다.

동아리 창단 및 조직을 이끌었던 경험을 통해 리더의 자세를 습득하고 조직이 어떤 팔로워를 필요로 하는지 알게 되었고, 이를 실천해 어떤 조직에서든 사랑 받는 존재가 될 수 있었습니다.

4. 우리나라의 역사에서 큰 전환점이 되었다고 생각하는 사건과 그 이유에 대해 약술하시기 바랍니다. [100자 이내]

질문 해석

질문 그대로 작성하시면 되지만, 어떤 부분에 가중된 가치를 두고 있는지 묻고 있는 문항입니다. 회사의 성향을 파악한 후 작성하는 편이 좋습니다.

성장의 힘이 된 경부고속도로 건설이 국가가 발전할 수 있는 큰 전환점이 되었다고 생각합니다. 이는 오늘날 산업 발전의 토대가 되는 인프라 건설과 기간산업 발전을 가속시켜 주었습니다.

5. KB국민은행이 귀하를 반드시 채용해야 하는 이유를 기술하여 주십시오. [400자 이내]

질문 해석

뻔한 지원동기 대신, KB국민은행이 본인을 뽑아야 한다고 설득해 달라는 글입니다.

• 뽑아야 하는 이유(이유 : 역량/입사를 위한 준비 과정 등)
• 역량/입사를 위한 준비 과정 등을 에피소드로 보여줌
• 역량/입사를 위한 준비과정이 국민은행 입사 시 어떤 기여/도움을 줄 수 있을지 '적용'

손해를 손해라고 생각하지 않을 때

국민은행에서 동계인턴을 한 경험이 있습니다. 인턴 생활이 시작되기 전 직원들보다 30분 빨리, 다른 인턴들보다 1시간 늦게 퇴근하자는 결심을 하였고, 2개월에 걸친 인턴 기간 동안 한 차례도 빠짐없이 이를 지켰습니다. 신입으로서 갖춰야 할 예의라고 생각했고, 늦은 시간까지 고생하시는 직원분들을 보니 가는 발이 쉽게 떼어지지

않아 단순하게 처리할 수 있는 업무를 자발적으로 맡아 했습니다. 이런 적극적 태도와 헌신적인 제 모습을 지켜본 지점장, 부지점장님은 제게 인턴의 주된 업무인 단순 객장 안내가 아니라 실질적으로 은행 메커니즘을 배울 수 있도록 힘써주셨습니다. 조직을 위해 헌신할 줄 아는 자세, 배려심이 바로 국민은행이 저를 반드시 채용해야 하는 이유입니다.

HIDDEN　POINT

인턴 경험이 서류 합격을 보장하지 않는다.

인턴 경험이 없는 것보다 있는 것이 취업에 있어 유리한 것은 사실입니다. 이력서에 한 줄을 추가할 수 있고, 가산점을 받을 수 있는 혜택이 있습니다(기업마다 상이). 그러나 자기소개서 서류 평가 자체에선 '인턴 경험 자체'가 꼭 좋은 점수를 보장하진 않습니다.

2년 전, 모 기업에서 인턴을 마친 후 공채 서류 합격 결과를 기다리고 있는 취준생이 있었습니다. 아무리 인턴 경험이 있더라도 자기소개서를 경험 나열식으로 작성하면 좋은 결과를 얻지 못할 수도 있다고 수 차례 언급했지만, 이를 무시하고 본인의 주관대로 자소서를 써내려 갔습니다. 결국 본인의 예상과 다르게 서류에서부터 탈락을 통보 받고 충격에 휩싸였던 그 친구의 표정을 아직도 잊지 못합니다.

인턴 경험 그 자체를 나열할 것이 아니라, 인턴을 하면서 어떤 점을 배웠는지를 어필하는 것이 중요합니다. 앞서 수 차례에 걸쳐 경험보다는 특정 에피소드에서의 배움이 중요하다고 이야기했던 맥락과 일치합니다.

위 사례를 보시면 인턴 경험 그 자체에 초점을 맞추기보다는 '헌신하는 자세'와 관련된 배운 점을 어필하고 있습니다. 위와 같이 서술하면 '인턴 유경험자'임이 자연스럽게 어필됨은 물론, '헌신할 줄 아는 지원자'라는 인상까지 주면서 두 가지 효과를 동시에 볼 수 있습니다. 그러나 인턴 경험을 단순히 나열만 하면 인사담당자의 입장에서는 '이렇게 좋은 경험을 했는데, 느낀 점도 깨달은 점도 없단 말이야?'라는 의아함과 함께, 인턴 생활을 허투루 했다는 느낌을 받을 수밖에 없습니다.

6. 귀하와 의견이 다른 타인을 성공적으로 설득했거나, 설득에 실패한 경험을 제시하시고, 그 성공 또는 실패의 이유에 대해 기술하시기 바랍니다. [400자 이내]

질문 해석

- 설득이 필요했던 상황
- (설득에 성공했다면) 성공요인 및 적용
- (설득에 실패했다면) 실패요인 및 실패를 통해 깨달은 점과 이를 통해 변화한 본인의 모습

위기를 뛰어넘은 리더십

맛집 동아리 초창기. 조직 내에서 연애가 팽배했고 얼마 지나지 않아 다들 사이가 틀어져 누군가는 나오지 않는 상황이 발생했습니다. 'X' 3개월설(3개월 안에 동아리가 망하고 말 것이라는 소문)이 돌았고 이 조직을 창단한 리더로서 마음이 착잡했습니다. 주변에서 들려오는 "지친다, 그만두자"는 소리와 회의 참석률이 40%도 되지 않는 상황 속에 포기할까도 생각했습니다. 하지만 리더로서 이를 두고만 볼 수 없었고, 동아리원을 한 사람 한 사람 찾아 다니며 그들에게 동아리의 비전과 각자 역할의 중요성에 대해 설명하고 설득했습니다. 제 끈질긴 노력을 알아준 동아리원들은 개인적인 이유를 제쳐두고 다시 돌아왔고 이런 노력의 결과로 현재 7기까지 이어진 동아리로 성장할 수 있었습니다.

7. 단체활동 또는 팀 활동을 하면서 열정을 쏟아 몰입했던 경험(성공사례, 혹은 실패사례)에 대하여 기술하여 주십시오. [400자 이내]

질문 해석

- 혼자가 아닌, 팀 활동에 열정적으로 몰입한 에피소드
- (해당 경험이 성공적이었다면) 성공 요인 및 적용
- (해당 경험이 실패했다면) 실패 요인 및 이를 통해 얻은 교훈

뚫어라 뚫린다! - 전통시장 활성화 프로젝트

전통시장 쇠퇴에 아쉬움을 느껴 대학생만의 프로젝트를 만들었습니다. 3달 동안 완성한 기획안을 OOOOOOO 측에 제안했고 관계자분들과 여러 차례 논의했습니다. 하지만 성사 직전까지 갔던 프로젝트가 예산 문제로 무산되었습니다. 리더로서 함께 프로젝트를 준비했던 동료들에게 어떤 보상도 해 줄 수 없다는 점이 안타까웠습니다. 하지만 함께 낙담하기보다는 실패를 교훈 삼아 다른 성공으로 이끌어내야겠다고 결심했습니다. 그 결과 전통시장 공모전에 아이디어를 수정 및 보완하여 제출해 우수상이란 값진 상을 얻을 수 있었습니다. [1문단 - 프로젝트 배경 및 어려움을 극복한 과정과 결과]

기획안을 만드는 전략적 사고력과 실패에 좌절하지 않고 재도전했던 경험을 토대로 예기치 못한 상황에서 책임감과 기지를 발휘하는 KB인이 되겠습니다. [2문단 - 적용]

아쉬운 POINT

2문단

마찬가지로 적용 부분이 아쉽습니다. 이 짧은 문항에서 말하려고 했던 바가 두 가지입니다.

1) 기획안을 만들 줄 아는 전략적 사고력

2) 실패에 좌절하지 않고 재도전함

둘 중 하나만을 강조하는 것이 좋습니다. 거듭 이야기했듯이 하나를 강조하되, 이를 통해 KB국민은행에서 어떻게 적용할지가 드러나야 하는 것이 중요합니다.

국민은행 수정/보완 자기소개서

뚫어라 뚫린다! - 전통시장 활성화 프로젝트

전통시장 쇠퇴에 아쉬움을 느껴 대학생만의 프로젝트를 만들었습니다. 3달 동안 완성한 기획안을 OOOOOOO 측에 제안했고 관계자 분들과 여러 차례 논의했습니다. 하지만 성사 직전까지 갔던 프로젝트가 예산 문제로 무산되었습니다. 리더로서 함께 프로젝트를 준비했던 동료들에게 어떤 보상도 해 줄 수 없다는 점이 안타까웠습니다. 하지만 함께 낙담하기보다는 실패를 교훈 삼아 다른 성공으로 이끌어 내야겠다고 결심했습니다. 그 결과 전통시장 공모전에 아이디어를 수정 및 보완하여 제출해 우수상이란 값진 상을 얻을 수 있었습니다. 실패에 좌절하지 않고 재도전한 용기는 인터넷 은행, 가상 화폐 등 국민은행을 위협할 수 있는 불확실한 대외환경 속에서 원 상태 이상의 위치로 반등하는 데 보탬이 될 것입니다.

8. 전공 이외의 다양한 분야에 대한 경험을 쌓기 위해 노력했던 사례와 그 이유에 대해 기술하시길 바랍니다. [400자 이내]

전공 공부나 학교 프로젝트 이외의 대내/외적인 활동에 관심을 가졌는지 묻는 문항입니다. 금융업의 특성상 아무래도 많은 사람을 상대해야 하다 보니 다양한 활동에 관심을 두고, 여러 사람들과 관계를 맺는 사람을 선호하기 때문으로 보입니다.

- 활동 배경
- 에피소드 기재
- 에피소드를 통해 배운 점
- 적용(400자 제한이므로 분량 관계상 생략 가능)

알려라 대학교 맛집! — OOO 공동프로젝트

제가 속한 조직을 발전시키기 위해 OOO라는 소셜커머스 기업에 기획서를 제안해 공동프로젝트를 진행한 경험이 있습니다. '맛집추천우후'라는 프로젝트는 맛과 관련된 전문가들이 스토리를 만들어 일반인들에게 맛집 정보를 제공하는 콘텐츠였습니다. 저는 그 중에서 어떻게 하면 효과적으로 이 사이트를 알릴 수 있을지 방법을 제시하는 역할을 맡았습니다. 이를 진행하면서 아이디어를 통한 콘텐츠 생성으로 인하여 사람들이 사이트로 유입되고 매출로 직접 연결되는 과정을 보고 배울 수 있었습니다. 전략적 사고를 바탕으로 제안한 기획서와 프로젝트를 성사시키는 추진력을 바탕으로 지점 내 아이디어를 적극 개진해 고객을 유치하고 실적에 기여하는 행원이 되겠습니다.

구체적으로 '어떤 점'에서 사람들의 유입 과정을 보고 배울 수 있었는지 누락되어 추상적으로 느껴집니다. 또한 말하고자 하는 바가 전략적 사고 강조인지, 프로젝트를 성사시킬 줄 아는 추진력인지, 콘텐츠가 아이디어로 전환되는 실무를 익힌 부분인지 난해합니다.

말하고 싶은 바가 혼합되어 글의 초점을 잡기가 어렵습니다. 이 중 하나만을 주제로 선정해 글을 작성해야 설득력을 높일 수 있습니다.

국민은행
수정/보완 자기소개서

알려라 대학교 맛집! — OOO 공동프로젝트

외부 업체와의 협력을 통해 동아리 홍보를 하고자, '맛집추천우후'라는 프로젝트를 OOO라는 소셜커머스와 콘텐츠를 제휴했습니다. 맛과 관련된 전문가들이 스토리를 만들어 일반인들에게 맛집 정보를 제공하는 콘텐츠였습니다. 서울에 소재한 대학교 주변의 맛집 BEST 3를 선별해 OOO 측에 전달했습니다. 동아리 홍보 차원에서 제공했던 정보가 OOO 홈페이지 방문 유도 수단이 되었고, 일정 부분 구매로 이어지면서 매출 향상에 보탬이 되었습니다. 이를 통해 잘 만들어진 하나의 콘텐츠가 기업 및 업체에게 수익을 가져다 줄 수 있다는 것을 깨달았습니다. 이런 배움을 바탕으로 고객이 찾아오기만 기다리는 행원이 아니라, 지점 내 고객을 끌어당길 수 있는 콘텐츠를 발굴해 실전에 적용하겠습니다.

9. 문학/역사/철학/예술과 관련한 고민이나 경험을 통해 본인의 창의력, 통찰력을 향상시켰던 사례에 대해 기술하십시오. [400자 이내]

질문 해석

여러 기업이 한창 인문학을 강조하던 시기에 제시되었던 문항입니다. 평소 어떤 사고와 가치관을 지녔는지, 어떤 부분에 가중된 가치를 두고 있는 지원자인지 알아보기 위함입니다.

여기서 중요한 포인트는 문학/역사/철학/예술 관련 고민 경험을 통해 향상된 창의력/통찰력이 '은행'에서 유의미하게 쓰일 수 있는 것이어야 한다는 점입니다.

궁극적으로는 지원자가 가치를 두고 있는 부분을 보고 KB국민은행이 뽑고자 하는 사람인지를 판단하는 문항이기 때문에 KB국민은행이, 조금 더 크게 보자면 '은행'에서 선호하는 창의와 통찰을 선정해 이와 관련된 에피소드를 서술하는 것이 좋습니다.

- 문학/역사/철학/예술 등 인문학을 통해 어떤 점을 깨우쳤는지
- 해당 깨우침을 토대로 어떤 행동을 했는지
- 해당 깨우침이 KB국민은행에 어떻게 기여 및 도움을 줄 수 있을지

이기려면 뻔뻔하라

뻔뻔함은 부정적 이미지가 아니라 "주눅 들지 않는다, 붙임성 좋다, 앞장선다."라고 할 수 있는 생존을 위한 훌륭한 도구이고, 나 자신에게 뻔뻔해져야 나를 이기며 남에게 주눅 들지 않고 목표를 달성할 수 있음을 깨달았습니다. 인간관계가 서툴렀던 저는 뻔뻔함을 제 무기로 만들고자 끊임없이 노력했고, 누구에게나 쉽게 다가가며 인테크가 무엇인지 아는 회원 수 4,000명 규모의 맛집 동아리 'X' 창단자 및 1대 회장이 될 수 있었습니다. 또한 이 뻔뻔한 추진력을 적극 활용해 동아리가 발전할 수 있도록 기업, 정부기관에 기획안을 직접 제안해 프로젝트를 함께 진행한 경험이 있습니다. 인간적 매력, 추진력의 근원이 된 긍정적 뻔뻔함을 토대로 KB 일원이 되어 고객에게 한 걸음 더 나아가 귀사에 보탬이 되겠습니다.

일반직

신한은행

신한은행 자소서 항목

1. 지원동기 및 포부, 성장과정, 수학내용(휴학 기간 또는 졸업 후의 공백기 내용 포함), 본인의 가치관 및 인생관에 영향을 끼쳤던 경험 등을 주제별로 구분하여 자유롭게 기술해 주세요.

2. 개인이 아니라, 단체 속의 일원으로서 주인의식을 가지고 거둔 성과와 성과달성에 가장 큰 장애는 무엇이었고, 어떻게 극복했는지 작성해 주세요(학회, 동아리, 공모전 등 단체의 이름과 소속 기간, 조직개요, 구체적 성과, 투입한 노력, 장애의 내용 등).

3. 어려운 상황에 처하여 자신의 가치관이나 신념을 지키지 못했던 사례에 관해 구체적으로 기술해 주세요.

4. 지금까지 어려운 문제에 대하여 자신이 제안했던 가장 창의적인 해결책에 관해 기술해 주세요.

1. 지원동기 및 포부, 성장과정, 수학내용(휴학 기간 또는 졸업 후의 공백기 내용 포함), 본인의 가치관 및 인생관에 영향을 끼쳤던 경험 등을 주제별로 구분하여 자유롭게 기술해 주세요. [7,000 bytes 이내]

질문 해석

1번 문항부터 무려 3,500자였습니다. 마치 '신한은행에 간절히 입사하고 싶은 지원자만 서류를 제출해달라.'고 엄포를 놓는 듯했던 문항으로 기억합니다.

1) 지원동기 및 포부

2) 성장과정

3) 수학내용(활동 및 학습)

4) 가치관 및 인생관에 영향을 끼쳤던 경험

이 4가지를 3,500자로 배분하여 기재하면 됩니다. 여기서 2), 4)는 실질적으로 같은 내용이므로 1) 지원동기 및 포부, 2) 성장과정, 3) 수학내용으로 크게 나누어 작성하면 됩니다. 나 자신을 어필하기에는 3) 수학내용 부분이 아무래도 가장 수월하기 때문에, 필자의 경우 3)의 내용을 조금 더 비중 있게 작성했습니다.

다만, 위와 같이 글자 수가 너무 많은 문항은 자칫 밋밋해지기 쉽습니다. 따라서 목차나 그 밖의 쉽게 구분 지을 수 있는 형식을 만들어 제출한다면 읽는 사람 입장에서 조금 더 수월하게 읽히는 글이 될 수 있습니다.

Chapter 1. 지원동기 및 포부

지도 밖으로 행군하라

대한민국 국내 대표 은행을 넘어서, 글로벌 리딩뱅크로 거듭나려는 신한은행. 사업 영역을 다변화하기 위해 치킨게임인 국내시장에서 눈을 돌려 '해외시장'을 신성장 동력으로 삼아 거침없이 돌진하고 있습니다. 이를 위해 아시아 지역과 미주, 유럽 등지에 성공적으로 진출했을 뿐만 아니라 성장가능성이 높은 이머징마켓으로 네트워크를 확장하고, 아시아 금융 벨트 구축을 꾀하는 등 국외 점포별 차별화된 영업전략을 내세워 매출 상승을 이루고 있습니다. 이처럼 현 상황에 안주하지 않고 더 나은 내일를 꿈꾸며 달려나가는 신한은행이야말로 제 젊음을 던지고 싶은 터전입니다. [1문단 – 신한은행 지원동기]

저 또한 비교가 되진 않지만 신한은행의 '최고지향, 도전적 DNA'를 지니고 있는 인재라고 생각합니다. 새로운 목표를 항상 갈구해 대학시절 내내 "홍보대사, 봉사활동,

동아리, 밴드" 등 미래를 위한 투자라는 목표 하에 쉴 새 없이 달려왔습니다. 또한 자발적으로 정부 기관 및 기업을 분석해 그들에게 무엇이 필요할지 파악했고, 욕구를 정확히 충족시키는 공동 프로젝트를 제안, 실행하는 등 스스로의 발전을 위해 끊임없이 노력해 왔습니다. 새로운 사업가치를 창출해야 하는 신한은행이 목표를 달성하는 데 있어 이런 제 '목표지향적, 도전적' 역량을 적극 활용할 수 있을 것입니다. [2문단 - 나와 해당 은행의 공통점 제시]

중·장기적으로 'Local best, Asia top 10'을 달성하려는 귀사의 일원으로서 더 나은 내일을 만들기 위해 노력하겠습니다. 따라서 저는 다음과 같은 목표를 설정했습니다. [3문단 - 포부 제시]

1. 은행업의 기본은 '고객의 욕구'를 정확히 파악해 더 나은 '해결책'을 제시하는 것입니다. 이를 위해 CFP 등 금융 자격증을 취득해, 제게 상담을 요청하는 이들에게 보다 폭 넓은 지식을 바탕으로 도움을 드려 신한은행을 찾는 단골손님을 확보하겠습니다. [4문단 - 구체적 포부 1]

2. 글로벌 리딩뱅크로서 성장할 신한은행에 발 맞춰 지속적인 외국어 공부를 실천하겠습니다. 영어뿐만 아니라 제 2외국어로 인도어 등 스스로 경쟁력을 가질 수 있는 외국어를 습득해 지역전문가가 되기 위한 발판을 마련하겠습니다. [5문단 - 구체적 포부 2]

3. 나무가 아닌 숲을 바라보겠습니다. 충분한 경험이 쌓인다면 단순히 개인을 상대로 하는 상품 판매를 넘어, 법인을 상대로 마케팅 기획안을 체계화시켜 고객을 일망타진하여 목표 이상의 지점 실적을 달성하고 전사적인 목표에 보탬이 되겠습니다. [6문단 - 구체적 포부 3]

HIDDEN POINT

전체 문단 : 긴 글자 수를 요구하는 문항은 구성에서 차별화

자기소개서를 읽는 사람을 최대한 배려해줘야 합니다. 따라서 가독성을 높이기 위해 500자와 같은 짧은 문항에서도 문단을 나누는 것을 권장합니다. 해당 문항은 무려 3,500자입니다. 평소 작성하던 대로 글을 써 내려간다면 자칫 글을 읽는 인사담당자를 지치게 만들 수 있습니다. 따라서 한 눈에 알아볼 수 있게끔 목차 혹은 구성을 구조화하여 가시적으로 보여주는 것이 필요합니다.

간혹 구체적인 질문이 딱히 주어지지 않고, 자유롭게 기술하는 자기소개서를 요구하는 기업들도 있는데, 이때에도 마찬가지로 목차나 구성을 구조화하여 작성한다면 인사담당자가 한결 수월하게 읽어 내려갈 수 있습니다.

필자의 경우, 도서나 보고서처럼 각 챕터를 나누어 답변을 기재했습니다. 설득력과 체계성만 갖추면 어떤 형식이든 무관합니다.

4문단 : 자격증은 취득 사실 자체로 그칠 것이 아니라 어떻게 '활용' 할지를 적을 것

일반적으로 자격증은 이력서에 기록되곤 합니다(자격증을 기재하는 란이 없는 기업도 물론 있을 수 있습니다). 그렇기에 굳이 자기소개서에서까지 자격증 취득 사실 자체를 어필할 필요는 없습니다. 만약 자격증 관련 내용을 포함시키고자 한다면 취득 사실 자체가 아니라, 취득한 자격증을 통해 지원하고자 하는 '기업과 직무에서 어떻게 활용할 것인지'를 담아내는 것이 좋습니다.

또한, 입사 후 포부 부분이기 때문에 혹시 현재 관련 자격증이 없더라도, 입사하고 나서 이를 취득하겠다고 하는 것도 좋은 전략입니다. 필자는 위 사례에서 언급한 CFP 자격증이 없었습니다만, 신한은행에 입사 후 해당 자격증을 취득해 고객에게 폭 넓은 상담을 해 주겠다고 적었습니다. 앞으로의 포부이기 때문에 위와 같이 작성해도 허위 사실로 문제될 부분이 전혀 없습니다.

5문단 : 포부도 해당 기업에 최적화되게 작성할 것

많고 많은 외국어 중 하필이면 인도어 공부를 하겠다고 했습니다. 왜 그랬을까요? 제가 취업을 준비할 당시, 신한은행이 글로벌 리딩뱅크를 목표 삼아 인도 시장에 진출했기 때문입니다. 막연히 어학 공부를 한다고 이야기하는 것보다 회사에서 어떤 부분에 초점을 맞춰 사업을 펼치고 있는지 이미 내가 알고 있음을, 즉 관심이 많다는 것을 간접적으로 보여줄 수 있는 부분이기 때문입니다. 이렇듯 회사에 대한 지식과 관심을 최대한 어필할 수 있게 전략적으로 접근하시는 것이 좋습니다.

아쉬운 POINT

1문단

지원동기가 단순히 회사 소개가 되어서는 안 되며, 본인의 경험(에피소드)과 주관이 담긴 자기소개서를 작성해야 합니다. 그러나 신한은행에 대한 소개가 지나치게 많습니다. 결국 요약하자면 '은행은 가고 싶은데, 신한은행이 내 기준에 최고이기 때문에 지원한다.'입니다. 그러나 이는 회사 소개이지, 나에 대해 기술하는 자기소개서가 아닙니다. 때문에 BEST 지원동기라고 말할 수 없습니다. 왜 은행업에 관심을 갖게 되었는지, 그 중에서도 왜 하필 신한은행인지 본인의 경험과 생각을 기초로 작성해야 합니다.

Chapter 1. 지원동기 및 포부

지도 밖으로 행군하라

은행업에 대한 관심은 '만약 은행이 없다면?'이란 본질적인 고민으로부터 시작되었습니다. 은행은 개인뿐 아니라 기업 등 다방면의 주체들에게 있어 '혈액'과 같은 존재입니다. 몸에 피가 순환되지 않으면 정상적인 작동을 못하는 것처럼, 개인이나 기업에게 있어 혈액과 같은 '자금'은 필수재이기에 은행은 단순 이익집단을 넘어 경제를 책임지는 테두리와 같다고 생각합니다.

수 많은 은행 중에서도 신한은행은 제게 탁월함을 보여줬습니다. 국내 대표 은행을 넘어, 글로벌 리딩뱅크로 성장 중인 신한은행은 좁기만 한 국내 시장에서 눈을 돌려 해외로 점차 영역을 확장하고 있습니다. 특히 이머징 마켓인 '베트남 현지화 전략'에 성공적인 역사를 만들고 있는 점들은 전통적인 국내 은행업의 판도를 바꾸었다고 생각합니다.

저 또한 신한은행에게 탁월함을 보여주고자 합니다. 조직의 목표를 달성하기 위해선 그 방향에 맞게 전진하는 인재가 필요합니다. 미래를 위한 투자라는 생각으로 "홍보대사, 봉사활동, 동아리, 밴드" 등 대학생활을 쉴 새 없이 달려왔습니다. 또한 더 나은 저 개인의 내일을 위해 자발적으로 정부 기관 및 기업을 분석했고, 그들의 욕구를 정확히 충족시키는 공동 프로젝트를 제안하고 실행해 저만의 탁월함을 보여왔습니다. 새로운 사업가치를 꾸준히 창출해야 하는 신한은행에 있어, 방향을 같이하는 전진은 유용하게 활용될 수 있을 것입니다.

Chapter 2. 성장과정 및 인생관

이기려면 뻔뻔하라

뻔뻔함은 부정적 의미가 아니라 "주눅 들지 않는다, 붙임성 좋다, 앞장선다."라고 할 수 있는 생존을 위한 훌륭한 도구이고, 나 자신에게 뻔뻔해져야 나를 이기며 남에게 주눅 들지 않고 목표를 달성할 수 있는 승자가 될 수 있음을 깨달았습니다. [1문단 - 가치관 제시]

인간관계가 서툴렀던 저는 뻔뻔함을 제 무기로 만들고자 끊임없이 노력했으며, 결국 누구에게나 쉽게 다가가고 인테크가 무엇인지 아는 "회원 수 4,000명", "2012년 최고의 동아리"에 선정된 맛집 동아리 'X' 창단자 및 1대 회장이 될 수 있었습니다. 또한 이 뻔뻔한 추진력을 적극 활용해 동아리가 발전할 수 있도록 기업 및 정부기관에 기획안을 직접 제안해 공동 프로젝트를 함께 진행한 경험이 있습니다. [2문단 - 가치관 활용 경험]

이러한 인간적 매력, 추진력의 근원이 된 긍정적 뻔뻔함을 토대로 신한은행의 일원이 되어 고객들에게 먼저 다가가 그들의 신뢰를 확보하고 지점 및 전사적 실적 목표를 달성해 보이겠습니다. [3문단 - 가치관 적용]

택시기사마저 내게 프로포즈를

저는 오다가다 만난 사람들과도 쉽게 친구가 될 수 있는 치명적 매력을 가졌습니다. 이는 타인의 이야기를 적극 경청할 줄 아는 저의 자세에서 비롯되었습니다. [1문단 - '경청' 역량 제시]

작년 겨울 지하철이 끊길 때까지 공부를 하다 택시를 타야만 했습니다. 하지만 지갑엔 5천 원뿐이었고, 부족한 만큼만 택시를 타고 나머지는 걸어 가야겠다 생각했습니다. 가는 도중 기사님이 자녀 이야기를 시작하셨고 저도 흥미를 느껴 적극 공감해 드렸습니다. 계기판에 5천 원이 찍혔을 때 기사분께 제 사정을 말씀드렸더니, 저와 이야기를 나누는 시간이 즐거우셨던 기사님은 돈을 받지 않으시고 집 앞까지 데려다 주셨습니다. [2문단 - '경청'을 보여줄 수 있는 에피소드]

이는 저의 인간적 매력과 의사소통 능력을 방증한다고 생각합니다. 이 능력을 적극 활용하여 신한은행의 일원이 되었을 때, 지점 내 팀원들과 혹은 고객들과의 불협화음 속에서 열린 마음과 탁월한 소통 능력을 십분 발휘해 문제를 해결하고 회사와 지점이 지향하는 목표에 도달하도록 보탬이 되겠습니다. [3문단 - '경청'을 신한은행에서 적용]

사소한 것까지 챙길 줄 아는 '눈치'

다양한 조직에서 끊임없이 사랑받을 수 있었던 가장 큰 요인은 저의 '눈치'라고 생각합니다. 사람들의 욕구가 무엇인지, 무엇에 불편함을 느끼는지 정확히 파악해 신속하게 대처하는 '눈치'는 고객들의 행복을 책임지는데 필요한 역량입니다. 이를 적극 활용하여 신한은행이 '따뜻한 은행'이라는 말이 고객들 입에서 절로 나올 수 있게 만들어 보이겠습니다.

2번째 글 1문단

세부 주제 설정이 중요합니다. 경청 또한 키워드입니다. 단순히 듣기만 하는 경청을 의미하는 것인지, 듣기만 하는 것을 넘어 맞장구 쳐주는 경청을 의미하는 주제를 명확히 하는 것이 좋습니다.

Chapter 2. 성장과정 및 인생관

이기려면 뻔뻔하라

뻔뻔함은 부정적 의미가 아니라 "주눅 들지 않는다, 붙임성 좋다, 앞장선다."라고 할 수 있는 생존을 위한 훌륭한 도구이고, 나 자신에게 뻔뻔해져야 나를 이기며 남에게 주눅 들지 않고 목표를 달성할 수 있는 승자가 될 수 있음을 깨달았습니다.

인간관계가 서툴렀던 저는 뻔뻔함을 제 무기로 만들고자 끊임없이 노력했으며, 결국 누구에게나 쉽게 다가가고 인테크가 무엇인지 아는 "회원 수 4,000명", "2012년 최고의 동아리"에 선정된 맛집 동아리 'X' 창단자 및 1대 회장이 될 수 있었습니다. 또한 이 뻔뻔한 추진력을 적극 활용해 동아리가 발전할 수 있도록 기업 및 정부기관에 기획안을 직접 제안해 공동 프로젝트를 함께 진행한 경험이 있습니다.

이러한 인간적 매력, 추진력의 근원이 된 긍정적 뻔뻔함을 토대로 신한은행의 일원이 되어 고객들에게 먼저 다가가 그들의 신뢰를 확보하고 지점 및 전사적 실적 목표를 달성해 보이겠습니다.

택시기사마저 내게 프로포즈를

저는 오다가다 만난 사람들과도 쉽게 친구가 될 수 있는 치명적 매력을 가졌습니다. 이는 타인의 이야기를 단순하게 듣는 것을 넘어 대화를 맞받아 쳐줄 줄 아는 '진정한 경청'에서 비롯되었습니다.

작년 겨울 지하철이 끊길 때까지 공부를 하다 택시를 타야만 했습니다. 하지만 지갑엔 5천 원뿐이었고, 부족한 만큼만 택시를 타고 나머지는 걸어 가야겠다 생각했습니다. 가는 도중 기사님이 자녀 이야기를 시작하셨고 저도 흥미를 느껴 적극 공감해드렸습니다. 계기판에 5천 원이 찍혔을 때 기사분께 제 사정을 말씀드렸더니, 저와 이야기를 나누는 시간이 즐거우셨던 기사님은 돈을 받지 않으시고 집 앞까지 데려다 주셨습니다.

우리는 흔히 '잘 듣는 것'을 경청이라 하곤 하지만, 진정한 의미는 단순히 듣는 것만이 아니라고 생각합니다. 이야기를 듣고 좋은 질문을 던지고, 또 다시 대화를 이끌어 나갈 줄 아는 것이 진짜 경청이라고 생각합니다. 택시기사가 제게 프로포즈했던 것처럼, 신한은행을 내방하는 고객들의 마음을 사로잡겠습니다. 그들의 고충을 귀 담아 들으며 대화를 이끌어 나간다면 제가 원하는 성과 또한 이룩할 수 있을 것이라 확신합니다.

사소한 것까지 챙길 줄 아는 '눈치'

다양한 조직에서 끊임없이 사랑받을 수 있었던 가장 큰 요인은 저의 '눈치'라고 생각합니다. 사람들의 욕구가 무엇인지, 무엇에 불편함을 느끼는지 정확히 파악해 신속하게 대처하는 '눈치'는 고객들의 행복을 책임지는데 필요한 역량입니다. 이를 적극 활용하여 신한은행이 '따뜻한 은행'이라는 말이 고객들 입에서 절로 나올 수 있게 만들어 보이겠습니다.

Chapter 3. 휴학 기간

알려라! 대학교 맛집 — OOO 공동 프로젝트

휴학 기간 동안 OOO라는 소셜커머스 기업에 기획서를 제안해 공동 프로젝트를 진행한 경험이 있습니다. '맛집추천우후'라는 프로젝트는 맛과 관련된 전문가들이 스토리를 만들어 일반인들에게 맛집 정보를 제공하는 콘텐츠였습니다. 저는 그 중에서 대학생 '맛' 대표로서 40개 대학 맛집을 소개하는 역할과 어떻게 하면 효과적으로 이 사이트를 알릴 수 있을지 방법을 제시하는 역할을 맡았습니다. [1문단 – 프로젝트 추진 및 본인의 역할]
이를 진행하면서 아이디어를 통한 콘텐츠 생성으로 인하여 사람들이 사이트로 유입되고 매출로 직접 연결되는 과정을 보고 배울 수 있었습니다. 저는 추후 일반 개인들을 상대하는 B2C 영업을 넘어, 법인을 상대로 하는 B2B 마케팅 기획 업무를 하고 싶습니다. 전략적인 사고를 바탕으로 제안한 기획서와 프로젝트를 성사시키는 추진력을 바탕으로 신한은행에서 제 존재감을 빛낼 수 있을 것이라 생각합니다. [2문단 – 배움 및 적용]

2문단 : 일반직이라도 특정 직무를 희망한다고 기재할 것

일부 기업은 세부 직무 선택 없이 '사무직', '일반직' 등 '직군'의 형태로 채용을 진행합니다. 이런 경우, 직무에 최적화된 자기소개서를 작성하는 데 어려움을 겪을 수 있습니다. 특정 직무에서 요구하는 역량이 있기 때문에 해당 역량을 보여줄 수 있는 본인의 에피소드를 활용함으로써 직무에 최적화된 자소서가 작성되는데, '일반', '사무'와 같이 큰 범주로는 필요 역량을 선정하기 어려울 수밖에 없습니다. 이 경우, 해당 '직군'의 범위 내에서 구체적으로 내가 하고 싶은 '직무'를 정하고, 그 '직무'에 필요한 역량을 어필하는 방법이 있습니다.

필자의 경우, 구체적으로 마케팅기획 업무를 하고 싶다고 기재했습니다. 때문에 해당 직무에서 필요로 하는 전략적 사고와 추진력을 역량으로 제시할 수 있었던 것입니다. 또한 이를 보여줄 수 있는 소셜커머스와의 에피소드를 말할 수 있었습니다.

다음과 같이, 타 기업 지원 시에도 얼마든지 희망하는 특정 직무를 제시하고 관련 역량을 어필할 수 있습니다.

[대한항공 / 일반직]

… (중략) … 저는 상대 항공사와의 제휴를 통해 스케줄 경쟁력 확보와 수익을 개선시킬 수 있는 ALLIANCE팀의 일원이 되고 싶습니다. ALLIANCE팀이 갖춰야 할 역량은 협상력과 기획력입니다. 정부기관 및 기업에 직접 기획서를 제안해 프로젝트를 성사시키는 경험을 통해 상대의 동의를 이끌어내는 협상력과 기획력을 배양할 수 있었습니다. 입사 후 제 역량을 활용해 ALLIANCE의 일원이 되어, 타 항공사와의 제휴를 통해 신규 노선을 개척하는 비단길을 함께 개척해 나가고 싶습니다.

[S-OIL / 사무직]

… (중략) … 귀사의 사업영역과 사회공헌을 결부시키는 '코즈마케팅'을 활용해 간접적으로 매출도 올릴 수 있는 프로그램을 기획해보고 싶습니다. 예를 들어, 당신의 인생의 '윤활유'가 되어주겠다며, 꿈을 꾸는 청년들을 위한 지원 프로그램을 만든다면 '상생' 이미지를 확립할 뿐만 아니라 '윤활유'에서 나오는 S-OIL의 이미지를 부각시켜 사람들로 하여금 귀사의 고객이 되게끔 만들 수 있을 것입니다.

저는 OOOOOO에서 인턴을 하면서 중고차 부품 사업과 사회공헌을 결부시키는 기획안을 만들어 '현실성' 있을 뿐만 아니라 '기존의 틀을 깼다.'는 평가와 함께 PT 경진대회 3등이라는 결과를 얻었습니다. 이러한 경험은 제가 향후 제가 S-OIL 사회공헌팀의 핵심이 되는 밑거름이 될 것입니다.

2문단

'03 국민은행 8번 문항'에서 언급한 바와 마찬가지로 어떤 특정 부분에서 배움을 얻을 수 있었는지 구체적으로 기재되지 않았습니다. 구체화되지 않은 글은 추상적으로 느껴질 수 있고, 글의 매력을 떨어뜨립니다.

또한, 해당 문단에서 말하고자 하는 메시지를 2가지('전략적 사고', '추진력')나 언급했습니다. 말하고자 하는 메시지는 곧 주제이기 때문에 '1문항 1주제' 원칙을 깨뜨립니다. 둘 중 강조하고 싶은 부분만 남겨두고 나머지 하나의 주제는 과감히 삭제해야 합니다.

Chapter 3. 휴학 기간

신한은행
수정/보완 자기소개서

알려라! 대학교 맛집 ― OOO 공동 프로젝트

외부 업체와의 협력을 통해 동아리 홍보를 하고자 '맛집추천우후' 프로젝트를 OOO라는 소셜커머스와 콘텐츠 제휴를 했습니다. 맛과 관련된 전문가들이 스토리를 만들어 일반인들에게 맛집 정보를 제공하는 콘텐츠였습니다. 서울에 소재한 대학교 주변의 맛집 BEST 3을 선별해 OOO 측에 전달했습니다. 동아리 홍보 차원에서 제공했던 정보가 OOO 홈페이지 방문 유도 수단이 되었고, 일정 부분 구매로 이어지면서 매출 향상에 보탬이 되었습니다. 이를 통해 잘 만들어진 하나의 정보가 기업 및 업체에게 수익을 가져다 줄 수 있다는 것을 깨달을 수 있었습니다.

창구 최전선에서 업무가 숙달된 이후에는 법인을 상대로 하는 B2B 마케팅 기획 업무를 해보고 싶습니다. 기업 고객들에게 단순 정보 제공이 아닌, 실질적인 이윤이 창출 가능한 것들을 체계화하여 캠페인으로 만들어 보고 싶습니다. 잘 짜인 캠페인 하나로 신한은행 지점 방문을 아침부터 두드리는 기업고객들이 생기게끔 만들어 보이겠습니다.

Chapter 4. 인턴 경험

OO은행에서 동계 인턴을 한 경험이 있습니다. 인턴 생활이 시작되기 전 직원들보다 30분 빨리, 다른 인턴들보다 1시간 늦게 퇴근하자는 결심을 한 저는 2개월에 걸친 인턴 기간 동안 한 차례도 빠짐없이 이를 지켰습니다. 신입으로서 갖춰야 할 예의라고 생각했고, 늦은 시간까지 고생하시는 직원분들을 보니 가는 발이 쉽게 떨어지지 않아 단순하게 처리할 수 있는 업무를 자발적으로 맡아 했습니다. [1문단 - 인턴 에피소드 1 / 갖춰야 할 자세]

이런 적극적인 태도와 헌신적인 제 모습을 지켜본 부지점장님은 제게 인턴의 주된 업무인 단순 객장 안내가 아닌 실질적으로 은행 메커니즘을 배울 수 있도록 힘써주셨습니다. 또한 팀원들이 PT 경진대회를 준비하는 데 있어 적극적으로 도와주셔서 우수상이라는 쾌거를 이룰 수 있었습니다. 조직을 위해 헌신할 줄 아는 자세, 배려심은 저에게 더 큰 기회로 돌아온다는 것을 알고 있습니다. 신한은행 일원이 되었을 때, 이런 제 자세를 항상 유지하겠습니다. [2문단 - 희생적 배려가 가져온 긍정적인 결과]

또한 OOOOOO에서 하계 인턴을 한 경험이 있습니다. 외국인 인턴들과 한국 관광명소에서 'OOOO'와 관련된 미션을 해결하는 프로그램이 있었습니다. 자발적으로 조장을 맡아 경복궁과 덕수궁으로 팀원들을 이끌고 갔습니다. 하지만 조금이라도 잘해보자는 생각 때문이었는지 경쟁심이 과열되는 인턴이 있었습니다. 팀워크는 저버린 채 바쁘게, 급하게 미션을 해결하려고 하다 보니 외국인 인턴들이 소외되는 현상이 발생했습니다. 동아리, 홍보대사, 봉사활동 등 다양한 조직 생활을 하면서 저는 '함께'라는 말을 자주 쓰고 좋아하게 됐습니다. 따라서 미션도 중요하지만, 경쟁을 떠나 우리가 함께하는 모습이 중요하다고 판단한 저는 그들에게 말 한 마디 더 붙여주려 노력했고, 이런 제 노력을 알아주었는지 모두가 다시 하나로 뭉치게 되었습니다. 아쉽게도 결과는 2등이었지만 동료들과 조금이나마 가까워질 수 있었고 하나가 됐다는 것만으로도 제 마음 속에 우리 조는 1등으로 남아있습니다. [3문단 - 인턴 에피소드 2 / 하나로 뭉치게 만드는 '함께'의 의미]

2. 개인이 아니라, 단체 속의 일원으로서 주인의식을 가지고 거둔 성과와 성과달성에 가장 큰 장애는 무엇이었고, 어떻게 극복했는지 작성해 주세요(학회, 동아리, 공모전 등 단체의 이름과 소속 기간, 조직개요, 구체적 성과, 투입한 노력, 장애의 내용 등). [2,000 bytes 이내]

질문 해석

문항을 보면 회사가 어떤 인재를 원하는지 쉽게 알 수 있습니다. 신한은행은 주인의식을 갖고 단체생활을 할 줄 아는 인재를 원하는 것으로 판단됩니다. 단체생활을 하다 보면 여러 가지 문제점들이 분명 발생하기 마련인데, 이를 어떻게 해결해 나가는 사람인지를 보고자 하는 문항입니다.

- 단체/조직에서 수립했던 목표 제시
- 목표 달성에 있어 장애물/애로사항 제시
- 이를 극복하기 위한 본인만의 노력
- 교훈(=배움) 및 적용

뚫어라 뚫린다! – 전통시장 활성화 프로젝트

지난 설 전통시장을 찾는 손님들이 갈수록 줄어들어 존폐 위기까지 몰리고 있다는 기사를 보았습니다. 유년 시절 어머니와 탕수육을 사 먹었던 시장 구석의 추억의 장이 사라질지도 모른다는 안타까움과 함께, 대학생으로서 사회 이슈에 대해 관심을 가져야 한다고 생각했습니다. 생각을 실천으로 옮겨가겠다는 결심으로 전통시장 활성화 프로젝트를 준비하기로 마음먹었습니다. [1문단 – 전통시장 활성화 프로젝트 추진 배경]

3개월의 회의 끝에 SBS 예능 '런닝맨'으로부터 모티브를 얻어 대학생 150명이 참여하는 '시동 프로젝트'를 기획했습니다. 진행 중 예산 제약, 장소 섭외 등 한계점이 보여 정부 단체를 섭외해 주최해야겠다고 판단해 OOOOOOO측에 제안했습니다. 사업 육성 관계자분들과 2주 동안 아이디어 현실화 방안에 대한 구체적인 논의를 했고 최종 결재만 기다렸습니다. 하지만 예산문제로 차질이 생겨 모든 기획안이 한순간에 종잇조각이 되어버렸습니다. [2문단 – 성과 달성의 가장 큰 장애물]

함께 프로젝트를 준비했던 동료들의 아쉬움과 실망스러운 눈빛을 아직도 잊을 수가 없습니다. 무에서 유를 창조해야 했던 과정이기에 리더로서 그들에게 어떤 보상도 해줄 수 없다는 현실이 너무나 안타까웠습니다. 하지만 낙담하기보다는 실패를 교훈 삼아 또 다른 성공으로 이끌어 내야겠다고 결심하게 됐습니다. 다른 기회를 살피던 중, 전통시장 활성화 공모전이 있다는 것을 알게 되었고, 아이디어를 보완 후 제출해 우수상이라는 값진 상과 함께 동료들에게 환희도 안겨다 줄 수 있었습니다. [3문단 – 주인의식을 갖고 거둔 성과]

우수상을 수상했던 결과도 중요하지만, 한 번의 실패에 두려워하지 않고 재도전해 성과를 창출한 과정이 제겐 큰 배움이 되었습니다. 이는 신한은행의 일원이 되기 위한 '도전정신' 인재상에 충족될 뿐만 아니라, 앞으로 어떤 예기치 못한 상황을 마주하더라도 다시 기지를 발휘해 신한은행에 긍정적 결과를 만들어 낼 자양분이 될 것입니다. 이런 도전정신을 품고 신한은행이 업계 선두로 달려나갈 수 있도록 든든한 조력자가 되겠습니다. [4문단 – 적용]

아쉬운 POINT

4문단

이 문항에서 물어보는 것은 '도전정신'이 아닌 '주인의식'입니다. 따라서 에피소드를 통해 느끼게 된 점 또한 '주인의식' 키워드에서 파생된 것이어야 합니다. 그러나 '배움'과 '적용'이 모두 도전정신에 초점을 맞추고 있기 때문에 '질문 – 대답 간 불일치 현상'이 일어나고 있습니다.

신한은행 수정/보완 자기소개서

뚫어라 뚫린다! – 전통시장 활성화 프로젝트

지난 설 전통시장을 찾는 손님들이 갈수록 줄어들어 존폐 위기까지 몰리고 있다는 기사를 보았습니다. 유년 시절 어머니와 탕수육을 사 먹었던 시장 구석의 추억의 장이 사라질지도 모른다는 안타까움과 함께, 대학생으로서 사회 이슈에 대해 관심을 가져야 한다고 생각했습니다. 생각을 실천으로 옮겨야겠다는 결심으로 전통시장 활성화 프로젝트를 준비하기로 마음먹었습니다.

3개월의 회의 끝에 SBS 예능 '런닝맨'으로부터 모티브를 얻어 대학생 150명이 참여하는 '시동 프로젝트'를 기획했습니다. 진행 중 예산 제약, 장소 섭외 등 한계점이 보여 정부 단체를 섭외해 주최해야겠다고 판단해 ○○○○○○ 측에 제안했습니다. 사업육성 관계자분들과 2주 동안 아이디어 현실화 방안에 대한 구체적인 논의를 했고 최종 결재만 기다렸습니다. 하지만 예산문제로 차질이 생겨 모든 기획안이 한순간에 종잇조각이 되어버렸습니다.

함께 프로젝트를 준비했던 동료들의 아쉬움과 실망스러운 눈빛을 아직도 잊을 수가 없습니다. 무에서 유를 창조해야 했던 과정이기에 리더로서 그들에게 어떤 보상도 해 줄 수 없다는 현실이 너무나 안타까웠습니다. 포기할까도 생각했지만 프로젝트를 이끌었던 제가 약한 마음을 갖는다면 앞으로 추진하는 일들 또한 실패로 끝날 수 있단 생각에 다시 한 번 팀원들을 격려하며 동기부여했습니다.

다른 기회를 살피던 중, 전통시장 활성화 공모전이 있다는 것을 알게 되었습니다. 본 프로젝트를 공모전 주제에 맞게 보완 후 제출했더니 우수상이라는 값진 상과 함께 동료들에게 환희 또한 안겨다 줄 수 있었습니다.

우수상을 수상했던 결과도 중요하지만 하나의 프로젝트를 맡은 책임감으로 실패를 극복한 과정이 큰 배움이 되었습니다. 은행업은 타 산업에 비해 안정성이 높은 장점이 있지만, 그럼에도 불구하고 대내외적인 요건에 의해 Risk가 도래할 수 있습니다. 책임감이 큰 직원은 위와 같은 상황에서 존재감이 부각될 것입니다. 실패와 어려움을 극복할 줄 아는 책임감과 주변인들에게 동기부여할 줄 아는 작은 리더십으로 신한은행이 혹시라도 맞게 될 어려움 속에서 든든한 뿌리가 되겠습니다.

3. 어려운 상황에 처하여 자신의 가치관이나 신념을 지키지 못했던 사례에 관해 구체적으로 기술해 주세요. [2,000 bytes 이내]

질문 해석

회사생활을 하다 보면 본인이 지니고 있는 가치관이나 신념만을 고수하는 것이 단체의 규율을 깨뜨리는 행동일 수 있습니다. 이런 상황 속에서 지원자가 어떤 모습과 행동을 보이는 사람인지를 알아보고자 하는 문항으로 보입니다.

- 어려웠던 상황
- 이와 같은 상황을 해결하는데 있어 본인의 평소 가치관/신념은 무엇인지
- 지키지 못했던 이유
- 교훈(=배움) 및 적용

전체와 일부, 선택의 갈림길

지금까지 제가 경험했던 어떤 단체도 구성원 모두를 이끄느냐, 열정있는 일부만 이끌고 가는가에 대한 딜레마에서 빠져나올 수 없었습니다. 이 문제에 대한 명확한 답은 없다고 생각합니다. 저는 동아리, 홍보대사, 봉사활동 등 다양한 조직생활을 경험하면서 상당한 노력과 시간이 필요하더라도 모두와 함께 해야 한다는 저만의 소신을 갖게 되었습니다. [1문단 – 본인의 가치관 제시]

동아리 후배 기장과의 논쟁이 있었습니다. 모두와 끊임없이 소통해 구성원들이 조직에 대해 애정을 갖게 노력해야 한다는 저의 입장과 다르게 후배 기장은 모두를 이끌기 보다는 조직에 애정을 갖는 사람만 챙겨야 한다는 입장이었습니다. 입장 차이가 좀처럼 좁혀지지 않았지만 그 또한 한 기수의 리더였기에 그의 생각을 묵살하기보다는 수용하고 지켜보고자 했습니다. [2문단 – 본인 가치관과 다른 상황 속에서의 내 행동]

한 달 후, 구성원들로부터 운영진이 독단적이라는 불만이 쏟아져 나왔습니다. 모든 논제에 대해 운영진끼리만 논의하고 다른 이들에게 통보만 내린 것입니다. 조직 내에서 자신의 역할이 없다고 느낀 이들이 많아지면서 즐거워야 할 동아리 활동에 웃음이 점차 사라지기 시작했습니다. 또한 회의 참석률도 줄어 전체적으로 동아리 분위기가 싱숭생숭했습니다. [3문단 – 문제점 발생]

사태의 심각성을 느낀 저는 비록 많은 시간과 적지 않은 핸드폰 비용이 들었지만 구성원들에게 그들의 불만 사항과 개선안에 대하여 대화하려 노력했습니다. 그리고 그들의 의견을 적극 반영했습니다. 자신의 의견이 반영되자 동아리 활동에 점차 재미를 느끼기 시작했고 조직의 발전을 위해 자신을 희생하는 것을 서슴지 않았습니다. [4문단 – 타인의 가치관으로 인해 발생한 문제점을 본인의 가치관에 맞게 해결]

이 경험은 제게 조직을 이끌어 나가는 '리더십'에 대해서 다시금 확신을 주었습니다. 이를 발판 삼아 향후 지점 내에서 행원들의 구심점이 되어 소통해 불협화음을 없애고, 어떤 한 사람도 이탈하지 않도록 노력하겠습니다. 또한 비록 일하는 것이 지치고 힘들지만, 행원들이 즐거운 마음으로 업무를 할 수 있도록 분위기를 주도해 나가도록 하겠습니다. 이런 시너지 효과를 바탕으로 제가 근무하는 지점을 신한은행 최고의, 나아가 국내 시중은행 최고의 실적을 자랑하는 지점으로 발돋움시키겠습니다. [5문단 – 본인의 가치관 적용]

4. 지금까지 어려운 문제에 대하여 자신이 제안했던 가장 창의적인 해결책에 관해 기술해 주세요. [2,000 bytes 이내]

질문 해석

- 주어졌던 일/과제 수행에 있어 애로사항
- 이를 해결하기 위한 본인만의 창의적 방법
- * 창의는 키워드, 본인이 어필하고자 하는 창의란 무엇인지 세부 주제 설정

  예 '세상에 없던 것을 새롭게 제시하는 것'도 기존 방식과 다른 아이디어 방식일 수 있고, '기존의 것을 융합해 새롭게 제시하는 것'도 기존 방식과 다른 아이디어 방식일 수 있음

  → 단, 해당 문항에서는 창의라는 키워드에 대해 '고정관념을 깬'이라고 선 정의를 내렸기에 이에 맞춘 세부 주제를 기재해야 함
- 세부 주제와 부합하는 본인의 해결 에피소드 기재
- 배움 및 적용

In 종로 호스텔, 외국인 울렁증 극복기!

작년 유럽 여행을 준비하면서 외국인 친구를 꼭 만들자는 결심을 했습니다. 피렌체 호스텔에서 금발의 여성이 제게 "한국인이세요?"라며 말을 건넸습니다. 하지만 결심과는 달리 외국인에게 두려움을 느껴 피하고 있는 저를 발견했습니다. 입국 후, 제 자신이 한심스러워 영어 실력을 키워야겠다며 절치부심했습니다. 결심을 실행으로 옮기기 위해 국내라는 주어진 상황 하에서 어떻게 하면 영어 실력은 물론, 외국인 울렁증을 극복할 수 있을까를 고민했습니다. 그러던 중 우리나라에도 외국인 여행객들이 머무르는 호스텔이 있을 것이란 생각이 떠올랐고, 종로에 소재한 곳에 연락했습니다. [1문단 – 배경 및 말하고자 하는 창의(주어진 상황 속에서 최대한의 효율)적 해결 1]

사장님께 "언어교환이라는 매력적인 상품을 만듦으로써 외국인 여행객들을 이끌 수 있는 하나의 전략이 될 수 있고, 제겐 영어를 배울 수 있는 원윈전략"이라고 제안했고, 마침 외국인 관광객을 더 유치하는 방안에 대해 고민 중이셨던 사장님은 흔쾌히 이 제안을 받아들이셨습니다. 그 후 두 번의 실패를 경험하지 않기 위해 외국인 친구들에게 적극적으로 다가가려 노력했습니다. 하지만 막상 언어교환 프로그램을 시작하니 외국인 울렁증이 다시 재발하기 시작했습니다. 지나가다 만난 사람들과도 친구가 될 수 있는 저인데, 문화와 인종이 다르다는 이유만으로 그들 앞에서 주눅들었습니다. 또한 몇몇 외국인들이 재미없는 눈치를 보이며 슬슬 자리를 피하는 상황도 연출됐습니다. [2문단 – 창의적 해결 2와 새롭게 발생한 문제점]

이 상황을 극복하고 적응하기 위해 외국인 관광객들에게 재미를 주고자 광장시장 등 '명소'와, 가이드북에 나와 있는 음식점이 아닌 한국의 '진정한 맛집'들을 직접 소개해 줬습니다. 그 이후 제게 외국인 친구가 생기기 시작했고 자연스레 영어 실력 향상은 물론 울렁증 또한 극복할 수 있었습니다. 또한 이 호스텔은 언어교환, 문화교류가 활성화된 호스텔로 알려져 외국인들에게 큰 호응을 얻었고 매출이 향상될 수 있었습니다. [3문단 - 창의적 해결 3]

타인의 입장에서 무엇이 필요한지 파악 후 제안한 것이, 제겐 배움이라는 새로운 기회를 얻게 된 소중한 경험이 되었습니다. 이런 경험을 토대로 고객의 상황을 철저히 분석하고, 요구를 정확히 파악해 최적화 된 금융상품을 제안해 지점 내 실적에 기여할 줄 아는 신한은행인이 되겠습니다. [4문단 - 말하고자 하는 창의(타인의 입장에서 무엇이 필요한지 파악) 및 배움, 적용]

아쉬운 POINT

전체 문단

말하고자 하는 창의가 두 가지로 나뉘어졌습니다. 이럴 경우 '1문항 1주제'의 원칙을 지키지 못하게 됩니다.

1문단

주어진 상황의 한계 속에서 최선의 것을 찾을 줄 아는 창의(해외에서 외국인들을 만났던 장소가 호스텔이었던 점을 착안해, 국내 호스텔에서 언어 문제를 해결하려고 함)

2, 3문단

타인의 입장에서 무엇이 필요한지 알고 가려움을 긁어주는 창의

이렇다 보니 글에서 이야기하고자 하는 바가 두 가지로 나뉘게 되고, 주제가 모호해져 버리고 말았습니다. 둘 중 한 가지만 선택해서 글을 작성하는 것이 좋습니다.

In 종로 호스텔, 외국인 울렁증 극복기!

작년 유럽 여행을 준비하면서 외국인 친구를 꼭 만들자는 결심을 했습니다. 피렌체 호스텔에서 금발의 여성이 제게 "한국인이세요?"라며 말을 건넸습니다. 하지만 결심 과는 달리 외국인에게 두려움을 느껴 피하고 있는 저를 발견했습니다. 입국 후, 제 자신이 한심스러워 영어 실력을 키워야겠다며 절치부심했습니다. 국내에서 어떻게 하면 영어 실력은 물론, 외국인 울렁증을 극복할 수 있을까를 고민했습니다. 그러던 중 우리나라에도 외국인 여행객들이 머무르는 호스텔이 있을 것이란 생각이 떠올랐 고, 종로에 소재한 곳에 연락했습니다.

사장님께 "언어교환이라는 매력적인 상품을 만듦으로써 외국인 여행객들을 이끌 수 있는 하나의 전략이 될 수 있고, 제겐 영어를 배울 수 있는 윈윈전략"이라고 제안했 고, 마침 외국인 관광객을 더 유치하는 방안에 대해 고민 중이셨던 사장님은 흔쾌히 이 제안을 받아들이셨습니다. 단순히 해당 공간에서 외국인과 소통하는 장을 만들겠 다고 이야기했다면 실패했겠지만, 언어교환 프로그램이 가져다 줄 수 있는 예상 파생 수익을 구체적인 수치를 근거로 이야기했기에 설득할 수 있었습니다.

하지만 막상 언어교환 프로그램을 시작하니 외국인 울렁증이 다시 재발하기 시작했 습니다. 몇몇 외국인들이 분위기를 파악하곤, 재미없는 눈치를 보이며 슬슬 자리를 피하는 상황도 연출됐습니다. 이 상황을 극복하고 적응하기 위해 외국인 관광객들에 게 재미를 주고자 광장시장 등 '명소'와, 가이드북에 나와 있는 음식점이 아닌 한국의 '진정한 맛집'들을 직접 소개 해줬습니다. 그 이후 제게 외국인 친구가 생기기 시작했 고 자연스레 영어 실력 향상은 물론 울렁증 또한 극복할 수 있었습니다. 또한 이 호 스텔은 언어교환, 문화교류가 활성화된 호스텔로 알려져 외국인들에게 큰 호응을 얻 었고 매출이 향상될 수 있었습니다.

타인의 입장에서 무엇이 필요한지 파악 후 제안한 것이, 제겐 배움이라는 새로운 기 회를 얻게 된 소중한 경험이 되었습니다. 이런 경험을 토대로 고객의 상황을 철저히 분석하고, 요구를 정확히 파악해 최적화 된 금융상품을 제안해 지점 내 실적에 기여 할 줄 아는 신한은행인이 되겠습니다.

5. 현재 은행권의 시장 상황을 설명해 주시고, 그러한 환경에서 신한은행이 추진
해야 할 가장 중요한 전략을 본인이 입사 후 희망하는 분야 관점에서 기술해
주세요. [2,000 bytes 이내]

질문 해석

• 본인이 생각하는 은행권의 현 상황 제시
• 해당 상황에 대해 신한은행인으로서 어떤 전략을 펼칠 것인지 전략 제시
* 일반 행원, 즉 창구 직원으로서 아이디어를 제시하라는 것이 아니라 '희망 진로'에 근거해
작성해야 합니다. 희망 진로는 회사 홈페이지 조직도에서 참조 가능합니다.

제일 화나! 대기 시간, 고객 불만 줄이기!

은행은 대출이자 및 송금, 이체 수수료와 같은 비이자 부문에서 수익을 확보해 왔습니다. 하지만 현재 STX, 동양 등 부실기업이 늘어남에 따라 대손충당금이 크게 늘어나고 있으며, 대출 위험성을 느껴 대출이자로 수익을 올리는 데 어려움을 겪고 있습니다. 또한 경제민주화 요구로 인해 비이자 비중이 2000년대에 비해 절반 수준으로 낮아지는 등 이자 부문의 의존도가 높아졌고, 국제결제은행 기준 자기자본율을 10% 유지하면서 위험도가 높은 중소기업 대출을 꾸준히 하라는 압박 또한 받고 있습니다. 대외적으로 불안한 상황뿐만 아니라, 대출금리도 낮추고 수수료도 받지 말라는 사회적 요구에 은행권들은 '사면초가'의 상황에 봉착했다고 생각합니다. [1문단 - 현 은행이 처한 어려운 상황]

저는 현장 경험이 충분히 쌓인다면 주어진 상황 하에서 은행의 수익을 극대화시키는 영업전략과 매출계획을 수립하는 마케팅 기획부에서 제 역량을 빛내고 싶습니다. 마케팅 기획부 일원이 된다면, 주어진 상황 하에서 지나친 이자 부문 의존도를 낮추기 위해 방카슈랑스, IB, 트레이딩, 전자금융 등 다양한 수단을 적극 활용하여 비이자 수익원을 다변화시켜 수익을 창출하는 전략을 세울 것입니다. [2문단 - 희망 진로 분야 및 개략적인 전략 설명]

특히 스마트폰이 대중화되어 이를 활용해 금융거래를 하는 고객들이 늘어나고 있는 만큼, 어떤 은행의 스마트폰 앱을 많이 사용하느냐는 향후 은행 산업을 선도하는 자가 누구일지 판가름할 수 있는 잣대가 될 수 있을 것이라 생각합니다. 따라서 이러한 다양한 마케팅 전략을 활용해 스마트폰 앱으로 고객을 적극 유치해야 한다고 생각합니다. [3문단 - 희망 직무와 부합되는 구체적인 전략 소개와 그 필요성]

은행에서 인턴을 할 때 고객들에게 자주 들었던 불만이 '도대체 내 차례는 언제 와요?'라는 말이었습니다. 그만큼 고객들은 기다리는 시간이 지겨웠던 것입니다. 이 불평을 감소시키기 위해 스마트폰 앱을 활용할 수 있을 것입니다. 대기인원을 미리 파악할 수 있게 시스템을 기획해 불필요하게 기다리는 시간을 줄여 고객 불만을 줄일 수 있을 것입니다. 또한 항공사들이 지루한 비행 시간으로 인한 고객의 불만에 대비하기 위해 영화, 게임 등 엔터테인먼트 요소를 제공하는 것처럼, 은행 안에서 스마트폰 앱에 다양한 엔터테인먼트 요소들을 첨가해 '재미'를 찾게 해준다면 고객 불만도 감소할 수 있을 것이며, 신한은행 앱을 이용하는 고객들의 유입 또한 증가할 것이라고 생각합니다 [4문단 – 구체적인 전략 제안]

5

본사영업

한국투자증권

1. 자기소개 [500자 이내]

질문 해석

본인을 자유롭게 소개하는 문항으로 어필하고 싶은 부분을 작성하면 됩니다. '강점/역량'을 제시하는 것이 본인을 가장 잘 어필할 수 있기 때문에, 통상적으로 이를 작성하곤 합니다.

- 강점/역량 중 한 가지 제시(키워드)
- 키워드를 세분화하여 구체적인 주제 설정
- 해당 주제와 가장 밀접한 에피소드 선택
- 배움 및 적용

이기려면 뻔뻔하라

뻔뻔함은 부정적 의미가 아니라 "주눅 들지 않는다, 붙임성 좋다, 앞장선다."라고 할 수 있는 생존을 위한 훌륭한 도구이며 나 자신에게 뻔뻔해져야 나를 이기며 남에게 주눅 들지 않고 목표를 달성할 수 있는 승자가 될 수 있음을 깨달았습니다. [1문단 - 강점 및 구체적 주제 설정]

인간관계가 서툴렀던 저는 뻔뻔함을 제 무기로 만들고자 끊임없이 노력했으며, 결국 누구에게나 쉽게 다가가고 인테크가 무엇인지 아는 '회원 수 4,000명', '2012년 최고의 동아리'에 선정된 맛집 동아리 'X'의 창단자 및 1대 회장이 될 수 있었습니다. 또한 이 뻔뻔한 추진력을 적극 활용해 동아리가 발전할 수 있도록 기업 및 정부기관에 기획안을 직접 제안해 공동 프로젝트를 함께 진행한 경험이 있습니다. [2문단 - 뻔뻔함을 활용한 에피소드]

이런 인간적 매력, 추진력의 근원이 된 긍정적 뻔뻔함을 토대로 법인고객들에게 먼저 다가가 실적 목표를 달성하겠습니다. 또한 단순히 음료수와 자료만 주고 가는 것이 아니라 투자전략에 대해 스스로 고민해 법인고객들에게 제안하고 신뢰를 형성하겠습니다. [3문단 - 적용]

현직자에게 조언을 구할 것

3문단을 보시면, '음료수/자료만 주고 가는 영업사원이 아니라 투자전략에 대해 고민하는 인재'가 되겠다고 했습니다. 해당 부분은 필자와 친분이 있는 펀드매니저분께 어떤 법인영업 사원에게 호감을 느끼는지 직접 질문하고 답변받은 내용입니다.

식사 대접과 같은 것들도 중요하지만, 실제 업무를 함께하고 싶은 영업사원은 스스로 '투자'에 대해 고민하고 자신에게 투자 통찰을 줄 수 있는 사람임을 현직자와의 대화를 통해 알게 되었습니다.

이처럼 홈페이지에 나와 있는 정보보다, 현직자에게 전해 들은 솔직한 이야기를 자소서에 옮겨 적게 된다면 인사담당자에게 깊은 인상을 남길 수 있습니다. 가능하다면 내가 입사하고 싶은 기업에 소속되어 있거나, 해당 직무를 담당하고 있는 선배님들에게 조언을 구해보는 것도 하나의 방법일 것입니다.

2. 한국투자증권이 나를 뽑아야 할 이유 : 지식, 능력, 특기 사항 등 [500자 이내]

질문 해석

- 본인의 강점/역량을 한 가지 선택하여 제시(키워드)
- 해당 키워드를 세분화하여 구체적인 주제를 설정
  - 예 한국투자증권이 나를 뽑아야 할 이유가 '도전'이라면, 내가 말하고 싶은 도전은 '어떤 도전'인지 주제를 명확히 해야 함
- 주제와 부합하는 에피소드를 사례로 뒷받침
- 배움 및 적용

뚫어라 뚫린다!

전통시장 쇠퇴에 아쉬움을 느껴 활성화 프로젝트를 기획했습니다. 3달 동안 준비한 기획안을 OOOOOOO 측에 제안했고 관계자분들과 여러 차례 논의했습니다. 하지만 성사 직전까지 갔던 프로젝트가 예산 문제로 무산되었습니다. [1문단 - 프로젝트 배경 및 장애물]

리더로서 함께 프로젝트를 준비했던 동료들에게 어떤 보상도 해줄 수 없다는 점이 너무나 안타까웠습니다. 하지만 함께 낙담하기보다는 실패를 교훈 삼아 또 다른 성공으로 이끌어 내야겠다고 결심했습니다. [2문단 - 본인의 강점]

다른 기회를 살피던 중에 전통시장 아이디어 공모전이 있다는 것을 알게 되었고, 아이디어를 수정, 보완하여 제출해 우수상이라는 값진 상을 얻을 수 있었습니다. [3문단 - 대안 탐색 및 결과]

기관을 대상으로 주식 및 파생상품을 중개하기 위해서는 이렇게 스스로 기회를 만들어 추진할 줄 아는 능력, 실패에 좌절하지 않고 재도전하는 도전정신이 꼭 필요합니다. 이를 적극 활용해 불굴의 의지와 타 증권사와는 차별화된 방법으로 귀사의 상품을 제안 및 중개해 전사적 목표에 보탬이 되겠습니다. [4문단 - 세부 주제 및 적용]

아쉬운 POINT

4문단

4문단을 보시면 주제가 두 가지로 나누어져 있습니다. '스스로 기회를 만들어 추진할 줄 아는 능력'과 '실패에 좌절하지 않고 재도전하는 도전정신'입니다.

'실패에 좌절하지 않고 재도전하는 도전정신'은 2문단에도 맥락을 함께하기에 주제로 설정해도 무방하나, '스스로 기회를 만들어 추진할 줄 아는 능력'은 주제로 가져가기에 뒷받침할 수 있는 근거가 빈약합니다. 따라서 '1문항 1주제' 원칙과 함께 해당 내용을 삭제하고 남는 글자 수로 에피소드 혹은 배움&적용을 조금 더 구체화하는 것이 좋습니다.

한국투자증권
수정/보완 자기소개서

뚫어라 뚫린다!

전통시장 쇠퇴에 아쉬움을 느껴 활성화 프로젝트를 기획했습니다. 3달 동안 준비한 기획안을 OOOOOOO 측에 제안했고 관계자 분들과 여러 차례 논의했습니다. 하지만 성사 직전까지 갔던 프로젝트가 예산 문제로 무산되었습니다.

리더로서 함께 프로젝트를 준비했던 동료들에게 어떤 보상도 해줄 수 없다는 점이 너무나 안타까웠습니다. 하지만 함께 낙담하기보다는 실패를 교훈 삼아 또 다른 성공으로 이끌어 내야겠다고 결심했습니다.

다른 기회를 살피던 중에 전통시장 아이디어 공모전이 있다는 것을 알게 되었고, 아이디어를 수정, 보완하여 제출해 우수상이라는 값진 상을 얻을 수 있었습니다.

기관을 대상으로 주식 및 파생상품을 중개하기 위해 영업 활동을 하다 보면 성공도, 실패도 있을 것입니다. 실패는 좌절로 이어지는 것이 아니라, 또 다른 성공을 위한 기회임을 전통시장 프로젝트를 통해 배울 수 있었습니다. 이런 자세를 적극 활용해 한두 번 찔러보고 포기하지 않고, 다른 대안을 찾아 귀사의 상품 제안과 중개를 성공으로 마무리 짓는 영업인이 되어 보이겠습니다.

3. 10년 후 자신의 모습에 대해 기술해 보시오. [500자 이내]

질문 해석

지원한 직무 담당자로서 10년 후의 본인의 모습을 기재하는 문항입니다.
- 전문성, 직급, 인적 네트워크 등등 지원 직무(본사영업) 10년 차로서의 본인의 역할
- 10년 후 어떤 사람으로 평가받고 싶은지

법인 고객들의 진실된 친구가 되겠습니다

저는 인맥이라는 말을 좋아하지 않습니다. 그보다는 친해지고 싶은 친구, 진실된 친구라는 말을 자주 씁니다. '컬컴'이라는 영어회화 커뮤니티에서 한 펀드매니저분을 알게 됐습니다. 지나가는 말로 밥이나 한 끼 하자던 그분. 제가 직접 여의도로 찾아가 '형, 술한 잔 해요.'라고 했을 때 당혹스러워하면서도 얼굴엔 미소가 가득하셨습니다. 우리가 스쳐 지나갈 수 있는 인연들이 굉장히 많습니다. 저는 핸드폰 속에 한 칸 채워져 있는 사람들이 아닌 진실된 만남을 원합니다. [1문단 - 인맥에 대한 나만의 재정의 및 말하고 싶은 바]

10년 후엔

1. 수많은 법인 고객들의 '진실된 친구'로 남을 것입니다. 그들이 힘들 때 위로해 주고 저 또한 업무적으로, 그 이외의 것으로 힘들 때 연락해 술 한잔하면서 도움받을 수 있는 그런 친구로 남겠습니다. [2문단 - 10년 후 포부 1]

2. 투자전략에 대해 스스로 고민해 제안할 줄 아는 능력을 배양하기 위해 CFA lv3까지 취득하고 타 법인 영업 경쟁자들에 비교해 경쟁력을 갖추겠습니다. [3문단 - 10년 후 포부 2]

기존 통념을 뒤집는 나만의 재정의

1번 문항에서의 '뻔뻔함', 위 문항에서의 '인맥'에 대한 정의는 기존 통념을 뒤집었습니다. 부정적인 인상을 주는 '뻔뻔함'을 긍정적으로 재정의하고, 긍정적인 의미인 '인맥'을 부정적으로 보면서 문장에 임팩트를 더했습니다. 자기소개서는 결국 타인의 자소서와의 차별화 전쟁에서 승리해야 합니다. 통념을 깨는 재정의를 할 줄 안다면 인사담당자의 이목을 끌 수 있습니다.

6

영업지원, 인턴

현대해상

현대해상 자소서 항목

1. 본인의 성장과정 및 학창시절을 중요사건 및 경험을 중심으로 기술하여 주십시오.

2. 본인이 희망하는 직무와 선택 이유, 그리고 희망직무를 수행하기 위해 준비해온 과정에 대하여 기술하여 주십시오.

3. [CS마인드] Guide Page를 확인하시고 입력하시기 바랍니다.

4. [팀워크] Guide Page를 확인하시고 입력하시기 바랍니다.

5. [변화/혁신] Guide Page를 확인하시고 입력하시기 바랍니다.

6. [커뮤니케이션] Guide Page를 확인하시고 입력하시기 바랍니다.

1. 본인의 성장과정 및 학창시절을 중요사건 및 경험을 중심으로 기술하여 주십시오. [1,000자 이내]

질문 해석

[방법 1]

- 본인의 가치관/좌우명 제시
- 해당 가치관/좌우명을 활용해 어떤 성취를 보였는지
- 배움 및 적용

[방법 2]

- 학창시절 중요사건 제시
- 이를 통해 무엇을 배웠는지
- 적용

이기려면 뻔뻔하라

뻔뻔함은 부정적 이미지가 아니라 "주눅 들지 않는다, 붙임성 좋다, 앞장선다."라고 할 수 있는 생존을 위한 훌륭한 도구이며 내 자신에게 뻔뻔해져야 나를 이기며 남에게 주눅 들지 않고 목표를 달성할 수 있는 승자가 될 수 있음을 깨달았습니다. [1문단 - 가치관/좌우명 제시]

인간관계가 서툴렀던 저는 뻔뻔함을 제 무기로 만들고자 끊임없이 노력했으며, 결국 누구에게나 쉽게 다가가고 인테크가 무엇인지 아는 '회원 수 4,000명', '2012년 최고의 동아리'에 선정된 맛집 동아리 'X' 창단자 및 1대 회장이 될 수 있었습니다. 또한 이 뻔뻔한 추진력을 적극 활용해 동아리가 발전할 수 있도록 기업 및 정부기관에 기획안을 직접 제안해 공동 프로젝트를 함께 진행한 경험이 있습니다. [2문단 - 가치관/좌우명 활용 사례]

인간적 매력, 추진력의 근원이 된 긍정적 뻔뻔함을 토대로 현대해상 영업지원팀의 일원이 되어 제 역량을 발휘하고 싶습니다. [3문단 - 적용]

2. 본인이 희망하는 직무와 선택 이유, 그리고 희망직무를 수행하기 위해 준비해 온 과정에 대하여 기술하여 주십시오. [1,000자 이내]

질문 해석

- 왜 지원 직무를 선택했는지
- 이를 위해 본인이 노력한 모습(경험/자격증 등)
- 노력했던 부분들이 회사에 어떻게 보탬이 될 수 있을지(=적용)

알려라! 대학교 맛집 - OOO 공동프로젝트 "맛집추천우후"

OOO라는 소셜커머스 기업에 기획서를 제안해 함께 공동 프로젝트를 진행한 경험이 있습니다. '맛집추천우후'라는 공동프로젝트는 '맛'과 관련된 전문가들이 하나의 스토리를 만들어 일반인들에게 맛집 정보를 제공하는 콘텐츠였습니다. 저는 그 중에서 대학생 '맛' 대표로서 약 40개 대학 주변의 맛집을 소개하는 역할과 어떻게 하면 효과적으로 이 사이트를 알릴 수 있는지 방법을 제시하는 역할을 맡았습니다. [1문단 - 희망 직무 준비 과정]

이 프로젝트를 진행하면서 아이디어를 통한 콘텐츠 생성으로 인하여 사람들이 사이트로 유입되고 매출로 직접 연결되는 과정을 보고 배울 수 있었습니다. 저는 영업지원 중 영업전략과 매출계획을 수립하는 마케팅기획부에서 제 역량을 펼쳐보고 싶습니다. 전략적인 사고를 바탕으로 제안한 기획서와 프로젝트를 성사시키는 추진력을 바탕으로 현대해상 마케팅 기획부에서 제 존재감을 빛낼 수 있을 것이라 생각합니다. [2문단 - 배움 및 적용, 희망하는 직무 제시]

아쉬운 **POINT**

2문단

희망하는 직무를 제시했지만, 해당 직무를 선택한 이유에 대해서는 적지 않았습니다. 글의 구조, 논리, 임팩트 있는 문장 등 모든 것들이 중요하지만, 어떤 것보다도 우선시되어야 할 것은 질문에 대한 답변입니다.

또한, 현대해상 마케팅 기획부에서 대체 어떤 업무를 수행하길래 전략적 사고력과 추진력이 필요한 것인지, 글만 봐서는 언뜻 이해가 되지 않습니다. 해당 역량들이 실제 업무에서 구체적으로 어떻게 도움이 될 수 있을지를 설명해야 합니다.

알려라! 대학교 맛집 - OOO 공동 프로젝트 "맛집추천우후"

영업지원 세부직무 중 마케팅기획 부서는 귀사와 고객들의 심리적 거리감을 좁힐 제 '전략적 사고'를 발휘할 수 있는 터전이기에 지원합니다.

OOO라는 소셜커머스 기업과 [맛집추천우후] 콘텐츠를 제휴하여 성공시킨 경험이 있습니다. 이를 달성할 수 있었던 가장 큰 요인은 일반 블로그들과 달리, 각 대학생들의 실제 투표를 통해 맛집 정보를 제공하기 때문에 OOO 웹사이트의 잠재고객인 대학생들의 유입이 가능하다는 점 때문입니다. 콘텐츠를 활용한 결과, 웹사이트에 유입되는 대학생들의 방문자 수가 우상향하게 되었고 이 기업은 정보 제공을 통해 브랜드 인지도를 쌓을 수 있는 계기가 되었습니다. 해당 제휴를 통해 저희는 정보 제공 수수료를 받고, 기업은 방문자 유입과 브랜드 인지도를 늘림으로써 상호 간 '윈-윈'할 수 있었습니다.

현대해상 마케팅기획부에서는 수익 상품을 소비자들에게 거부감을 주지 않게끔, 전략적으로 다가서야 합니다. 상호 간 어떤 부분에 대해 이득을 취할 수 있을지 판단할 줄 알았던 제 전략적 사고력은 고객과 귀사의 거리감을 좁혀 수익성 증대에 보탬이 될 것입니다.

3. (CS마인드) Guide Page를 확인하시고 입력하시기 바랍니다. [1,000자 이내]

[CS마인드]

남을 배려하고 친절하게 행동하는 것이 습관화 되어 있으며, 낯선 사람에게도 쉽게 다가갈 수 있는 태도가 형성되어 있어 고객에게 편안함과 만족감을 줄 수 있는 정도

○기재내용 예시

　- 지금까지 누군가에게 기대 이상으로 일을 해 준 대표적인 사례 및 그로 인한 결과, 교훈 등

　- 처음 보는사람에게 먼저 다가가서 도움을 준 가장 최근의 경험 등

조건이 달려 있는 문항은 주의해야 합니다. 'CS 마인드'는 하나의 키워드입니다. 그렇기에 어떤 CS 마인드를 말하고 싶은 것인지 세부 주제를 설정해야 합니다. 그러나 현대해상 자기소개서의 경우 원하는 CS 마인드가 이미 정해져 있습니다. 즉, 세부 주제를 임의로 설정할 것이 아니라 요구하는 그대로 맞춰 작성해야 한다는 것입니다.

※ 기재내용 예시에 맞춰 작성할 것

택시기사마저 내게 프로포즈를

저는 오다가다 만난 사람들과도 쉽게 친구가 될 수 있는 치명적 매력을 가졌습니다. 이는 타인의 이야기를 적극 경청할 줄 아는 저의 자세에서 비롯되었습니다. 작년 겨울 지하철이 끊길 때까지 공부를 하다 택시를 타야만 했습니다. 하지만 5천 원뿐이었기에 금액만큼만 택시를 타고 나머지는 걸어 가야겠다 생각했습니다. 가는 도중 기사님이 자녀 이야기를 시작하셨고 저도 흥미를 느껴 적극 공감해드렸습니다. 계기판에 5천 원이 찍혔을 때 기사분께 제 사정을 말씀드렸고, 저와 이야기를 나누는 시간이 즐거우셨던 기사님은 돈을 받지 않으시고 집 앞까지 데려다 주셨습니다. 이런 제 매력을 토대로 현대해상 영업지원의 일원이 되었을 때 장·단기적 영업전략을 세워야 하는 과정에서 생기는 불협화음 속에서 열린 마음과 탁월한 소통 능력을 십분 발휘해 회사와 팀이 지향하는 목표에 도달하도록 보탬이 되겠습니다.

HIDDEN POINT

질문에서 요구하는 사항만 같다면, '복사+붙여넣기'가 가능하다.

현대해상에서 요구하는 CS 마인드 중 하나는 '낯선 사람에게도 쉽게 다가갈 수 있는 태도'였습니다. 이에 이전에 작성했던 '05 LG상사'의 2번 문항 '성격의 장·단점' 부분을 몇 글자 변경하지 않고 '복사+붙여넣기' 했습니다. 현대해상 문항에서 요구하는 바와, LG 상사 성격의 장·단점에서 어필했던 주제가 일치했기 때문입니다.

이처럼 물어보는 바가 유사하다면, 문항 일부만 변형하여 얼마든지 활용이 가능합니다.

매 자소서마다 처음부터 끝까지 새로운 내용으로 담아야 한다는 생각은 버리고, 미리 작성했던 자소서를 최대한 활용하시길 권유하는 바입니다. 그래야만 상/하반기의 수 많은 공고 속에서 시간 압박에 쫓기지 않고 자소서 작성이 가능합니다.

어느 기업의 인사담당자든지 그 기업에 집중하는 지원자를 선호하지만, 그 사람들이 나의 취업을 책임지지는 않습니다. 따라서 취준생들 또한 특정 기업만을 위한 자기소개서에 올인할 필요는 없습니다. 최소한의 비용으로 최대한의 효율을 가져가기 위해서라도 이미 작성한 에피소드를 최대한 활용하고, 지원하는 산업/기업의 특성에 맞게 조금씩 수정해 제출하기 바랍니다.

4. (팀워크) Guide Page를 확인하시고 입력하시기 바랍니다. [1,000자 이내]

[팀워크]

자기 개인보다는 팀과 조직을 우선 생각하며, 팀의 공동 목표 달성을 위해 협동하는 행동이 습관화되어 있고, 다른 사람들과 함께 일해 본 경험이 풍부한 정도

ㅇ기재내용 예시

– 다른사람과 협력하여 더 나은 결과를 얻을 수 있었던 대표적인 경험

– 내가 손해를 보더라도 팀의 목표를 달성하기 위해 헌신해 본 경험 등

질문 해석

기재내용 예시에 맞춰 작성합니다.

손해를 손해라고 생각하지 않을 때

국민은행에서 동계인턴을 한 경험이 있습니다. 인턴 생활이 시작되기 전, 직원들보다 30분 빨리, 다른 인턴들 보다 1시간 늦게 퇴근하자는 결심을 한 저는 2개월에 걸친 인턴 기간 동안 한 차례도 빠짐없이 이를 지켰습니다. 신입으로서 갖춰야 할 예의라고 생각을 했고, 늦은 시간까지 고생하시는 직원분들의 모습을 보니 집으로 가는 발이 쉽게 떼어지지 않아 단순하게 처리할 수 있는 업무를 자발적으로 맡아 했습니다. 이런 적극적 태도와 헌신적인 제 모습을 본 지점장님과 부지점장님은 제게 은행 인턴의 주된 업무인 단순한 객장 안내가 아니라 실질적으로 은행의 매커니즘을 배울 수 있도록 힘써주셨습니다. 또한 지점에 있는 모든 직원분들도 온라인으로 시험을 치는 인턴 CS평가를 자발적으로 도와주셨습니다. 한 팀인 직원분들을 도와드리는 일을 손해라고 여겼다면 객장 안내에만 그치고 말았을 인턴 업무를 보람되게 바꾸었고, 직원들의 마음 또한 살 수 있는 경험이었습니다.

5. (변화/혁신) Guide Page를 확인하시고 입력하시기 바랍니다. [1,000자 이내]

[변화/혁신]

현실에 안주하지 않고, 힘이 들더라도 현재보다 더 나아지기 위해 노력하며, 끊임없이 새로운 일에 도전해 나가는 정도

○기재내용 예시

– 어떤 문제점이나 부족한 점을 보고 개선하여 효과를 본 가장 대표적인 사례

– 최근에 새로운 일에 도전해 보았다면 그 이유와 결과 등

질문 해석

기재내용 예시에 맞춰 작성합니다.

뚫어라, 뚫린다! – 전통시장 활성화 프로젝트

전통시장 쇠퇴에 아쉬움을 느껴 대학생만의 프로젝트를 만들었습니다. 3달 동안 완성한 기획안을 OOOOOOO 측에 제안했었고 관계자분들과 여러 차례 논의했습니다. 하지만 성사 직전까지 갔던 프로젝트가 예산 문제로 무산되었습니다. 리더로서 함께 프로젝트를 준비했던 동료들에게 어떤 보상도 해줄 수 없다는 점이 너무나 안타까웠습니다. 하지만 책임져야 할 사람으로서 함께 낙담하기보다는 실패를 교훈 삼아 또 다른 성공으로 이끌어 내야겠다고 결심했습니다. 다른 기회를 살피던 중에 전통시장 아이디어 공모전이 있다는 것을 알게 되었고, 아이디어를 수정 및 보완하여 제출해 우수상이라는 값진 상을 얻을 수 있었습니다. 이 과정 속에서 발휘했던 타인을 설득하기 위해 체계적으로 준비한 기획력, 실패에 좌절하지 않고 재도전했던 경험을 토대로 어떤 예기치 못한 상황에서도 책임감 있게 다시 기지를 발휘하는 현대해상의 일원이 되겠습니다.

아쉬운 POINT

문항에서 요구한 '변화/혁신'과 일치하지 않는 주제가 섞여 있습니다. '이 과정 속에서 발휘했던 타인을 설득하기 위해 체계적으로 준비한 기획력'은 변화/혁신과는 무관한 이야기입니다. 이와 같이 주제와 일치하지 않는 것들은 글에서 말하고자 하는 바를 흐릴 수 있기 때문에 과감히 삭제해야 합니다.

뚫어라, 뚫린다! - 전통시장 활성화 프로젝트

전통시장 쇠퇴에 아쉬움을 느껴 대학생만의 프로젝트를 만들었습니다. 3달 동안 완성한 기획안을 OOOOOO 측에 제안했었고 관계자분들과 여러 차례 논의했습니다. 하지만 성사 직전까지 갔던 프로젝트가 예산 문제로 무산되었습니다. 리더로서 함께 프로젝트를 준비했던 동료들에게 어떤 보상도 해줄 수 없다는 점이 너무나 안타까웠습니다. 하지만 책임져야 할 사람으로서 함께 낙담하기보다는 실패를 교훈 삼아 또 다른 성공으로 이끌어 내야겠다고 결심했습니다. 다른 기회를 살피던 중에 전통시장 아이디어 공모전이 있다는 것을 알게 되었고, 아이디어를 수정 및 보완하여 제출해 우수상이라는 값진 상을 얻을 수 있었습니다. 마케팅기획 부서에서 근무하다 보면 제가 생각한 아이디어와 기획안 모두가 회사에서 활용될 순 없을 것입니다. 그러나 낙담하기보다는, 실패에 좌절하지 않고 성과를 창출했던 경험을 토대로 귀사를 위한 아이디어를 적극 제안하겠습니다.

6. (커뮤니케이션) Guide Page를 확인하시고 입력하시기 바랍니다. [1,000자 이내]

[커뮤니케이션]

다른 사람에게 자신의 의견에 대한 수용 및 동의를 이끌어 낼 수 있고, 진솔하게 확신에 찬 방식으로 상대방에게 깊은 인상을 심어줄 수 있는 정도

ㅇ기재내용 예시

　－ 다른 사람이 반대하는 일을 설득해 자신의 입장을 수용하도록 한 대표적인 경험

　－ 상대방과 의사소통을 함에 있어서 어려움을 겪었던 경험 및 극복방안 등

질문 해석

기재내용 예시에 맞춰 작성합니다.

위기를 뛰어넘은 리더십

맛집 동아리 초창기, 조직 내에서 연애가 팽배했고 얼마 지나지 않아 다들 사이가 틀어져 일부 인원이 나오지 않는 상황이 발생했습니다. 'X' 3개월설(3개월 안에 동아리가 망하고 말 것이라는 소문)이 돌았었고, 이 조직을 창단한 리더로서 마음이 착잡했습니다. 주변에서 들려오는 "지친다, 그만 두자."라는 소리와 회의 참석률이 40%도 안 되는 상황 속에 포기할까도 생각했습니다. 하지만 리더로서 이를 두고만 볼 수 없었고, 동아리원들을 한 사람 한 사람 찾아다니며 그들에게 동아리에 대한 비전과 각자 역할의 중요성에 대해 설명하고 설득했습니다. 제 끈질긴 노력을 알아준 동아리원들은 개인적인 이유를 제쳐두고 조직을 위한 마음으로 다시 찾아주었고, 이런 노력의 일환으로 현재 6기까지 진행된 동아리로 성장할 수 있었습니다. 이런 위기를 극복할 줄 아는 집념과 타인에게 동기부여할 줄 아는 역량을 바탕으로 영업지원팀의 보탬이 되겠습니다.

마케팅

BC카드

BC카드 자소서 항목

1. 자기소개(성장과정, 가치관, 태도 중심으로)

2. 최근 관심분야(관심을 가지게 된 배경 및 활동 내용 중심으로)

3. 나만의 특별하거나 특이한 경험

4. 다른 사람들과 차별화될 수 있는 나의 강점

5. 직장관(나에게 있어 직장이란?)

6. 지원사유(내가 채용되어야 하는 이유 중심으로)

1. 자기소개(성장과정, 가치관, 태도 중심으로) [500자 이내]

이기려면 뻔뻔하라

뻔뻔함은 부정적 의미가 아니라 "주눅 들지 않는다, 붙임성 좋다, 앞장선다."라고 할 수 있는 생존을 위한 훌륭한 도구이고, 나 자신에게 뻔뻔해져야 나를 이기며 남에게 주눅 들지 않고 목표를 달성할 수 있는 승자가 될 수 있음을 깨달았습니다. [1문단 – 본 인만의 가치관을 제시, 뻔뻔함이라는 부정적 의미를 긍정화]

인간관계가 서툴렀던 저는 뻔뻔함을 제 무기로 만들고자 끊임없이 노력했으며, 결국 누구에게나 쉽게 다가가고 인테크가 무엇인지 아는 '회원 수 4,000명', '2012년 최고의 동아리'에 선정된 맛집 동아리 'X' 창단자 및 1대 회장이 될 수 있었습니다. 또한 이 뻔뻔한 추진력을 적극 활용해 동아리가 발전할 수 있도록 기업 및 정부기관에 기획안을 직접 제안해 공동 프로젝트를 함께 진행한 경험이 있습니다. [2문단 – 뻔뻔함을 보여줄 수 있는 스토리텔링과 성취]

이런 인간적 매력, 추진력의 근원이 된 긍정적 뻔뻔함을 토대로 BC카드 마케팅 분야의 일원이 되어 긍정정 뻔뻔함을 적극 활용해 팀에 녹아 들고, 귀사에 매출을 향상시킬 수 있는 전략을 체계적으로 수립해 수익 향상에 기여하겠습니다. [3문단 – 배움 및 적용]

아쉬운 POINT

3문단

긍정적 뻔뻔함이 귀사 매출에 어떤 보탬이 될 수 있을지 조금 더 자세하게 기재했다면 좋겠습니다.

이기려면 뻔뻔하라

뻔뻔함은 부정적 의미가 아니라 "주눅 들지 않는다, 붙임성 좋다, 앞장선다."라고 할 수 있는 생존을 위한 훌륭한 도구이며 나 자신에게 뻔뻔해져야 나를 이기며 남에게 주눅 들지 않고 목표를 달성할 수 있는 승자가 될 수 있음을 깨달았습니다.

인간관계가 서툴렀던 저는 뻔뻔함을 제 무기로 만들고자 끊임없이 노력했으며, 결국 누구에게나 쉽게 다가가고 인테크가 무엇인지 아는 '회원 수 4,000명', '2012년 최고의 동아리'에 선정된 맛집 동아리 'X' 창단자 및 1대 회장이 될 수 있었습니다. 또한 이 뻔뻔한 추진력을 적극 활용해 동아리가 발전할 수 있도록 기업 및 정부기관에 기획안을 직접 제안해 공동 프로젝트를 함께 진행한 경험이 있습니다.

이런 인간적 매력, 추진력의 근원이 된 긍정적 뻔뻔함은 BC카드 마케터로서 신규 캠페인을 효과적으로 집행하는 데 도움이 될 수 있을 것입니다. 이해관계에 있는 부서를 기분 좋게 설득하는 매력을 통해 우리가 추진하고자 하는 새로운 아이디어를 현실화시키는 데 책임을 다하겠습니다.

2. 최근 관심분야(관심을 가지게 된 배경 및 활동 내용 중심으로) [500자 이내]

질문 해석

말 그대로 본인의 실제 관심분야를 기재하는 것보다는 해당 산업/직무와 관련된 내용을 기재하는 것이 좋습니다.

- 관심을 갖게 된 배경
- 에피소드
- 배움 및 적용

뚫어라 뚫린다!

전통시장 쇠퇴에 아쉬움을 느껴 대학생만의 프로젝트를 기획했습니다. 3달 동안 완성한 기획서를 ○○○○○○ 측에 제안했고 관계자분들과 여러 차례 논의했습니다. 하지만 성사 직전까지 갔던 프로젝트가 예산 문제로 무산되었습니다. 리더로서 함께 프로젝트를 준비했던 동료들에게 어떤 보상도 해 줄 수 없다는 점이 너무나 안타까웠습니다. 하지만 함께 낙담하기보다는 실패를 교훈 삼아 또 다른 성공으로 이끌어 내야겠다고 결심했습니다. 다른 기회를 살피던 중에 전통시장 아이디어 공모전이 있음을 알게 되었고, 수 차례 검토 후 제출해 아이디어 우수상이란 값진 결과를 얻을 수 있었습니다. 우수상이란 결과도 중요하지만 실패를 두려워하지 않고 재도전해 성과를 창출한 과정이 제겐 큰 배움이 되었습니다. 이는 귀사의 인재상인 도전정신에 충족될 뿐만 아니라, 앞으로 어떤 예기치 못한 상황을 마주하더라도 다시 기지를 발휘해 BC카드에 긍정적 결과를 만들어 낼 자양분이 될 것입니다.

HIDDEN POINT

의도적인 소재 선택

다른 경험(에피소드)도 있었겠지만 관심분야를 서술하라는 문항에 굳이 이 에피소드를 기재한 이유는 마케터로서의 역량을 보여줄 수 있기 때문이라는 판단 때문이었습니다. 특정 계기를 통해 프로젝트를 자발적으로 기획한 부분과, 아이디어를 끈질기게 성과로 내 보이는 점 등이 마케터가 가져야 할 소양이라고 생각했기에 해당 경험을 타 문항보다는 굳이 2번에 기재한 것입니다. 문항에 따른 에피소드 선정도 전략적으로 행할 필요가 있습니다.

3. 나만의 특별하거나 특이한 경험 [500자 이내]

질문 해석

- 에피소드를 먼저 떠올리기 전 해당 문항에서 어떤 메시지를 전달할지 '세부 주제' 먼저 설정
- 세부 주제와 부합하는 에피소드 기재
- 배움 및 적용

알려라! 대학교 맛집 – 대학교 맛집 전도사!

○○○라는 소셜커머스 기업에 기획서를 제안해 함께 공동 프로젝트를 진행한 경험이 있습니다. '맛집추천우후'라는 공동 프로젝트는 '맛'과 관련된 전문가들이 하나의 스토리를 만들어 일반인들에게 맛집 정보를 제공하는 콘텐츠였습니다. 저는 그 중에서 대학생 '맛' 대표로서 약 40개 대학 주변의 맛집을 제공하는 역할과 어떻게 하면 효과적으로 이 사이트를 알릴 수 있을지 방법을 제시하는 역할을 맡았습니다. 이 프로젝트를 진행하면서 아이디어를 통해 콘텐츠를 개발하고, 콘텐츠로 인하여 사람들이 사이트로 유입되고 매출로 직접 연결되는 과정을 보고 배울 수 있었습니다. 저는 마케팅 중에서도 영업전략과 매출계획을 수립하는 마케팅 기획 업무를 통해 제 역량을 펼쳐보고 싶습니다. 전략적인 사고를 바탕으로 제안한 기획서와 프로젝트를 성사시키는 추진력을 바탕으로 BC카드 마케팅부서에서 제 존재감을 빛낼 수 있을 것이라 생각합니다.

아쉬운 POINT

세부 주제라기보다는 키워드를 중심으로 글이 작성되었습니다. 또한, 그 키워드도 한 가지가 아닌 '기획력', '추진력' 두 개로 나뉘었기 때문에 어필하고자 한 바가 정확히 어떤 것인지 모호해집니다. 둘 중 하나의 키워드만 선정하고, 주제를 세분화하여 작성하는 것이 좋겠습니다.

알려라! 대학교 맛집 - 대학교 맛집 전도사!

○○○라는 소셜커머스 기업에 기획서를 제안해 함께 공동 프로젝트를 진행한 경험이 있습니다. '맛집추천우후'라는 공동 프로젝트는 '맛'과 관련된 전문가들이 하나의 스토리를 만들어 일반인들에게 맛집 정보를 제공하는 콘텐츠였습니다. 저는 그 중에서 대학생 '맛' 대표로서 약 40개 대학 주변의 맛집을 제공하는 역할과 해당 콘텐츠를 통해 사이트를 알릴 수 있는지 방법을 제시하는 역할을 맡았습니다.

단순히 좋은 콘텐츠만 제공하면 유저들이 자연스럽게 유입될 것이란 제 판단은 진행 과정에서 틀렸음을 알게 되었습니다. 즉, 킬링 콘텐츠를 효과적으로 알리기 위한 파생 수단에 대하여 정확한 이해를 갖춘 마케터만이 업무 성과를 올릴 수 있음을 깨닫게 되었습니다. 이런 교훈을 바탕으로 우리가 흔히 SNS로만 활용하고 있는 페이스북을 광고 매체로 인지하게 되었고 알고리즘에 대한 완벽한 이해를 바탕으로 홍보를 실시해 유의미한 성과를 얻어낼 수 있었습니다. BC카드 마케터는 종합 예술인이 되어야 한다고 생각합니다. 본인 직무에 한하여 분석하고 기획만 하는 우물 안 개구리가 아닌, 파생될 수 있는 수단을 모두 사전에 이해하고 있는 종합전략가가 되겠습니다.

4. 다른 사람들과 차별화될 수 있는 나의 강점 [500자 이내]

질문 해석

3번 문항과 동일하게 본인을 뽑아야 하는 차별화된 강점에 대해 작성해 달라는 문항입니다.

- 본인만의 차별화된 강점(도전정신, 창의력, 책임감 등)
  : 단, 강점 자체는 키워드이므로 해당 키워드로부터 파생된 세부 주제 설정 필요
- 세부 주제와 부합하는 에피소드
- 배움 및 적용

택시기사마저 내게 프로포즈를

저는 오다가다 만난 사람들과도 쉽게 친구가 될 수 있는 치명적 매력을 가졌습니다. 이는 타인의 이야기를 적극 경청할 줄 아는 저의 자세에서 비롯되었습니다. 작년 겨울 지하철이 끊길 때까지 공부를 하다 택시를 타야만 했습니다. 하지만 지갑엔 5천 원뿐이었기에 금액만큼만 택시를 타고 나머지는 걸어 가야겠다 생각했습니다. 가는 도중 기사님이 자녀 이야기를 시작하셨고 저도 흥미를 느껴 적극 공감해드렸습니다. 계기판에 5천 원이 찍혔을 때 기사분께 제 사정을 말씀드렸더니 저와 이야기를 나누는 시간이 즐거우셨던 기사님은 돈을 받지 않으시고 집 앞까지 데려다 주셨습니다.

이는 저의 인간적 매력과 의사소통 능력을 방증한다고 생각합니다. 이를 적극 활용하여 BC카드의 마케팅 일원이 되었을 때, 시장 조사 분석 및 전략 수립 과정에서 생길 수 있는 불협화음 속에서 열린 마음과 탁월한 소통 능력을 십분 발휘해 회사와 팀이 지향하는 목표에 도달하도록 보탬이 되겠습니다.

아쉬운 **POINT**

'BC카드 1번 문항'에서 이미 뻔뻔함을 설명하면서 '인간적 매력'에 대해 어필했습니다. 여러 문항을 통해 자신이 보유하고 있는 다양한 역량에 대해 언급하는 것이 좋은데, 이처럼 내용이 중복되면 다른 역량을 이야기할 수 있는 기회를 놓치게 됩니다. 의사소통 능력을 위주로 글을 재편하는 것이 좋겠습니다.

택시기사마저 내게 프로포즈를

저는 오다가다 만난 사람들과도 쉽게 친구가 될 수 있는 치명적 매력을 가졌습니다. 이는 타인의 이야기를 적극 경청할 줄 아는 저의 자세에서 비롯되었습니다. 작년 겨울 지하철이 끊길 때까지 공부를 하다 택시를 타야만 했습니다. 하지만 지갑엔 5천 원뿐이었기에 금액만큼만 택시를 타고 나머지는 걸어 가야겠다 생각했습니다. 가는 도중 기사님이 자녀 이야기를 시작하셨고 저도 흥미를 느껴 적극 공감해드렸습니다. 계기판에 5천 원이 찍혔을 때 기사분께 제 사정을 말씀드렸더니 저와 이야기를 나누는 시간이 즐거우셨던 기사님은 돈을 받지 않으시고 집 앞까지 데려다 주셨습니다.

이는 기분 좋게 상대의 어깨춤을 추게 하는 저만의 의사소통 능력을 방증한다고 생각합니다. 이를 적극 활용하여 BC카드의 마케팅 일원이 되었을 때, 시장 조사 분석 및 전략 수립 과정에서 생길 수 있는 불협화음 속에서 열린 마음과 탁월한 소통 능력을 십분 발휘해 회사와 팀이 지향하는 목표에 도달하도록 보탬이 되겠습니다.

5. 직장관(나에게 있어 직장이란?) [500자 이내]

질문 해석

다른 지원자들과 차별화하기 쉽지 않은 문항입니다. 실제 취준생들이 생각하는 직장생활의 의미는 '자아 실현', '경제적 수단', '전문가로 성장하기 위한 터전' 등으로 한정적입니다. 그렇기에 소재 자체에 너무 골머리를 썩을 필요는 없다고 생각합니다. 소재보다는 이를 논리적으로 보여줌으로써 어필할 방법에 대해 고민하는 편이 좋겠습니다.

- 본인이 생각하는 직장생활에 대한 정의
- 정의된 바와 부합하는 에피소드 기재
- 배움 및 적용

직장이란 헌신하면 기회가 돌아오는 곳이라 생각합니다. 국민은행 인턴 생활을 시작하면서 직원들보다 30분 빨리, 다른 인턴들보다 1시간 늦게 퇴근하자는 결심을 한 저는 2개월에 걸친 인턴 기간 동안 한 차례도 빠짐없이 이를 지켰습니다. 신입으로서 갖춰야 할 예의라고 생각했고, 늦은 시간까지 고생하시는 직원분들을 보니 가는 발이 쉽게 떼어지지 않아 단순하게 처리할 수 있는 업무를 자발적으로 맡아 했습니다. 이런 적극적 태도와 헌신적인 제 모습을 지켜본 부지점장님은 제게 인턴의 주된 업무인 단순 객장 안내가 아니라 실질적으로 은행 메커니즘을 배울 수 있도록 힘써 주셨습니다. 또한 팀원들이 PT 경진대회를 준비하는 데 있어 적극적으로 도와주셔서 우수상이라는 쾌거를 이룰 수 있었습니다. 조직을 위해 헌신할 줄 아는 자세, 배려심은 제게 더 큰 기회로 돌아온다는 것을 알고 있습니다. BC카드의 일원이 되었을 때 이 자세를 항상 유지하고, 조직 공동의 목표달성을 위해 남들보다 조금 더 희생하겠습니다.

6. 지원사유(내가 채용되어야 하는 이유를 중심으로) [500자 이내]

In 종로 호스텔, 외국인 울렁증 극복기

아쉽게도 저는 어학연수, 교환학생을 경험하지 못했습니다. 이를 보완하고자 어떻게 하면 영어 실력 향상은 물론 외국인 울렁증을 극복할 수 있을까를 고민하던 중 우리나라에 외국인 여행객들이 찾는 호스텔이 있을 것임을 착안해 종로에 소재한 'ㅇ GUESTHOUSE'에 연락했습니다. "문화교류 프로그램을 만듦으로써 외국인 여행객을 끌어들일 수 있고 제겐 영어를 배울 수 있는 윈윈 전략"이라며 제안했고, 사장님은 흔쾌히 수락하셨습니다. 그곳에서 만난 덴마크, 캐나다 친구들에게 광장시장 등 '명소'와, 가이드북에 나와 있는 음식점이 아닌 한국의 '진정한 맛집'들을 직접 소개해 줬습니다. 그 이후 제게 외국인 친구가 생기기 시작했고, 자연스레 영어실력 향상은 물론 울렁증 또한 극복할 수 있었습니다. 이처럼 제한된 상황 속에서 효율을 극대화시킬 줄 아는 역량, 조그만 차이로 새로운 기회를 불러일으키는 도전정신을 가진 저는 귀사가 찾는 일꾼이라고 생각합니다.

HIDDEN POINT

세부 주제를 통해 스토리텔링 최적화

도전정신은 키워드입니다. 따라서 주제가 될 수 없습니다. 필자는 해당 도전정신을 '효율을 극대화하고, 새로운 기회를 만듦'이라며 세부 주제를 수립했습니다. 주제가 먼저 명확히 설정되었기 때문에 이에 부합하는 에피소드만 전달했고 일관성 있는 글이 되었습니다.

08

이외 합격 금융권&언론사 중
참조할 문항

1) MBC(예능PD)

Q. 당신 인생의 롤모델은?

아무런 고민 없이 롤모델/존경하는 인물을 선정해 작성하면 기업에서 원하는 답변이 아닐 가능성이 높습니다. 어떤 질문이든 '도대체 이 문항의 질문 의도는 무엇일까?'하고 스스로에게 질문하면서 전략적으로 다가가야 합니다.

정말로 인사담당자가 지원자의 롤모델이 누구인지가 궁금할까요? 만약 그렇다면 인사담당자의 롤모델과 일치한다면 좋은 점수를 받을 수 있겠네요! 그러나 그들은 여러분이 생각하는 롤모델 대상 자체가 궁금한 것이 아니라, 롤모델의 '어떤 점'을 본받고 싶은 것인지가 궁금한 것입니다. 이를 통해 지원자의 가치관을 엿볼 수 있기 때문입니다.

조금 더 전략적으로 접근하고자 한다면, 본받고 싶은 점을 선택할 때, 이를 지원하고자 하는 직무와 연관시키면 좋습니다. 필자의 경우 타 부서와의 원활한 커뮤니케이션이 필수인 지원(staff) 부서였기에 '상대를 내 사람으로 만들 줄 아는 포용력을 갖춘 인재'가 되는 것이 중요하다고 판단했습니다. 이에 아래 사례에서 이를 가장 잘 보여줄 수 있는 인물을 전략적으로 선택한 것입니다.

상대를 내 사람으로 만드는 힘 - '조조'의 사랑혁명

삼국지의 '조조'야말로 사람을 소중히 생각하는 '인테크'를 아는 인물이라 할 수 있습니다. 스스로도 능력이 뛰어나지만 인재를 등용하기 위해 자신의 몸을 낮출 줄 아는 위인이 바로 조조였습니다. 또한 그는 인간적인 매력으로 사람들을 휘어잡는 능력이 있었습니다. 그의 밑에 수 많은 영웅호걸, 지략 높은 책사들이 충성을 다해 몸 바쳤던 것은 이를 증명해주기에 충분합니다. [1문단 - 특정 인물을 존경하는 이유]

방송프로그램을 만들어 서로 경쟁하는 현실은 삼국시대와 별 다를 바가 없습니다. 무한경쟁의 방송 환경에서 승리를 거두기 위해 필요한 것은 결국 '대인관계, 사람을 다룰 줄 아는 힘'이라 생각합니다. 방송프로그램이라는 것이 단순히 PD 혼자만의 능력으로 이루어지지 않는다고 생각합니다. 시청자들에게 웃음을 주기 위해서는 어떻게 하면 함께 일하는 스태프들과 즐겁게 일할 수 있을까를 먼저 생각해야 한다고 생각합니다. 우리가 즐겁게 일해야 시청자들도 덩달아 프로그램을 보며 즐거울 수 있기 때문입니다. 이처럼 사람을 중요시하는 조조의 혜안을 본받아 모두가 즐겁게 일할 수 있는 PD가 되도록 노력해 시청자들에게 웃음꽃을 선사하겠습니다. [2문단 - 배움 및 적용]

소제목, 섹시하게 작성할 것

소제목의 중요성에 대해서는 PART 2의 '05 소제목, 섹시하게 작성하라'에서 이미 다루었습니다. 소제목은 글에서 가장 먼저 눈에 띄는 부분이기 때문에 차별화하면 인사담당자의 이목을 끌 수 있을 것입니다.

예를 들어 '존경하는 인물'을 묻는 문항이 있다고 가정합시다. 필자는 개인적으로 삼국지 '조조'라는 인물에 대해 매력을 느끼는데, 다른 지원자들 중에서도 해당 인물을 존경해서 자소서에서 '조조'에 대해 쓰고자 하는 사람들이 있을지도 모릅니다. 그러나 같은 인물을 소재로 삼더라도 소제목은 아래 A, B처럼 달라질 수 있습니다.

A : 내가 존경하는 인물 – 삼국지 '조조'
B : 상대를 내 사람으로 만드는 힘, '조조'의 사람 혁명

소제목 A와 B 중 어떤 문장에 더 시선이 가시나요? 단연코 B입니다. 뿐만 아니라 B는 주제마저 드러납니다. '조조의 인간적 매력, 커뮤니케이션 능력이 존경할 점'이라는 것을 보자마자 알 수 있습니다. 반면 소제목 A는 어떤 메시지를 던지려고 하는지 드러나지 않을 뿐만 아니라, 문장 자체의 독창성도 없기 때문에 매력적이지 않게 느껴집니다.

'섹시한 소제목'을 어떻게 발췌할 수 있는지 다시 한 번 복습하자면, 서점을 방문하는 것입니다. '상대를 내 사람으로 만드는 힘, 조조의 사람 혁명'은 사실 책 제목을 바탕으로 작성된 문장입니다. 일반적으로 우리나라 성인들의 독서량이 그리 많지 않기에 해당 제목이 도서의 타이틀인지 구별할 수 있는 사람은 많지 않습니다. 인사담당자도 마찬가지입니다. 책 제목은 도서 판매 극대화를 위해 할 수 있는 한 가장 임팩트 있는 표현을 고심해서 작성한 문구입니다. 따라서 이런 부분을 적절히 활용한다면 자기소개서에 활용할 수 있는 나만의 임팩트 있는 소제목을 작성할 수 있습니다.

2) 하나카드(구 하나SK카드/마케팅)

Q. 지원동기 및 입사 후 포부 [600자]

질문 해석

- 왜 카드 산업에 뛰어들고자 했는지
- 많은 카드회사 중에서도 왜 하필 하나카드(구 하나SK카드)를 지원하는지
- 많은 직무 중에서도 지원 직무를 택한 이유
- 입사 후 포부

태풍 속에서 살아남으려면 태풍의 눈으로

21세기 한국을 이끌어갈 원동력의 핵심은 금융 산업이라고 자신합니다. 또한 다양한 금융업 중, 무한한 발전 가능성을 가진 카드시장이야말로 진정한 "태풍의 눈"이라고 믿어 의심치 않습니다. 급변하는 자본시장에서도 높은 성장 잠재력과 항상 지속적인 자기계발을 통한 성장이 요구되는 직종이기 때문입니다.

금융업을 대표하는 카드회사가 평생 직장이 되길 꿈꾸는 취업준비생들 중, 하나금융지주라는 자부심으로 금융 한국을 이끌어 나가는 하나SK카드와 그 시작을 함께 하고 싶은 것은 저만의 생각이 아닐 것입니다. 한국 최고의 카드사를 넘어 아시아를 대표하는 카드회사에서 전 세계에 대한민국 금융영토를 넓히기 위해, 언제 어디서나 최고라는 명예와 자부심을 가지고 최선을 다하는 하나SK인이 되겠습니다.

카드영업 마케팅 전문가는 책상물림만 하며 망상만 하는 사람이 아니라, 현장을 통해 감각을 찾는 사람입니다. 입사 후에는 국내에서 열리는 카드 업계 포럼에 적극 참여하고, 카드 영업점 구석구석 발로 뛰어다니는 성실한 사원이 되고자 합니다.

범용 가능한 지원동기

해당 형식 또한 범용 가능한 지원동기입니다.

> 21세기 한국을 이끌어갈 원동력의 핵심은 OO 산업이라고 자신합니다. 또한 OO 산업 중, 무
> 한한 발전 가능성을 가진 OO 시장이야말로 진정한 "태풍의 눈"이라고 믿어 의심치 않습니다
> … (중략) …

여러 번 언급한 바와 같이 이러한 범용 지원동기는 우수한 평가까진 받지 못합니다. 다만, 해당 산업
과 기업에 대한 전반적인 지식이 부족할 때, 또는 급하게 제출해야 할 때에는 위와 같은 범용할 수
있는 문장들을 준비하시고, OO으로 된 부분만 맞게 채워 넣는다면 제한된 시간 안에 여러 기업에 지
원이 가능합니다.

※ MBC(예능PD)와 하나카드(구 하나SK카드, 마케팅) 합격 자기소개서의 나머지 문항에 대한 원본은
   히든자소서 네이버 카페(http://cafe.naver.com/hiddenresume)에서 다운로드 받으실 수 있습니다.
   간단하게 카페 가입만 하시면 다운로드 가능합니다.

MEMO

PART

5

히든자소서

BEST 수강생
합격 사례 및
코멘트

금융권 첫 도전, 은행 ALL-KILL

국어국문학도 취준생

금융 자격증, 인턴 및 공모전 경험 하나 없이 지원했던 시중은행에 모두 합격한 여성 취준생입니다. 18년도 하반기의 경우 서류 통과 기준이 적합/부적합이었기 때문에 상대적으로 은행권 서류 통과가 무난했으나, 이 시기(17년 하반기)에는 은행권 서류 경쟁이 매우 치열했습니다. 17년도 하반기가 취업 첫 도전이었고, 자소서를 단 한 번도 써보지 않았던 취준생이기에 오히려 성과가 좋았다고 생각합니다. 그야말로 백지의 상태였기 때문에 필자가 강조한 사항들을 그대로 자기소개서에 반영하려 했고, 그에 대한 노력이 결과로 나타났습니다.

취업 후기를 통해 수강생이 자기소개서 합격에 있어 강조한 부분은 1) 방향성과 2) 인사이트입니다. PART 1&2에서 언급한 자소서 작성 이론에 따라 회사가 원하는 방향에 맞추어 자기소개서를 작성했습니다. 또한 경험 그 자체보다는, 경험을 통해 보여줄 수 있는 '인사이트', 즉 배움이 자기소개서의 핵심이라는 것을 언급했습니다. 금융권 관련 경험이 없기 때문에 상대적으로 불리할 것이라는 생각이 들었고, 카페 아르바이트 경험으로 과연 합격할 수 있을지에 대한 의구심이 있었다고 합니다. 하지만 수업 시간 중간중간 피드백을 통해 소소한 사례로도 보여줄 수 있는 인사이트만 우수하다면 합격할 것이라고 확신을 주었고, 결과적으로 만족할 만한 성과를 기록했습니다. 아래 4가지 합격 사례를 통해 지원자가 언급한 '방향성과 인사이트'를 자기소개서 내에서 찾아보기 바랍니다!

※ 후기 확인 : https://cafe.naver.com/hiddenresume/1097

1. IBK기업은행 행원 합격 자기소개서

✎ 본인의 적성과 성향이 어떤 면에서 은행원에 적합하다고 생각하는지 그 이유와 왜 IBK기업을 지원하였는지 진솔하게 설명해 주십시오. [1,300 bytes 이내]

주문하신 행복 한 잔 나왔습니다, 커피는 덤

지난 근 1년간 모 대학교 카페에서 주말 아르바이트를 한 경험이 있습니다. 교내 카페다 보니 손님 대부분은 학생과 교·직원분들이셨고, 매번 오시는 분들이 거의 정해져 있었습니다. 손님의 얼굴과 18번 메뉴에 익숙해질 때쯤 저는 기존의 "어서오세요. 주문하시겠어요?"가 아닌 "선생님 오셨어요? 오늘도 따뜻한 마끼아또로 드릴까요?"로 손님을 맞았습니다. 고작 말 두 마디를 바꾸었을 뿐인데 음료를 받아 가시는 손님의 얼굴엔 작은 미소가 번졌고, 그 미소를 보는 저 역시 훨씬 더 즐겁게 일할 수 있었습니다. 이전엔 '그냥 커피 한 잔'을 드렸다면, 이후엔 제 마음을 담은 '그 고객만을 위한 행복 한 잔'과 '커피까지 덤'으로 드릴 수 있었기 때문입니다. (에피소드 및 주제)

이러한 마음가짐은 은행원이 지녀야 할 중요 덕목 중 하나라고 생각합니다. 은행의 서비스는 곧 '고객 맞춤형 행복관리 서비스'이며, 그 과정에서 은행원 또한 행복을 얻을 수 있을 때 보다 진정성 있고 차별화된 서비스를 제공할 수 있습니다. (해당 적성/성향이 은행원과 적합하다고 생각하는 근거) 고객의 행복과 은행원의 행복이 함께하기 때문입니다.

중소기업에도 어딜 가도 받을 수 있는 서비스가 아닌, '당신만을 위한 행복금융 서비스'가 제공되어야 합니다. 이를 위해서는 기업의 정량적 정보는 물론, 정성적 정보에 대한 수집이 적극적으로 이루어져야 합니다. 기업금융을 선도하는 귀사에서 이러한 정성적 정보에 대한 데이터베이스 강화를 통해 관계형 금융 등과 같은 대출방식의 활성화에 보탬이 되고 싶습니다.

GOOD ▶ POINT

소소한 사례로도 충분히 합격 가능하다는 것을 보여준 단적인 사례라고 생각합니다. 여기서의 포인트는 에피소드 자체가 아니라, 에피소드를 통해 얻을 수 있는 '배움'이 매력적인 점입니다. 또한 이를 기업은행의 사업영역 중 하나와 엮어냈습니다. 기업은행과 연관성이 높은 중소기업을 언급하면서 어디서나 받을 수 있는 서비스가 아닌, 당신만을 위해 덤으로 무언가를 줄 수 있는 서비스를 제공한다는 식의 뉘앙스를 전달했습니다. 기업은행 지원동기로 충분히 자연스럽습니다.

🔍 지금까지 본인이 한 일 중에서 가장 열정적이고 주도적으로 한 일은 무엇이며, 그 일을 통해 배우고 느낀 점을 중심으로 설명해 주십시오. [1,300 bytes 이내]

10만 원을 잡기 위한 10분이 바꾼 24시간

커피를 좋아하는 저는 매일 아침 커피를 사 마시는 습관이 있었습니다. 그렇게 매일 3~4천 원짜리 커피를 마시다 보니 매달 커피값으로만 10만 원을 넘게 쓰고 있었습니다. 아무리 끊기 힘든 습관이라 해도 생활비에서의 비중이 너무 컸습니다. 그래서 커피를 사 마시는 대신 10분만 일찍 일어나 보온병에 직접 커피를 타 가기로 마음 먹었습니다. 카페 아르바이트를 하는 주말엔 무료로 커피를 마실 수 있었기 때문에 주중엔 꽤 해봄 직한 일이라 생각되었습니다.

그러나 아침잠 10분을 줄이는 일은 생각만큼 쉽지 않았습니다. 초반에는 매일 아침 잠과의 사투를 벌여야 했습니다. 그렇게 열흘이 지나자 몸도 적응하기 시작했습니다. 이렇게 '하루 10분을 더 사는 삶'을 본격적으로 살면서, 매일 매일이 달라지기 시작했습니다. 직접 커피를 준비하는 10분 동안 오늘 하루를 어떻게 보낼 것인지에 대해 간단히 생각하는 습관이 생겼고, 이 작은 습관이 하루의 낭비를 최소화하는 데에 많은 도움이 되었기 때문입니다. 그 결과 이전보다 훨씬 더 알찬 하루를 살 수 있게 되었습니다. (주도적으로 변화한 행동)

이처럼 커피값을 아끼기 위한 10분의 노력이 24시간을 바꾸어 놓았습니다. 이전엔 24시간을 바꾸기 위해 24시간의 계획을 세우던 저였습니다. 변화의 씨앗은 우리가 '발명'하는 것이 아니라 어딘가 숨겨져 있는 것을 '발견'하는 것입니다. (본인이 생각하는 '변화'의 정의) 지금도 우리 주변에는 많은 변화의 씨앗들이 숨어 있습니다. 그것을 발견하여 성장의 발판으로 삼는 사람이 되고 싶습니다. (변화를 주도적으로 실행해야 함)

GOOD ▶ POINT

HIDDEN POINT에서 언급했던 소소한 사례를 활용해 합격하는 방법을 정확히 옮겼습니다. 변화에 대한 본인만의 문장으로 정의 내린 점 역시 우수합니다. 문항에서 요구한 주도성을 '주도적 변화'로 포인트를 맞췄기 때문에 글에서 작성한 부분들이 유기적으로 흘러갑니다.

🔖 **타인과의 관계에서 가장 힘들었던 상황을 설명하고, 그 상황을 극복하는 과정에서 새롭게 발견한 자신의 가치에 대해 구체적인 경험을 들어 설명해 주십시오. [1,300 bytes 이내]**

소통의 첫걸음, 고무줄 눈높이

상대방과의 소통은 상대의 눈높이를 맞추는 것에서 시작합니다.

지난 여름 초등학교 경제교육 봉사에 참여한 적이 있습니다. 과외, 멘토링 모두 중·고등학생만 했었기 때문에 걱정이 앞섰습니다. 아니나 다를까 커리큘럼에 충실하고자 했던 제 계획은 봉사 첫날 완전히 틀어져 버렸습니다. 초등학생 수업은 말 그대로 예측 불가능한 변수들의 집합소였습니다. 갑자기 교재를 찢어버리는 학생이 있는가 하면, 말도 없이 교실 밖으로 나가는 학생, 발표 기회를 못 얻어 우는 학생 등 돌발행동을 하는 학생들이 꽤나 있었습니다. 또한 학생들이 집중력을 자꾸 잃는 탓에 설명을 반복해야 했고 그 결과 커리큘럼을 다 소화해낼 수 없었습니다. (관계에서 가장 힘들었던 상황)

저는 다음 봉사를 위한 대책이 시급함을 느꼈습니다. 그래서 애들이 특히 어려워하거나 집중하지 못했던 주제에 대해서는 시청각 자료를 추가하였고, 돌발행동과 관련해서는 수업 전에 애들에게 주지시킨 뒤, 이후 보상을 약속함으로써 최소화하려 했습니다. 그 결과 다음 봉사때는 학생들의 수업 이해도 및 집중도가 훨씬 높아졌습니다. (극복 노력) 상대의 눈높이를 맞추는 제 작은 노력만으로 소통이 훨씬 더 원활해지는 것을 경험했던 하루였습니다. (새롭게 발견한 자신의 가치) 이처럼 소통의 첫걸음은 고무줄 눈높이를 갖추는 것입니다. 고객의 눈높이에 자유자재로 맞출 수 있는 고무줄 눈높이 행원이 되어 고객감동을 실현하겠습니다. (적용)

GOOD ▷ POINT

'에피소드(관계 시 어려웠던 사항) – 해결 – 배움(눈높이) – 적용(고객감동)'의 논리를 갖추어 작성했습니다. 문항에서 요구하는 바에 대한 모든 대답이 담겨 있으며, 3단 논법을 사용했기 때문에 설득력을 배가시킵니다.

✎ 삶은 선택의 연속이라고 합니다. 지금의 나를 있게 만든, 가장 기억에 나는 선택의 순간은 어떤 것이었으며 그 결과는 어떻게 되었는지 구체적으로 설명해 주십시오. [1,300 bytes 이내]

내 인생의 다음 페이지를 바꾼 400페이지

인생의 결정을 바꾸는 크고 작은 계기들은 가까운 주변에 있기 마련입니다. 국문학도였던 제가 경제학을 제2전공으로 삼고 금융인의 길을 택하게 된 데에는 아버지의 영향이 매우 컸습니다. 아버지께서 선물해주신 한 책이 제 진로에 대한 생각을 결정적으로 바꾸었습니다. (결정적 영향)

경제하면 무조건 어렵게만 느끼던 저였습니다. 그런 저도 대부분 이해할 수 있도록 쓰인 이 책은 주식, 채권, 부동산 투자부터 기초회계까지 다루어 주었고, 경제 외 다양한 주제도 함께 다뤄 지루할 틈이 없었습니다. 저만의 멘토를 자처하신 아버지의 도움을 받으며 책을 완독하는 과정에서, 경제에 재미를 붙일 수 있었을 뿐만 아니라 세계를 움직이는 금융의 힘에 굉장한 매력을 느꼈습니다. 금융시장을 읽는 것은 곧 세상을 읽는 것과 다름이 없었기 때문입니다. 이처럼 금융에 매료되면서 금융권 취업까지 생각하게 되었습니다. (지금의 나를 만든 도서)

이후에 제 삶은 많이 달라졌습니다. 이전엔 상상도 못했던 가치투자동아리 활동, 모의투자대회 참전, 각종 경제 관련 강연, 금융사관학교 등으로 제 인생의 페이지들을 채워 나갔습니다. 단순히 한 페이지를 채우는 의미를 넘어서 제 인생을 직접 꾸려 나가는 보람까지 얻을 수 있었습니다. 아주 작은 계기로도 인생이 크게 달라질 수 있음을 몸소 느낀 경험이었습니다. 저 역시 누군가에게 이러한 계기를 줄 수 있는 삶을 꿈꾸고 있으며, 그 누군가가 제 고객이 되는 날을 고대하고 있습니다. (결과)

GOOD ▶ POINT

금융을 선택하게 된 순간에 대한 배경설명 및 순간의 선택으로 금융에 관심을 갖는 대학생으로 변화한 결과까지 우수하게 서술했습니다.

🔖 고객감동을 실현하며 고객과 동반성장 할 수 있는 본인의 역량은 무엇이며, 그러한 역량을 발휘한 경험을 서술해 주십시오. [1,300 bytes 이내]

내가 꾸는 꿈이 당신의 꿈에 닿는 순간

고객에게 감동을 선사하면서도 함께 성장하기 위해선 '센스 있는 책임감'을 갖춰야 합니다. (본인의 역량) 단순히 제 몫을 잘 해내는 책임감을 넘어서 고객을 위하는 센스가 담긴 책임감을 갖출 때 보다 더 큰 감동을 드리고, 더 큰 성장을 이룰 수 있기 때문입니다. (책임감이란 키워드에 대한 세분화 – 센스가 결합된 책임감)

가치투자 동아리 활동을 하며 신입회원들을 위한 산업분석 교재를 집필한 경험이 있습니다. 제가 신입회원 때 느꼈던 여러 불편사항들을 개선함으로써 다음 신입회원들에게 보다 나은 교재를 제공하고, 이와 동시에 저 스스로도 산업에 대해 깊이 공부해 볼 수 있는 기회라 생각되어 지원한 것이었습니다.

평소에 관심이 있었던 은행 산업 파트를 맡았는데, 집필 업무는 생각보다 많은 노력을 요했습니다. 단순히 관련 정보들을 수집하여 짜깁는 수준에 그치는 것이 아니라 (단순한 책임감), 신입회원들이 쉽게 이해할 수 있도록 내용을 정리(읽는 사람을 고려한 센스)해야 했기 때문입니다. 그래서 저는 은행 관련 용어, 수익구조, 재무제표 등에 대해 학습하고 그것들을 제 나름대로 재구성하여 해당 파트를 완성시켰습니다.

이렇게 완성된 교재가 신입회원들 앞에 놓여 졌을 때엔 정말 뿌듯했습니다. 제 개인적으로 은행 산업에 대한 이해도가 높아진 것은 물론이고, 신입회원들로부터 교재에 대한 코멘트를 받을 때마다 그들에게 진심으로 도움이 되었다는 생각이 들었기 때문입니다. 또한 교재에 담은 제 '은행을 향한 꿈'이 그들의 '투자에 대한 꿈'과 맞닿는 기분을 느낄 수 있었습니다.

GOOD ▶ POINT

책임감이라는 키워드를 구체화한 부분이 우수 포인트입니다. 해당 키워드는 많은 이야기를 내포합니다. 마무리를 짓는 책임감일 수도 있으나, 지원자는 '센스가 결합된 책임감'을 어필했습니다. 해당 주제를 명확히 했더니, 센스를 발휘해 무언가를 이룩한 에피소드가 착 달라 붙습니다. 논리적으로 흐트러짐 없이 잘 쓴 글입니다.

2. 신한은행 행원 합격 자기소개서

🏷️ 본인의 성장과정을 통해 자신을 소개해 주세요. 단, 힘들었던 상황이나 극복 과정, 인생 중 최고의 순간 등 자신에게 큰 영향을 끼친 사건이나 인물 등을 포함하여 작성해 주세요. [2,000 bytes 이내]

한 지붕 아래 사는 나의 평생 멘토

인생의 선택을 바꾸는 크고 작은 계기들은 가까운 주변에 있기 마련입니다. 제 평생 멘토가 한 지붕 아래 함께 살고 있다는 걸 깨달은 지는 그리 오래되지 않았습니다. (이 야기하고자 하는 바를 위한 전개)

원래 국문학도였던 제가 경제학을 제2전공으로 삼고 금융인의 길을 택하게 된 데에는 아버지의 영향이 매우 큽니다. 아버지께서는 본업이 경제와 직접적인 관련이 없음에도 불구하고, 틈틈이 경제 분야 도서를 읽거나 투자 관련 강의를 들으시는 등 경제 공부에 힘쓰셨습니다. 그런 아버지께서 선물해주신 한 책이 제 진로에 대한 생각을 바꾸는 큰 계기가 되었습니다. (금융을 선택한 계기) 모 금융인이 아들에게 보내는 편지를 엮어서 낸 책으로, 아버지께서는 경제를 잘 알지 못해도 쉽게 읽을 수 있는 책이라며 추천해 주셨습니다. 당시 경제에 큰 관심이 없었던 저로서는 이 책이 그리 반갑진 않았습니다. 경제라 하면 무조건 어렵게만 느껴졌기 때문입니다. 그러나 제 예상과 달리 이 책은 비교적 쉽고 재미있게 경제를 설명해 주었습니다. 경제뿐만 아니라 정치, 종교, 세상 사는 이야기 등 다양한 주제의 글이 함께 쓰여 있어 지루할 틈이 없었습니다. 이전에는 잘 알지 못했던 주식, 채권, 부동산 투자에 관한 논의부터 회계기초까지, 재미를 잃지 않으면서도 중요한 기본 지식들을 얻을 수 있었습니다. (진로에 영향을 끼친 도서)

책을 읽는 동안 아버지께서는 저만을 위한 24시간 스탠바이 멘토셨습니다. 아버지께서는 궁금증을 갖는 것에서부터 배움이 시작되는 거라며 질문을 장려하셨고, 언제든지 환영이니 책을 읽다가 이해되지 않는 부분이 있으면 본인을 통해서 꼭 궁금증을 해소하라고 말씀하셨습니다. 실제로 단번에 이해하기 어려웠던 내용은 아버지의 도움을 얻어 해결하는 경우가 많았습니다. 이처럼 아버지의 도움을 받으며 책을 읽는 과정에서 세계를 움직이는 금융의 힘에 굉장한 매력을 느꼈고, 미지의 세계로만 여겼던 경제 분야에 입문하게 되었습니다. (진로에 영향을 끼친 인물)

아버지께서 물려주신 가장 값진 자산을 꼽자면, 바로 책과 그의 식견입니다. 아버지라는 멘토가 없었더라면 지금의 저는 없었을 것입니다. 인생의 중대한 선택이 아주 사소한 계기로도 바뀔 수 있음을, 그리고 그 계기가 제 주변에 있을 수 있음을 깨닫게 해 주신 분입니다. 더 나아가 저 역시도 누군가에게 그런 존재가 될 수도 있음을 깨닫게 해 주셨습니다.

GOOD POINT

단순히 아버지가 알려준 지식, 깨달음이었다면 이 글은 좋지 못한 평을 받았을 것입니다. 상세히 읽어보면 '부모님은 제게 어떤 가르침을 주셨습니다.'와 같은 단순한 글이 아님을 알 수 있습니다. 나 스스로 깨우친 것보다 타인의 영향이 더 큰 성장과정은 일반적으로 좋지 못한 평을 받습니다. 그러나 아버지로부터 받은 한 권의 책과 식견을 얻었던 배움의 경험 자체를 서술했기 때문에 스토리가 부족함이 없었다고 생각합니다. 타인에 의한 깨우침보다는 자발성이 돋보이게 되었습니다.

🏷️ 신한은행을 지원한 이유와 입행 후 회사에서 이루고 싶은 꿈을 기술해 주세요. [1,000 bytes 이내]

경제의 심장에서 고객의 심장으로

은행의 금융업무는 몸 곳곳에 혈액을 공급함으로써 체온과 생기를 불어넣는, 심장의 역할과도 같습니다. 뼈와 살이 있다 한들 피가 돌지 않으면 살아있다고 말하기 어렵듯이, 개인의 인생 계획 혹은 기업의 사업 계획에도 자금이 뒷받침 되지 않는다면, 그것들은 '살아있는' 인생 계획 혹은 사업 계획이라고 보기 어려울 것입니다. 금융은 곧 경제의 심장인 은행에서 고객의 심장으로 활기를 전달하는 과정입니다. (금융과 은행에 대한 본인만의 정의) 신한은행은 '미래를 함께하는 따뜻한 금융'을 모토로 삼고 있는 만큼 제가 생각하는 금융업무의 본질과 잘 맞는 기업이라 생각되어 지원하게 되었습니다. (본인이 정의 내린 점과 신한은행의 부합 – 기업 지원동기)

입행 후에는 글로벌 자질을 갖춘 기업금융 전문가가 되고 싶습니다. (입사 후 포부) 먼저, 베트남어를 배워 '기회의 땅'으로 부상하고 있는 대표적인 동남아 시장인 베트남 시장에 대한 이해를 높인 뒤, 귀사의 현지 진출기업 금융지원 업무에 보탬이 되고 싶습니다. 또한 기업금융업무 중 특히 수출입 업무는 높은 전문성이 요구되는 만큼 CDCS와 같은 수출입 관련 자격증을 취득하여 전문성을 높이고 기업 고객에게 보다 신뢰할 만한 서비스를 제공하도록 할 것입니다.

GOOD ╲ POINT

금융/은행에 대한 본인만의 정의를 내린 뒤, 해당 정의에 맞는 신한은행이라는 논리로 글을 게재해 논리 흐름에 문제가 없었습니다. 뒤에서 보시겠지만 해당 논리는 어떤 은행에서도 적용되는 범용의 형태를 띠고 있습니다. 다만 고객의 심장으로 활기를 전달하는 것과, 미래를 함께하는 따뜻한 금융이 어떤 점에서 동일하다고 할 수 있는지를 조금 더 명확히 했으면 좋았겠습니다.

🏷️🔍 **지원한 희망 직무를 수행하기 위해 본인이 가지고 있는 역량 2가지를 기술하고, 해당 역량을 갖추기 위해 어떤 준비와 경험을 하였는지 구체적으로 기술해주세요. [2,000 bytes 이내]**

1) 고객 맞춤형 서비스 정신 (역량 1)

주문하신 행복 한 잔 나왔습니다, 커피는 덤

모 대학교 카페에서 주말 아르바이트를 한 경험이 있습니다. (역량 1을 갖출 수 있었던 경험 제시) 교내 카페다 보니 손님 대부분은 학생과 교·직원 분들이셨고, 매번 오시는 분들이 거의 정해져 있었습니다. 손님의 얼굴과 18번 메뉴에 익숙해질 때쯤 기존의 "어서오세요, 주문하시겠어요?"가 아닌 "선생님 오셨어요? 오늘도 마끼아또로 드릴까요?"로 손님을 맞았습니다. 고작 말 두 마디 바꿨을 뿐인데 음료를 받아 가시는 손님의 얼굴엔 작은 미소가 번졌고, 저도 훨씬 더 즐겁게 일할 수 있었습니다. 이전엔 '그냥 커피 한 잔'을 드렸다면, 이후엔 '그 고객만을 위한 행복 한 잔'과 '커피까지 덤'으로 드릴 수 있었기 때문입니다. (에피소드를 통한 역량 1을 갖추게 된 점 - 배움)

이러한 서비스 정신은 은행원이 지녀야 할 중요 역량 중 하나입니다. 은행의 서비스는 곧 '고객 맞춤형 행복관리 서비스'이며, 그 과정에서 은행원 또한 행복을 얻을 때 보다 진정성 있고 차별화된 서비스를 제공할 수 있습니다. 고객과 은행원의 행복이 함께하기 때문입니다. 저는 그동안 카페, 학원강사 등의 업무를 하면서 이러한 서비스 정신을 체화했습니다. 기업에도 맞춤형 행복금융 서비스가 제공되어야 하는 만큼, 제 역량을 토대로 고객에게 더욱 매력적인 서비스를 제공하고 싶습니다. (적용)

2) 글로벌 경제에 대한 이해 (역량 2)

세계와의 한판 승부

기업금융에 있어 글로벌 경제에 대한 이해는 필수적입니다. 그래서 저는 다양한 경로로 해당 역량을 키워왔습니다. 먼저 화폐금융론, 국제금융론 등의 수업을 수강하여 글로벌 금융시장에 대한 학습을 지속하고 있으며, 보다 폭넓은 주제를 다루는 한은의 금요강좌와 금감원의 FSS아카데미를 별도로 수강해왔습니다. 최근에는 금융사관학교에 등록하여 한 · 중 · 미 · 유럽의 전체적 경제흐름을 익히고 있습니다. (역량 2를 갖추기 위한 준비 제시)

또한 투자동아리를 하면서 모의투자대회에 출전한 경험이 있습니다. 포트폴리오 비중 조절을 통한 수익률 극대화가 주 과제였고, 매월 투자전략 보고서를 제출해야 했습니다. 당시 미 금리 인상과 브렉시트와 같은 큰 이슈들이 있어 세계 경제에 대한 이해와 예측은 더욱 중요했습니다. 비록 좋은 결과는 얻지 못했지만 출전 과정에서 세계 경제를 읽는 눈을 한층 업그레이드할 수 있었습니다. (역량 2를 갖추기 위한 준비 제시) 입사 후에도 관련 공부를 지속하여 이를 통한 저만의 인사이트로 보다 믿음직한 서비스를 제공하고 싶습니다.

GOOD POINT

각 소주제마다 '에피소드 – 배움 – 적용'이 모두 기재되어 있어, 글 흐름상 설득력을 높이고 있습니다. 소주제 중 하나는 역량, 또 다른 소주제는 준비에 대해 언급함으로써 질문에 대한 대답을 빠짐없이 하고 있는 것도 장점입니다.

✎ 남들과 다른 특이한 경력, 경험, 재능, 지식 등을 소개해 주세요(없을 경우 기재하지 않아도 됩니다). [1,000 bytes 이내]

소통의 첫걸음, 고무줄 눈높이

상대방과의 소통은 눈높이를 맞추는 것에서 시작합니다.

지난 여름, 초등학생 대상 경제교육 봉사에 참여한 적이 있습니다. 과외, 멘토링 모두 중·고등학생만 했었기 때문에 걱정이 앞섰습니다. 아니나 다를까 커리큘럼에 충실하고자 했던 제 계획은 봉사 첫날 완전히 틀어져 버렸습니다. 초등학생 수업은 말그대로 예측하지 못 했던 변수들의 집합이었습니다. 교재를 찢어서 버리는 학생이 있는가 하면, 발표 기회를 못 얻어 우는 학생도 있었습니다. 또 설명을 반복하느라 커리큘럼을 다 소화할 수도 없었습니다. (특이한 에피소드)

저는 다음 봉사를 위한 대책이 시급함을 느꼈습니다. 그래서 애들이 특히 어려워했던 주제에 대해서는 시청각 자료를 추가하였고, 돌발행동 관련해서는 수업 전에 애들에게 주지시킨 뒤, 이후에 보상을 약속함으로써 최소화하려 했습니다. (어려움을 극복한 노력) 그 결과 다음 봉사때는 학생들의 수업 이해도와 집중도가 매우 높아졌습니다. (결과) 상대의 눈높이를 맞추는 작은 변화만으로도 소통이 훨씬 더 원활해질 수 있음을 깨달은 경험이었습니다. (배움=주제) 고객의 눈높이에 자유자재로 맞추는 고무줄 눈높이 행원이 되어 고객감동을 실현하고 싶습니다. (적용=포부)

GOOD ▶ POINT

'에피소드 – 배움 – 적용'까지 우수히 해냈습니다. 말하고자 하는 '상대의 눈높이를 맞추는 작은 변화'를 토대로 '찰떡궁합'인 에피소드를 활용한 점이 우수합니다.

3. KEB하나은행 행원 합격 자기소개서

KEB하나은행에 지원한 동기와 입행을 위하여 어떠한 준비를 했는지 설명해 주시고, 본인이 은행 업무에 적합하다고 판단할 수 있는 근거를 경험한 사례를 바탕으로 기술해 주십시오. [1,300 bytes 이내]

경제의 심장에서 나를 외치다

은행의 금융서비스란 고객의 꿈에 자금이란 활기를 불어넣어 고객행복을 이끌어내는 서비스입니다. (금융서비스에 대한 정의) KEB하나은행은 '함께 성장하며 행복을 나누는 금융'을 모토로 삼는 만큼 제가 생각하는 금융업무의 본질과 잘 맞다 생각되어 지원하였습니다. (기업 지원동기)

금융인의 꿈을 꾸며 투자동아리, 금융사관학교에 참여했습니다. 기업금융(희망 직무)의 경우, 기업 분석 능력과 국내외 경제 지식을 필요로 합니다. 그래서 투자동아리를 하며 여러 기업을 분석해 보고 국내외 이슈들이 미칠 영향에 대해 의견을 공유하였으며, 금융사관학교에서 세계 경제의 흐름을 배움으로써 현 경제에 대한 이해를 높였습니다. (준비한 노력)

주문하신 행복 한 잔 나왔습니다, 커피는 덤

모 대학교 카페에서 주말 아르바이트를 한 경험이 있습니다. 교내 카페다 보니 손님분들이 거의 정해져 있었습니다. 손님의 얼굴과 18번 메뉴에 익숙해지자 "어서오세요. 주문하시겠어요?"가 아닌 "오셨어요? 오늘도 마끼아또로 드릴까요?"로 손님을 맞았습니다. 말 두 마디 바꿨을 뿐인데 손님의 얼굴엔 미소가 번졌고, 그 미소를 보는 저 역시 훨씬 즐겁게 일할 수 있었습니다. 그냥 커피 한 잔이 아닌 '그 고객만을 위한 행복 한 잔'과 '커피까지 덤'으로 드릴 수 있었기 때문입니다.

이러한 마음가짐은 은행원의 중요 덕목 중 하나라고 생각합니다. (적합한 이유) 은행 서비스는 곧 '고객 맞춤형 행복관리 서비스'이며, 그 과정에서 행원 또한 행복을 얻을 때 보다 진정성 있고 차별화된 서비스를 제공할 수 있기 때문입니다.

한정된 글자 수 속에 지원동기, 준비한 점, 은행에 적합한 근거까지 놓치지 않고 서술했습니다. 적합한 이유에서는 단순 경험 나열이 아닌, 하나의 에피소드를 근거로 뒷받침하여 설득력을 높였습니다.

🏷️ **성격, 적성, 인간관계 등 본인이 극복하려고 노력하였으나 아직 극복하지 못한 것은 무엇이며, 극복하지 못한 이유에 대하여 사례를 바탕으로 구체적으로 기술해 주십시오. [1,000 bytes 이내]**

내가 베푼 호의가 독으로 돌아오던 날

인간관계가 틀어지는 것을 싫어하는 저는 남들보다 좀 더 많이 참는 편입니다. (극복하려 노력) 그런데 이것이 때때로 독이 되는 경우가 있었습니다. (극복하지 못함) 제가 베푼 호의가 누군가에겐 권리, 혹은 그 이상으로 여겨지는 경우가 있었기 때문입니다.

인간관계를 단절시키는 요인은 대체로 사소합니다. 상대가 사소하다고 잘 지키지 않는 일을 반복하면, 그에 대한 신뢰가 떨어지고 그것으로 말미암아 관계 유지에 대해 고민하게 됩니다. 개중에도 약속에 대한 태도는 곧 약속 상대에 대한 태도와 직결되는 만큼 중요합니다.

상대가 항상 약속에 10분 늦는 것을 이해했더니 심지어는 1시간을 늦는다거나, 오전에 당일 오후 약속을 취소하면서도 크게 미안한 기색을 보이지 않는 경우가 있었습니다. (극복하지 못한 이유, 사례) 이처럼 제가 배려 받지 못하는 경험을 여러 번 겪은 뒤에는, 이전보다 참는 횟수를 줄이는 노력을 했습니다. 그 결과 이전보단 많이 나아졌지만, 아직도 상대에게 불편한 마음을 전하는 일이 쉽진 않습니다. 약간의 피해를 감수하더라도 이해하는 게 아직은 더 편하기 때문입니다. 그러나 제가 존중받을 권리를 지키기 위해 단계적으로 노력을 지속할 계획입니다.

극복해야 할 부분은 대개 단점일 것입니다. 그러나 지원자가 작성한 단점은 어떻게 보면 은행원이 갖춰야 할 하나의 역량일 수 있습니다. 전략적인 접근이라고 판단됩니다.

📎 본인에게 가장 큰 영향을 준 문학/예술작품(도서,미술,음악 등)은 무엇이며, 어떤 영향을 받았는지 인문, 사회학적 관점에서 설명해 주십시오. [1,000 bytes 이내]

부모됨의 역설, 자녀됨의 역설

우연히 인연의 소중함을 되찾는 경우가 있습니다. 가족들과 떨어져 살기 시작한 신입생 때 '아빠가 선물한 여섯 아빠'라는 책을 읽게 되었습니다. 한 시한부가 딸에게 해주고 싶은 얘기를 다른 사람의 입으로 전하는 단순한 내용이지만, 가족의 소중함은 물론, 부모됨과 자녀됨의 역설에 대해 생각해보는 계기가 되었습니다.

부모의 임무는 어떤 의미에서 스스로를 불필요하게 만드는 것입니다. 다시 말해 전적으로 의존적인 상태로 온 자식들이 나중에 독립할 수 있도록 준비시키는 것입니다. 한편, 자녀는 부모의 도움 없이도 잘 해 나갈 수 있다고 믿을 때서야, 자신이 얼마나 부모를 필요로 하는 지 알게 되곤 합니다. 독립을 위해 평생을 노력하다,-부모의 말을 듣지 못하는 순간 그 말의 의미를 깨닫게 된다는 것입니다.

우리는 이러한 역설관계를 한번은 자녀로서, 또 한번은 부모로서 맺게 되며, 이 역설의 고리를 반복함으로써 그 인연의 소중함을 절감하곤 합니다. 이처럼 우리 주변에는 소중함을 잃은 인연들이 참 많습니다. 이 책을 통해 그 소중함을 되새길 수 있었고, 앞으로의 인연을 소중히 간직할 것을 다짐하였습니다.

GOOD ⟩ POINT

행원으로서 필요한 '인간관계' 관련 배움이 담긴 책을 선정했습니다. 왜 이 책을 굳이 선정했을까요? 정말 감명 깊게 읽었을 수도 있었겠지만 지원자 나름대로의 전략이었을 것입니다. 같은 책을 읽고도 분명히 또 다른 생각을 할 수 있습니다. 그럼에도 불구하고 행원에게 필요한 자질인 '인연의 소중함'을 언급한 점은 우수하다고 평가합니다.

최근 4차 산업혁명이 초래하는 급격한 변화로 금융업의 진입규제가 사라지고 있는 상황입니다. AI, 빅데이터, 블록체인, 사물인터넷(IoT) 중 1가지를 선택하여 예상되는 미래 금융환경에 대하여 설명하고 영업점 직원으로서 마케팅 전략을 구체적으로 제시하여 주십시오. [1,000 bytes 이내]

빅데이터에 고객감성을 더하자!

빅데이터가 금융 환경에 자리잡게 된다면, 훨씬 더 구체적이고 정확한 고객 맞춤형 서비스를 제공할 수 있을 것입니다. (선택 – 빅데이터. 예상 환경 – 정확한 고객 맞춤형 서비스 제공) 다양한 영역에서 구축된 빅데이터를 토대로 고객의 성향을 보다 세부적으로 파악할 수 있기 때문입니다. (빅데이터 장점 1) 또한 고객과의 상담 과정도 크게 달라질 것입니다. 많은 자료를 한눈에 알아보기 쉽도록 도식화할 수 있고, 고객의 선호를 자료에 즉각 반영할 수 있는 시스템이 구축됨으로써 고객 편의가 훨씬 높아질 것입니다. (빅데이터 장점 2)

이러한 금융환경에서는 정보의 양만큼 '고객 감성'을 파악하는 일이 굉장히 중요합니다. 차별화를 위해서는 같은 정보를 갖고도 다른 무언가를 읽어 낼 수 있어야 하는데, 그러기 위해서는 고객 감성에 대한 이해가 필요하기 때문입니다. (미래 금융 환경에서 필요한 차별화 역량) 따라서 단순한 빅데이터 분석이 아닌, '감성과학 기술'이 접목된 빅데이터 분석이 필요하다고 생각합니다. 인간의 정서와 감정에 대해 연구하고, 이를 각종 분야에 적용하는 감성과학 기술을 금융서비스에도 접목시킬 수 있다면, 고객에게 더욱 더 매력적인 서비스를 제공할 수 있을 것입니다. 세심한 한 끗 차이로도 더 많은 고객을 끌어당길 수 있다고 생각합니다. (차별화 역량 – 세심한 한 끗으로 고객의 감성을 불러일으킴)

GOOD POINT

1 – 예상되는 미래 금융환경에 대해 장점 1, 2를 근거로 들어 설득력을 높였습니다.

2 – 질문에서 요구한 '영업직원으로서 마케팅 전략'에 대해 세심한 한 끗으로 고객의 감성을 읽어낼 줄 아는 것이 필요하다고 했고, 그 역량이 제시된 빅데이터와 어떤 연관성이 있는지도 잘 설명했습니다.

4. 우리은행 행원 합격 자기소개서

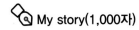 My story(1,000자)

아래 제시어를 자유롭게 선택 · 활용하여, 본인의 가치관과 삶의 경험을 담은
에세이를 작성해 주세요(고객, 행복, 미래, 도전, 정직, 신뢰, 인재, 제일).

주문하신 행복 한 잔 나왔습니다, 커피는 덤

지난 근 1년 간 모 대학교 카페에서 주말 아르바이트를 한 경험이 있습니다. 교내 카페다 보니 손님 대부분은 학생과 교·직원분들이셨고, 매번 오시는 분들이 거의 정해져 있었습니다. 손님의 얼굴과 18번 메뉴에 익숙해질 때쯤 저는 기존의 "어서오세요. 주문하시겠어요?"가 아닌 "선생님 오셨어요? 오늘도 따뜻한 캬라멜 마끼아또로 드릴까요?"로 손님을 맞았습니다. 고작 말 두 마디를 바꾸었을 뿐인데 음료를 받아 가시는 손님의 얼굴엔 작은 미소가 번졌고, 그 미소를 보는 저 역시 훨씬 더 즐겁게 일할 수 있었습니다. 이전엔 '그냥 커피 한 잔'을 드렸다면, 이후엔 제 마음을 담은 '그 고객만을 위한 행복 한 잔'과 '커피까지 덤'으로 드릴 수 있었기 때문입니다. (가치관 – 행복에 대한 소소한 사례)

손님께서는 다음 번에 찾아오실 때에도 그 미소를 간직하고 계셨습니다. 반복되는 업무 속에서도 일하는 보람과 행복한 기분을 느낄 수 있었던 것은 바로 이러한 손님의 미소 덕분이었습니다. 더 나아가서는 제가 하는 일의 가치가 한껏 높아지는 기분도 느낄 수 있었습니다. 단순히 커피 주문을 받아 이를 만들어 드리는 일에 그치는 것이 아니라, '손님과 행복을 주고 받을 수 있는 일'이었기 때문입니다. (핵심 문장)

이러한 마음가짐은 은행원으로서 지녀야 할 중요한 덕목 중 하나라고 생각합니다. 은행의 서비스는 곧 '고객 맞춤형 행복 관리 서비스'이며, 그 과정에서 은행원 또한 행복을 얻을 수 있을 때 보다 진정성 있고 차별화된 서비스를 제공할 수 있습니다. (이야기하고 싶은 부분) 고객의 행복과 은행원의 행복이 함께하기 때문입니다. 이번에는 카페 아르바이트생이 아닌 우리은행 행원이 되어 수많은 고객들에게 행복을 선사하고, 또 그 고객의 행복을 통해 저까지 행복해지는 경험을 또 한 번 하고 싶습니다.

질문에 대한 답으로 무작정 본인의 경험부터 떠올렸다면 위와 같은 소소한 에피소드를 기재하긴 어려웠을 것입니다. 그러나 말하고자 하는 바인 '고객과 은행원 서로가 행복할 수 있을 때야말로 차별화 된 서비스 제공이 가능하다.'를 먼저 설정한 후, 해당하는 에피소드를 찾았기에 우수한 글이 되었습니다. 던지려고 한 메시지가 명확하다 보니, 카페 경험 자체가 아닌 카페 주제와 딱 맞는 에피소드만을 추출하여 작성했고 설득력이 높아졌습니다.

지원동기(600자)

우리은행 지원 동기와 입행을 위해 어떠한 준비를 해왔는지에 대하여 구체적인 사례를 바탕으로 작성해 주세요.

경제의 심장에서 고객의 심장으로

금융업무는 '경제의 심장'인 은행에서, '고객의 심장'으로 활기를 전달하는 과정입니다. (금융에 대한 본인만의 정의)

개인의 인생 계획과 기업의 사업 계획에는 고객의 꿈과 희망, 그리고 열정이 담겨있기 마련입니다. 그러나 개인의 인생 계획, 기업의 사업 계획에도 자금이 뒷받침 되지 않는다면, 그것들은 '살아있는' 계획이라고 보기 어려울 것입니다. 은행의 서비스는 곧 고객의 꿈에 활기를 불어넣음으로써 고객의 행복을 이끌어내는 서비스입니다. (계획 달성을 위해 은행이 필요한 이유) 우리은행은 '고객행복'을 최우선으로 삼는 만큼, 제가 생각하는 금융업무의 본질과 잘 맞다고 생각되어 지원하게 되었습니다. (은행이 필요한 본질적인 이유에 있어 우리은행이 탁월하다고 생각한 이유)

금융인의 꿈을 꾸며 가치투자동아리, 금융사관학교 등에 참여해왔습니다. 특히나 제가 꿈꾸는 기업금융 업무의 경우, 기업 및 산업에 대한 분석 능력과 국내외 경제 지식 등을 필요로 합니다. 그래서 저는 투자동아리 활동을 하며 여러 산업의 기업들을 분석해 보고, 국내외 여러 이슈들이 미칠 영향에 대해서 의견을 공유하는 시간을 가졌습니다. (입행을 위한 행동 1) 이와 더불어 금융사관학교에서 세계경제의 큰 흐름을 배움으로써 현 경제 상황에 대한 이해도를 높였습니다. (입행을 위한 행동 2) 앞으로도 꾸준히 노력하여 더욱 신뢰할 만한 행원이 되겠습니다.

1 – 은행이 필요한 이유에 대한 본인만의 견해가 잘 드러났습니다. 필요 이유에 대해 말하는 것 자체가 지원동기의 한 축으로 볼 수 있습니다.

2 – 본인이 생각하는 금융의 본질과 우리은행의 비슷한 점으로 동기를 이었습니다. 조금 아쉬운 점이 있다면, 우리은행이 고객행복을 최우선으로 삼는다고 볼 수 있는 간략한 사례가 더 있었으면 좋았을 법합니다.

내몫완수(600자)

더 높은 목표를 세워 달성하는 과정에서 느꼈던 한계는 무엇이고, 이를 극복하기 위해 기울였던 노력과 결과를 구체적인 사례를 바탕으로 말씀해 주세요.

소통의 첫걸음, 고무줄 눈높이

지난 여름 초등학교 경제교육 봉사에 참여한 적이 있습니다. 과외, 멘토링 모두 중·고등학생만 했었기 때문에 걱정이 앞섰습니다. 아니나 다를까 커리큘럼에 충실하고자 했던 제 계획은 봉사 첫날 완전히 틀어져 버렸습니다. (느꼈던 한계) 초등학생 수업은 예측 불가능한 변수들의 집합소였습니다. 교재를 찢어버리는 학생, 발표 기회를 못 얻어 우는 학생 등 돌발행동을 하는 학생들이 많았습니다. 또한 학생들이 집중력을 잃는 탓에 설명을 반복해야 했고 그 결과 커리큘럼도 다 따르지 못했습니다. (한계 근거) 학생들의 집중도를 높이면서 커리큘럼을 소화해내기 위한 방책이 시급했습니다. 그래서 파트너 강사와 함께 회의를 하였는데, 둘 다 초등학생 관련 경험이 적어 서로의 아이디어에 대해 확신을 갖지 못했습니다. 결국 교대 인맥을 총동원하여 초등학생의 특성과 저희 아이디어에 대한 조언을 물었고, 이를 토대로 수업자료 및 수업방식을 바꾼 결과 학생들의 집중도를 훨씬 높일 수 있었습니다. (극복 노력) 상대의 눈높이에 맞춤으로써 소통이 원활해짐을 느낀 경험이었습니다. (노력한 결과 얻은 점)

소통의 첫걸음은 고무줄 눈높이입니다. 고객의 눈높이에 자유자재로 맞추는 고무줄 눈높이 행원이 되어 고객감동을 실현하겠습니다. (적용)

'한계 – 한계로 느낀 근거 – 극복 노력 – 배운 점 – 적용'까지, 구조 자체는 설득력을 배가 시킵니다. 아쉬운 점이 있다면 문항에서 요구한 더 높은 목표를 세웠다고 할 수 있게끔 구성했어야 한다는 점과 눈높이에 맞춰 원하는 성과를 냈던 에피소드가 더 구체적이었으면 좋았을 것입니다.

✎ 영선반보(600자)

우리은행은 실물로봇 로보어드바이저 '우리 로보–알파', 음성인식 AI뱅킹 '소리(SORi)', 실시간 외국어 대화번역 '위비톡' 등 창의적이고 발빠른 서비스로 4차 산업혁명 시대의 디지털 금융을 선도하고 있습니다. 이처럼 창의적인 사고와 남보다 한발 앞선 노력으로 이뤄낸 본인의 성과에 대하여 말씀해 주세요.

10만 원을 잡기 위한 10분이 바꾼 24시간

'변화의 씨앗'은 우리가 '발명'하는 것이 아니라 어딘가 숨겨져 있는 것을 '발견'하는 것입니다. 지금도 우리 주변에는 수많은 변화의 씨앗들이 발견되기를 기다리고 있으며, 이를 찾는 것에서 변화가 시작된다고 믿습니다. 큰 변화도 작은 씨앗에서 시작하는 법입니다. (본인이 생각하는 '변화'의 정의)

저는 아침 10분의 변화를 통해 24시간을 바꾼 경험이 있습니다. 커피를 좋아하는 저는 매일 아침 커피를 사 마시곤 했습니다. 그렇게 매일 3~4천 원짜리 커피를 마시다 보니 매달 커피값으로만 10만 원을 넘게 쓰고 있었습니다. 그래서 돈을 아끼기 위해 10분만 일찍 일어나 보온병에 직접 커피를 타 가기로 마음 먹었습니다.

한동안 아침잠과의 사투를 벌인 끝에 '하루 10분을 더 사는 삶'에 적응하게 되었는데, 놀랍게도 매일 매일이 달라지기 시작했습니다. 직접 커피를 준비하는 10분 동안 오늘 하루를 어떻게 보낼 것인지에 대해 간단히 생각하는 습관이 생겼고, 이 작은 습관이 하루의 낭비를 최소화하는 데에 많은 도움이 되었기 때문입니다. 그 결과 제 지갑에서 새어 나가던 10만 원은 물론, 제 하루에서 새어 나가던 시간까지 잡을 수 있었습니다.

GOOD POINT

HIDDEN POINT에서 언급했던 소소한 사례를 활용해 합격하는 방법을 정확히 옮긴 케이스입니다. 커피를 사먹는 대신, 보온병에 커피를 직접 탐으로써 얻게 되는 금전적 이익뿐만 아니라 긍정적 습관이 생긴 점까지 적었습니다. 사실 이와 같은 사례로 자기소개서를 작성하기 굉장히 힘듭니다만, 주제를 세분화한 효과를 톡톡히 본 케이스라고 할 수 있습니다.

📝 입행포부(600자)

우리은행은 2020년까지 '아시아 TOP 10, 글로벌 TOP 50'를 목표로 하고 있습니다. 이러한 목표를 달성하기 위해 본인의 역량과 경험을 활용하여 어떠한 기여를 할 수 있을지 구체적으로 말씀해 주세요.

두 발을 굴러 세계 뒤흔들기

우리은행의 글로벌 금융 영토를 더욱 더 확장하기 위해 제가 할 수 있는 일은 '발로 뛰는 마케팅'입니다. (목표 달성을 위한 본인의 역량 제시) 우리나라와 경제 생활도, 문화도 다른 해외시장에 발을 담기 위해서는 국가 경제라는 거시적인 틀에서의 이해도 중요하지만, 현지인의 관점을 살펴보는 일도 굉장히 중요하다고 생각합니다. (본인의 역량이 글로벌 목표로 하는 우리은행에 있어 왜 중요한지 설득함)

다양한 나라 출신의 학생들과 언어교환을 하면서 느낀 점이 있다면, 그동안 서로의 나라에 대해 접하지 못했던 정보들을 실시간으로 주고 받을 수 있었다는 점입니다. 각 나라 신세대들의 언어, 생활부터 시작해서 현지인으로서 느끼는 각국의 취업시장에 대한 인식까지. 그동안 매체를 통해서 각국의 정보를 접할 때와는 사뭇 달랐습니다. 매체를 통한 정보는 대개 현지인의 관점보다도 전달하는 정보 자체에 초점을 두기 때문입니다. (글로벌화에 있어 발로 뛰는 것이 왜 중요한지 설득)

국내은행의 '기회의 땅'으로서 동남아시장이 떠오르고 있는 만큼, '현지화 전략' 내지는 '현지인 맞춤 전략'은 다른 은행과 차별점을 둘 수 있는 중요한 요소 중 하나라고 생각합니다. 인도어를 배워서라도 인도인의 생각을 귀기울여 듣고, 인도 문화에 대한 이해를 높임으로써 현지 맞춤형 아이디어를 제안해내는 '발로 뛰는 행원'이 되겠습니다. (발로 뛰겠다는 포부)

GOOD POINT

1 – 가장 중요한 부분이 1문단이라고 생각합니다. 역량을 제시한 후, 해당 역량이 왜 우리은행이 목표를 달성하는 데 있어 도움이 될 수 있을지를 설득력 있게 풀어냈습니다.

2 – 비록 지금은 불가능한 상태이지만, 무언가를 배워서라도 그들의 생각과 문화를 이해해 글로벌 은행이 되려는 우리은행에 보탬이 되겠다는 식으로 서술한 점도 우수합니다.

'국내 TOP기업 서류 합격 6승'

공대 출신 취업 재수생

함께 수강했던 취준생들 대비 기본적인 스펙 부분에서 아쉬움이 있었지만, 우수하게 작성한 자기소개서를 통해 쟁쟁한 경쟁자들을 제치고 국내 굴지의 TOP 기업 여러 곳에 합격했습니다. 히든자소서와 함께한 이후 18년도 상반기 달라진 서류 합격 결과(1개 기업 합격 -> 6개 기업 합격)를 보며, 자기소개서만으로도 취업 결과가 확연히 달라질 수 있다며 당당히 후기를 남겨주기도 했습니다.

이 수강생이 자소서 합격에 있어 중요하다고 이야기 한 포인트는 '나만의 차별화된 문장' 입니다. 누구나 쓸 수 있는 뻔한 글이 아닌, 오직 나만이 쓸 수 있는 문장을 만들어 내는 것이 합격의 Key임을 강조했습니다. 5 주간의 스터디를 통해 뻔하고 지루했던 글, 경험만 나열된 글이 아닌 수 천 명의 지원자 중 중복되지 않는 신선한 문장을 작성했고, 필자의 피드백을 거쳐 제출해 인사담당자들의 마음을 사로잡아 합격이란 결과를 이끌어냈습니다.

'가장 효과 빠른 스펙은 자소서' 임을 증명했고, 필자 역시 '매력적인 자소서로 서류 합격 다승(多勝)을 올리고 싶은 취준생, 자소서 작성에 애를 먹는 공대생에게 강력 추천' 한 바 있는 히든자소서 우수 수강생의 합격 사례를 함께 살펴보겠습니다.

※ 후기 확인 : https://cafe.naver.com/hiddenresume/1497

1. 현대자동차 연구개발 합격 자기소개서

✎🔍 What makes you move? 무엇이 당신을 움직이게 하는지 기술해 주십시오.
[1,000자 이하]

다시 일어날 수 있는 끈기

저를 움직이게 하는 것은 실패 속에서도 다시 일어나는 끈기(움직이는 동력 제시)입니다. 도전의 끝은 항상 좋은 결과만 있는 것은 아닙니다. 오히려 실패할 경우 좌절과 아쉬움을 남깁니다. 이러한 좌절과 아쉬움 속에서도 다시 도전할 수 있는 끈기('끈기'라는 키워드를 세분화 함)야 말로 저를 움직이는 원동력 입니다.

대학교 4학년 여름방학, 대학생 자작자동차 대회에 참가한 저희 팀은 저의 실수로 마지막 경기를 완주하지 못했습니다. 당시 드라이버였던 저는 코너를 돌던 중 코스 이탈을 했고 실수로 꺼버린 변속 스위치 때문에 차가 움직이지 않아 실격당했기 때문입니다. 당황했던 저는 그 실수를 차에서 내린 뒤에 알게 되었습니다. 팀의 목표를 제 손으로 날려버린 순간이었습니다. 너무 슬프고 아쉬웠습니다. (좌절과 아쉬움) 하지만 여기서 포기하지 않고 큰 목표를 향해 다시 도전을 하고 싶었습니다. 결국 휴학을 선택하면서, 더욱 발전된 차량을 만들기 위해 카본 바디, 텔레메트리 등 다양한 도전을 팀원들과 결심하였습니다. (다시 도전) 하지만 재정적인 부담이 컸습니다. (또 다른 어려움) 그래서 저는 스폰서 유치를 제안하고 1대 대외협력부장이 되었습니다. 학회 처음으로 홍보용 팜플렛을 제작하고, 필요한 부품이나 재료에 관련된 회사를 조사하여 준비된 홍보자료와 함께 지원 요청을 하였습니다. 그러나 대부분의 답장은 돌아오지 않았습니다. 아쉬움을 느낄 시간도 없다고 생각한 저는 몸으로 직접 뛰었습니다. 지원요청을 한 업체의 담당자에게 찾아가 직접 학회를 홍보하였으며, 시야를 넓혀 국내뿐만 아니라 해외 업체들에게도 지원 요청을 하였습니다.

그런 노력 끝에 신규 스폰서 5곳의 스티커를 제가 직접 제작한 차량 바디에 붙일 수 있었으며 저희 팀은 대회에 출전하여 총 36개의 팀 중 종합 3등이라는 우수한 성적을 거뒀습니다. (어려움 끝에 끈기로 성과 달성) 실패 뒤에 다시 일어날 수 있는 끈기가 있었기에 가능했습니다. 이처럼 저는 목표를 향한 굳은 끈기의 중요성을 잘 알고 있습니다. 현대자동차에서 누구보다 강한 끈기로 목표를 향해 나아가는 끈질긴 엔지니어가 되겠습니다.

위와 같은 문장은 본인을 움직이는 키워드를 제시한 뒤, 해당 키워드에 맞는 주제 설정이 굉장히 중요합니다. 단순히 끈기로 표현한 것이 아니라, 좌절 속에서도 다시 일어나는 끈기로 주제를 설정했고 본 에피소드의 모든 내용들이 주제를 향해 방향성을 맞추고 있습니다. 이런 글이 잘 읽히는 글입니다.

본인이 회사를 선택할 때의 기준은 무엇이며, 왜 현대자동차가 그 기준에 적합한지를 기술해 주십시오. [1,000자 이하]

현대자동차가 만든 내일을 담는 공간

회사를 선택할 때, 저의 기준은 '내일을 먼저 담는 회사'입니다. (회사를 선택하는 기준) 저는 항상 잠들기 전, 가방에 다음날 필요한 물품을 담습니다. 그리고 눈을 감고 내일의 하루를 머리 속으로 그리며 잠이 듭니다. 이런 습관은 다음날 제가 또렷한 방향을 가지고 알차게 하루를 보낼 수 있게 도와줍니다. 회사도 마찬가지라고 생각합니다. 산업의 내일을 제대로 준비하지 않는 회사는 발전 방향성을 잃게 됩니다. 그렇기 때문에 제가 선택하는 회사도 내일을 맞이하기 전에 먼저 준비하는 회사를 가고 싶습니다. (본인이 생각한 회사 기준과 현대자동차가 일치하는 이유)

미래의 이미지를 그린 SF영화 속에서 이동수단은 첨단 기술을 보여주는 대표적인 예로 자주 등장합니다. 그 중에서도 자동차는 가장 대중적인 이동수단입니다. 이러한 이유로 자동차는 사람들에게 미래를 잘 보여줄 수 있는 '내일을 담는 공간'이라고 생각합니다. 그리고 현대자동차는 자동차에 누구보다 먼저 내일을 담고 있습니다.

첫 번째는 친환경 자동차의 대표주자인 수소전기차에 대한 지속적인 연구개발입니다. 날이 갈수록 심해지는 환경규제 속에서 수소전기차는 가장 확실한 해답입니다. 현대자동차는 1회 충전으로 세계에서 가장 멀리가는 넥쏘를 선보이며 수소전기차 시장의 선두임을 증명하였습니다. (현대자동차가 내일을 먼저 담는다고 할 수 있는 이유 1)

두 번째는 고성능 차량 개발에 대한 공격적인 투자입니다. 제가 생각하는 고성능 차량은 자동차 회사가 가진 기술 경쟁력을 보여줍니다. 현대자동차는 고성능 브랜드 'N'을 선보인 이후 WRC에서 꾸준한 우승을 통해 확실한 기술력을 보여줬습니다. 또한 고성능사업부를 신설하여 더욱 성장할 준비를 하고 있습니다. (현대자동차가 내일을 먼저 담는다고 할 수 있는 이유 2)

이처럼 현대자동차는 수소전기차와 고성능 차량이라는 뚜렷한 방향성과 확신을 가지고 내일을 준비하고 있습니다. 저 또한 현대자동차의 차체설계 엔지니어라는 뚜렷한 목표를 가지고 '동력기계설계', '설계방법론' 등 관련 전공을 통해 꾸준히 준비해 왔습니다. (본인이 자동차 관련하여 내일을 준비하고 있는 행동들) 현대자동차와 함께 내일을 담는 공간을 만드는 엔지니어가 되고 싶습니다.

GOOD POINT

1 – 스터디 수업 시간에 잘 쓴 사례라며 칭찬했던 문항입니다. 회사를 선택하는 기준을 본인만의 문장으로 명확히 했고, 이를 주제 삼아 나머지 글들이 방향성을 맞춰 물 흐르듯 전개되고 있습니다.

2 – 본인이 제시한 바에 맞게 현대차가 어떤 식으로 기준을 충족시키고 있는지 이야기했고, 마지막으로 자동차 산업 관련하여 본인도 준비하고 있음을 어필함으로써 화룡점정을 찍었습니다.

🔖 **현대자동차 해당 직무 분야에 지원하게 된 이유와 선택 직무에 본인이 적합하다고 판단할 수 있는 이유 및 근거를 제시해 주십시오. [1,000자 이하]**

자동차의 건강 다이어트

저는 차량설계 직무에서 차체를 건강하게 경량화시키는 설계 엔지니어가 되기 위해 지원하였습니다. 대학교 3학년, 기아자동차 화성2공장에서 생산인턴을 하였습니다. 라인을 따라 수 많은 부품들이 차체를 중심으로 하나의 완성차가 되는 과정을 보았습니다. 이때 모든 부품과 운전자의 무게에서 다양한 주행환경까지 버텨야 하는 차체의 중요성을 깨닫고 관심을 가지게 되었습니다. (차체 경량화 직무에 관심 갖게 된 계기)

최근 환경 및 안전규제의 강화와 더불어 다양한 IT기술이 자동차와 결합되면서 전장화가 심화되고 있습니다. 첨단 기술과 장비는 고객의 니즈를 충족시킬 수 있지만 차량의 무게 증가라는 골치 아픈 문제를 해결해야 합니다. 그렇기에 '경량화'는 자동차 업계의 가장 중요한 경쟁력이 될 것이라고 판단합니다. (본인이 지원한 직무가 중요한 이유 – 직무 관심도 표현)

대학교 4학년, 설계방법론 강의에서 프로젝트를 통해 '경량화'에 직접 도전했습니다. 저희 팀은 지게차의 포크 고정판을 기존 최대하중을 버티며 경량화 하는 것이 목표였습니다. 최적설계 프로그램인 GENESIS를 사용하여 초기 모델의 응력과 변형에너지를 해석하였고, 결과를 바탕으로 단계적으로 최적화를 진행했습니다. 먼저 Topology Optimize 단계에서는 Mass fraction을 설정하여 최적의 형상을 찾았습니다. 그리고 Shape Optimize 단계를 통해 안전계수를 고려하여 두께를 최적화했습니다. 그 결과 기존의 최대하중을 버티는 것은 물론 원래의 설계대비 6.67%(약 42.9kg)의 경량 효과를 볼 수 있었습니다. 또한 교수님께서도 좋은 평가와 함께 높은 학점을 주셨습니다. (직무와 관련된 에피소드)

무리한 다이어트는 사람의 건강을 해칩니다. 자동차의 차체 경량화도 마찬가지라고 생각합니다. 저는 이 프로젝트를 진행하며 무리한 경량화가 아닌 상황에 맞는 목표를 정하고 순차적으로 설계를 최적화할 수 있었습니다. 이를 바탕으로 차량의 안전과 성능을 충분히 확보하는 건강한 경량화를 이끌어내겠습니다. (직무에 대한 본인의 관점 제시)

GOOD POINT

1 – 직무에 관심을 갖게 된 계기에서부터 해당 직무가 중요한 이유 및 에피소드까지 물 흐르듯 논리가 전개됩니다.

2 – 단순히 직무 에피소드에서 끝마친 것이 아니라, 평소에 생각한 차체 경량화에 대한 본인만의 적절한 관점 제시를 통해 직무 관심도를 다시 한 번 끌어 올렸습니다.

2. 기아자동차 연구개발 합격 자기소개서

🏷️ 우리 KIAN(기아인)들은 다음과 같이 네 가지의 인재상을 닮아 가려고 노력합니다. 그 중에서 당신을 가장 잘 표현할 수 있는 한 가지를 선택하여 경험적 사례를 통해 그 이유를 설명해 주세요. [1,500자 이하]

Kreate – 열린 상상력으로 세상에 없던 새로움을 만들어가는 창조가

Innovate – 기존의 정해진 질서에 도전하여 대담한 변화를 이끌어내는 혁신가

Act – 생각에만 머무는 것이 아니라 생각을 적극적으로 현실에 반영하는 행동가

Navigate – 호기심과 열정으로 미지의 영역을 개척하는 탐험가

아쉬움과 후회를 날려버릴 Act

저를 가장 잘 표현할 수 있는 한 가지는 아쉬움과 후회를 날려버릴 Act(인재상 중 하나 제시)입니다. 생각하는 것과 그것을 행동으로 옮기는 것은 찰나의 순간입니다. 하지만 그 찰나의 순간이 지금의 저를 만들었다고 생각합니다. (주제) 저는 아쉬움이라는 생각을 행동으로 옮겨 후회를 남기지 않았던 경험이 있습니다.

대학교 4학년 여름방학, 대학생 자작자동차 대회에 참가한 저희 팀은 저의 실수로 마지막 경기를 완주하지 못했습니다. 이 경기만 무사히 완주하면 순위권 수상은 문제가 없었습니다. 하지만 문제는 저한테 있었습니다. 첫 번째 드라이버였던 저는 코너를 돌던 중 코스 이탈을 했습니다. 재출발을 위해 가속 페달을 밟았지만 차는 움직이지 않았고 그렇게 실격하고 말았습니다. 원인은 코스 이탈 과정에서 실수로 꺼버린 변속장치의 전원 스위치였고, 그 사실을 차량에서 내린 뒤에 알게 되었습니다. 저는 복잡한 감정을 하염없이 눈물로 쏟아냈습니다.

대회가 끝나고 모두 일상으로 돌아왔지만 제 마음은 여전히 대회장에 있었습니다. 대학생활의 마지막 대회였기 때문에 아쉬움을 지을 수가 없었습니다. 저는 눈을 감고 스스로에게 물었고 생각이 결심으로 바뀌는 것은 오래 걸리지 않았습니다.

결국 휴학을 선택하면서, 더욱 발전된 차량을 만들기 위해 카본 바디, 텔레메트리 등 다양한 도전을 팀원들과 결심하였습니다. 하지만 재정적인 부담이 컸습니다. 그래서 저는 스폰서 유치를 제안하고 1대 대외협력부장이 되었습니다. 학회 처음으로 홍보용 팜플렛을 제작하고, 필요한 부품이나 재료에 관련된 회사를 조사하여 준비된 홍보자료와 함께 지원 요청을 하였습니다. 그러나 대부분의 답장은 돌아오지 않았습니다.

아쉬움을 느낄 시간도 없다고 생각한 저는 몸으로 직접 뛰었습니다. 지원요청을 한 업체의 담당자에게 찾아가 직접 학회를 홍보하였으며, 시야를 넓혀 국내뿐만 아니라 해외 업체들에게도 지원 요청을 하였습니다 그 결과, 5곳의 외부업체에서 지원을 받아낼 수 있었고 차량을 무사히 제작해 낼 수 있었습니다. 다시 찾은 대회장은 작년과 같은 장소, 같은 날씨였지만 결과는 달랐습니다. 저희 팀은 가장 빠른 가속도와 뛰어난 주행 성능으로 모두를 놀라게 하며 36개의 팀 중 종합 3등이라는 우수한 성적을 거두게 됐습니다. 아쉬움은 모두 날아가고 기쁨만이 남는 순간이었습니다.

다시 선택의 순간으로 돌아가 제가 휴학을 하지 않았다면, 큰 후회와 아쉬움을 가지고 있었을 것입니다. 생각을 행동으로 옮기는 것에는 용기와 결심이 필요합니다. 저는 정해지지 않은 미래에 대한 불안함을 이겨내는 용기와 아쉬움 보다 큰 결심으로 후회를 남기지 않았습니다. 저는 KIAN(기아인)이 되어서도, 용기와 결심을 바탕으로 생각을 행동으로 옮기는 엔지니어가 되겠습니다.

GOOD POINT

1 – 행동(ACT)에 대한 본인의 정의를 내려 주제를 세분화한 점이 우수합니다(행동 – 결정적 순간에 생각보단 머뭇거리지 않는 움직임).

2 – 본인이 설정한 주제에 맞춰 에피소드가 최적화 되었고 유기적 흐름을 보입니다.

🏷️ **희망직무는 무엇이고, 여러분의 경험과 지식 등이 해당 직무에 어떻게 활용될 수 있을지 구체적인 근거로 설명해 주세요.**

양산의 첫걸음, 선행생산기술

저의 희망직무는 생산기술 부문의 선행생산기술 직무입니다. 선행생산기술 직무는 신차를 양산하기 전, 생산에 필요한 설비 혹은 신기술들을 양산에 차질이 없도록 테스트 및 개선하는 업무를 수행합니다. 최근 안전, 환경 규제의 강화로 차량의 경량화가 중요해지고 있습니다. 이를 위해 새로운 소재를 사용한 신차 양산이 더욱 시도될 것으로 판단됩니다. (현 대외환경 속에 선행생산기술 직무가 왜 중요하게 될지를 어필함)

저는 자작자동차 학회 활동을 통해 새로운 소재를 사용하여 차량을 제작한 경험이 있습니다.

17년 대회 차량의 바디 제작을 담당하게 된 저는 경량화를 위해 카본을 사용하기로 결정하였습니다. 하지만 사용해 본적 없는 재료이기에 제작에 들어가기 전 철저한 자료 수집이 필요했습니다. 재료의 성질에서부터 성형 방법까지 수집된 자료를 바탕으로 제작 계획을 세웠습니다. 특히 제작 방식에 대해서는 바디의 파트 별로 형상을 고려하여 Vacuum Infusion 방식과 Hand-layup 방식으로 나누었습니다. 이후 각 방식에 따라 Mold 설계를 하고 아이소핑크와 퍼티를 이용하여 제작하였습니다. 하지만 예상대로 잘 진행되지 않았습니다. Vacuum Infusion 방식은 진공 상태를 유지하기 힘들었으며, Hand-layup 방식은 에폭시가 균일하게 도포되지 않으면 원하는 강도를 얻을 수 없었습니다. 하지만 이런 실패들 속에서 멈추지 않았습니다. 카본 관련 업체의 담당자를 찾아가 조언을 구하고 성형 과정을 담은 동영상을 참고하는 등 여러 노력을 통해 문제점들을 보완해 나갔습니다. 결국 성공적으로 카본 바디를 제작할 수 있었고 대회에서 우수한 성적을 걸 수 있는 밑바탕이 되었습니다. (에피소드 및 결과)

좋은 설계와 좋은 재료를 사용하더라도 양산하지 못하는 차량은 의미가 없다고 생각합니다. (본인이 생각하는 선행생산기술 직무의 중요성) 저는 이 경험을 통해 신소재에 대한 정보 수집을 바탕으로 계획을 수립하고 제작 과정에서 발생하는 문제를 해결하였습니다. 이를 바탕으로 기아자동차 선행생산기술 직무에서 신차 양산을 차질없이 성공시켜 산업의 트랜드를 이끌도록 앞장서겠습니다.

GOOD POINT

1 – 생산기술 분야로 지원했지만, 특정 세부직무인 선행생산직무에 관심이 많음을 어필하고, 타겟 직무를 세분화했습니다.

2 – 특정 세부직무(선행생산)에 따른 경험(자작자동차 학회)이 아닌, 에피소드를 통해 구체성을 높였습니다(소재 경량화를 위한 카본 사용).

3. 현대케피코 연구개발 합격 자기소개서

✎ 당사의 인재상 "KEFICO-Way"에 비춰볼 때, 본인은 어떤 영역에서 강점이 있는지 구체적인 사례를 통해 기술해 주시기 바랍니다. [최소 100자, 최대 500자 입력가능]

실패에도 무너지지 않는 끈질긴 도전 정신이 저의 무기입니다. (도전 정신 - 세분화 : 실패에도 무너지지 않는 끈질김)
대학교 4학년, 자작자동차 대회에 참가한 저희 팀은 마지막 경기를 완주하지 못했습니다. 당시 드라이버였던 저는 코스 이탈 도중, 실수로 스위치를 꺼버렸고 차가 움직이지 않아 실격했기 때문입니다. 너무 슬프고 아쉬웠지만 이를 이겨내고 다시 도전을 하고 싶었습니다. 결국 휴학을 하며, 카본 바디와 같은 새로운 도전을 결심하였습니다. 하지만 재정 부담 때문에 저는 스폰서 유치를 제안하고 직접 담당했습니다. 팜플렛을 제작하고, 필요한 부품과 관련된 회사에 지원 요청을 하였습니다. 그러나 답장은 거의 돌아오지 않았고, 저는 몸으로 뛰었습니다. 업체 담당자에게 직접 학회를 홍보하였으며, 시야를 넓혀 해외 업체에도 지원 요청을 하였습니다. 그런 노력 끝에 신규 스폰서 5곳의 도움을 받아 대회에 출전하여 36개의 팀 중 3등이라는 우수한 성적을 거뒀습니다. (구체적인 사례) 이러한 도전 정신으로 현대케피코에서 누구보다 끈질긴 엔지니어가 되겠습니다.

GOOD ╲ POINT

도전이라는 키워드를 세분화하여 '실패에도 무너지지 않는 끈질김'으로 주제를 설정했습니다. 이렇게 세부 주제를 설정하게 되면 이와 같이 '찰떡궁합' 에피소드만을 끄집어 내어 작성이 가능합니다.

지원하신 직무를 선택한 이유와 자신이 해당 직무 수행을 위해 노력한 사항에 대해 기술해 주시기 바랍니다. [최소 100자, 최대 500자 입력가능]

저는 시작개발 직무에서 제품의 품질을 보증하는 전문가가 되기 위해 지원하였습니다. 이를 위해서는 공정, 공법 및 생산성 검토를 통해 설계를 검증해야 합니다. 저는 자작자동차 학회에서 제품의 공정과 생산성을 검토하여 제작한 경험이 있습니다.

차량의 바디 제작을 담당하게 된 저는 경량화를 위해 카본을 사용하기로 결정하였습니다. 하지만 사용해 본적 없는 재료이기에 철저한 자료수집을 바탕으로 제작 계획을 세웠습니다. 제작 방식에 대해서는 파트 별 형상을 고려하여 Vacuum Infusion과 Hand-layup 방식으로 나누었습니다. 하지만 제작 과정에서 진공 상태를 유지하기 힘들었으며, 레진이 균일하게 도포되지 않으면 원하는 강도를 얻을 수 없었습니다. 하지만 포기하지 않고, 카본 관련 업체를 찾아가 조언을 구하고 성형 과정을 담은 동영상을 참고하는 노력을 통해 보완해 나갔습니다. (직무 수행을 위해 노력한 사항) 결국 성공적으로 카본 바디를 제작할 수 있었고 대회에서 우수한 성적을 걷을 수 있는 밑바탕이 되었습니다.

GOOD POINT

자작자동차 학회 경험 속에서 경량화 에피소드를 서술했습니다. 단순히 자작자동차 학회를 했던 경험이 직무수행을 위해 노력한 사항이라고 했다면 설득력이 떨어졌을 것입니다. 그게 아닌, 경량화 관련 에피소드를 이야기하면서 말하고자 한 부분에 대한 설득력을 높였습니다. 다만, 직무를 선택한 이유가 담겨있지 않고, 직무를 하고 싶다 정도로 제시했다는 점은 조금 아쉽습니다.

🔖 **기존방식이나 현상에 대한 문제의식을 가지고 해결하려고 노력했던 경험에 대해 기술해 주시기 바랍니다. [최소 100자, 최대 500자 입력가능]**

대학교 3학년, 자작자동차 학회에서 차량을 제작하며 기존의 방식을 탈피하고 새로운 설계를 통해 문제를 해결한 경험이 있습니다.

대회 출전을 위해 차량을 시운전 하던 도중 동력 전달을 도와주는 '체인 장력 조절장치'에 문제가 발생했습니다. 원인은 장치의 불안정한 형태 때문이었습니다. (문제 의식과 원인 파악) 며칠 간, 문제발생 원인과 장치의 역할을 상기시키며 설계를 수정하고 검증하였습니다. (해결하려고 노력) 결국 활용 공간이 제한적이었던 한계를 새로운 조절 방식을 개발하여 장치를 개선할 수 있었으며(해결책), 문제없이 주행을 마칠 수 있었습니다. 기존의 구조보다 훨씬 안정적이고 마찰을 최소화 시켜 동력 손실을 줄일 수 있었습니다. 주변 장치의 작동원리에 대한 정확한 이해와 설계 능력이 있었기에 가능했습니다.

시작개발 직무에서 다양한 방면에서 설계를 검토하기 위해서는 이와 같은 능력은 중요하다고 생각합니다. 기계 장치의 빠른 이해와 설계 능력을 바탕으로 현대케피코 시작개발 직무에서 대체 불가한 엔지니어가 되겠습니다.

GOOD ▶ POINT

문항에서 요구한 '문제 의식 – 원인 파악 – 해결하려고 노력한 점 – 해결책'을 제시함으로써 구조적으로 설득력을 더하고 있습니다. 조금 더 추가하자면 해결하려고 노력한 점에 대해 구체적으로 기재했으면 더 좋았을 것입니다.

팀 단위의 과제 혹은 프로젝트를 수행할 때 본인이 지닌 장점과 단점에 대해 구체적으로 기술해 주시기 바랍니다. [최소 100자, 최대 500자 입력가능]

저의 장점은 포기하지 않는 끈기입니다. (장점 제시) 라인을 따라 걷는 2족 보행 로봇을 만드는 프로젝트를 한 경험이 있습니다. 한번도 사용해보지 못한 프로그램과 낯선 장비에 어려움을 겪고 있었습니다. 하지만 저는 포기하지 않았습니다. 일주일을 밤낮으로 실패를 반복한 끝에 많은 팀들 중에서 유일하게 정관절로 걷는 2족 보행 로봇을 만들었습니다. 시작개발 직무는 설계 검증 과정에서 발생하는 다양한 문제들을 해결해야 합니다. 저의 포기하지 않는 끈기로 어떠한 문제 앞에서도 반드시 해결할 수 있는 엔지니어가 되겠습니다. (장점에 따른 경험을 제시함으로써 설득력을 더함)

저의 단점은 꼼꼼하지 못한 성격입니다. (단점 제시) 제출할 과제를 집에 놓고 와, 급하게 택시를 타고 집에 다녀온 경험이 있습니다. 이를 보완하기 위해 잠들기 전, 가방에 필요한 물품을 미리 담습니다. 그리고 내일을 머릿속으로 그리며 잠이 듭니다. (단점에 대한 경험 및 보완점 제시) 이런 습관은 다음날 뚜렷한 방향성을 가지고 빈틈없이 하루를 보낼 수 있게 도와줍니다. 이를 꾸준히 실천하여 반드시 빈틈없는 신입사원이 되겠습니다.

GOOD POINT

1 - 각 장/단점을 먼저 제시한 뒤, 에피소드로 뒷받침해 설득력을 높이고 있습니다.

2 - 큰 경험을 통째로 적는 것이 아니라, 제시한 장/단점에 최적화 된 에피소드를 기재하고 있습니다. 경험과 에피소드는 서로 다릅니다. 이는 PART 1 '04'에서 설명드렸습니다.

당사에 입사 후 10년 내 성취하고 싶은 목표와 이를 달성하기 위한 계획을 기술해 주시기 바랍니다. [최소 100자, 최대 500자 입력가능]

저는 현대케피코에서 시장의 흐름을 주도하는 제품을 만드는 엔지니어가 되겠습니다. (10년 내 성취하고 싶은 목표 제시)

이를 위해 다음 두 가지 노력을 실천하겠습니다. 첫 번째, 시장의 흐름을 먼저 분석하겠습니다. 앞으로도 자동차 전자제어사업은 환경, 안전 규제와 IT 기술의 영향을 많이 받을 것입니다. 저는 최신 규제와 IT 기술 동향을 분석하여 시장의 트렌드를 읽고 고객사의 입맛에 맞는 제품을 먼저 제안하겠습니다. (달성하기 위한 계획 1) 두 번째, 자동차 관련 경험을 살려 맞춤형 제품을 만들겠습니다. 저는 학부시절 자작자동차 학회 활동을 통해 차량을 직접 설계 및 제작하며, 자동차의 구조와 움직임에 대해 알게 되었습니다. 또한 '동력기계설계' 전공과목을 수강하며 배움의 깊이를 더했습니다. 이를 통해 고객사의 자동차 구조를 파악하여 딱 맞는 맞춤형 제품을 만들겠습니다. (달성하기 위한 계획 2) 제가 만든 제품으로 현대케피코가 자동차 전자제어시장의 흐름을 주도할 수 있도록 최선의 노력을 다하겠습니다.

GOOD POINT

1 - 두괄식으로 목표를 제시한 뒤, 근거를 들어 구조적으로 쉽게 읽히는 글이었습니다.

2 - 고객사의 입맛에 맞는 제품 / 딱 맞는 맞춤형 제품이 '목표'인 시장의 흐름을 주도하는 엔지니어의 뒷받침하는 근거로 잘 작성되었습니다.

4. 삼성전자 설비기술 합격 자기소개서

✎ 삼성전자를 지원한 이유와 입사 후 회사에서 이루고 싶은 꿈을 기술하십시오.
[700자 이내]

작업의 에이스에서 설비의 에이스로

대학교 1학년 여름방학 동안 삼성전자 협력업체를 통해 화성 캠퍼스에서 일한 경험이 있습니다. 당시 업무는 라인에 들어가, 설비의 모니터를 분해 후 알루미늄 부품으로 교체하여 위치를 변경하는 작업이었습니다. 작업을 위해 클린룸으로 들어갈 때마다 세계 최고 수준의 반도체 공정을 돕고 있다는 것에 큰 자부심을 느꼈습니다. 그렇기에 맡은 업무에 더욱 최선을 다했습니다. 효율적인 공구의 배치와 분해 조립 순서를 찾으며, 생산에 차질이 생기지 않도록 노력했습니다. 그 결과 두 명의 작업자가 1대의 작업을 끝내는 동안 혼자 2대의 작업을 끝내며 팀의 에이스가 되었습니다. 방학이 끝나 저는 학업로 돌아갔지만 당시 느꼈던 자부심은 지금까지 남아 있습니다. 이제는 설비기술 직무의 에이스가 되어 삼성전자의 자부심이 되겠습니다. (삼성전자를 지원한 이유 – 자부심)

저는 삼성전자의 설비 엔지니어가 되어 라인의 어떠한 문제도 해결할 수 있는 만능 해결사가 되겠습니다. (입사 후 회사에서 이루고 싶은 꿈) 생산율 향상을 위해서는 라인에서 발생하는 문제를 빠르게 해결해야 합니다. 이를 위해서는 분석력과 문제해결 역량이 뒷받침되어야 합니다. 저는 "공학응용 및 설계 1, 2" 과목에서, 다방면의 프로젝트를 진행하며 데이터 분석력을 길렀습니다. 또한 전공학회 활동을 통해 여러 상황에서 문제를 해결한 경험이 있습니다. (꿈을 이룰 수 있는 근거) 이를 통해 어떠한 문제도 두려워하지 않는 만능 설비 에이스가 되겠습니다.

1 – 단순히 입사 후 이루고 싶은 꿈만을 제시한 것이 아니라, 본인이 해당 업무를 수행할 수 있는 근거를 들어준 점이 좋습니다.

2 – 문항에서 요구한대로 지원한 이유 / 입사 후 포부를 순차적으로 잘 작성했습니다. 다만, 해당 기업과의 연관된 경험이 있는데 불구하고, 에피소드 속에서의 인사이트를 끌어내기 보다는 '자부심'으로 지원동기를 작성한 부분은 아쉽습니다.

> 본인의 성장과정을 간략히 기술하되 현재의 자신에게 가장 큰 영향을 끼친 사건, 인물 등을 포함하여 기술하시기 바랍니다(※ 작품 속 가상인물도 가능). [1,500자 이내]

만드는 것의 즐거움

제 손으로 무언가를 설계하고 제작하는 것은 저의 인생에서 가장 큰 기쁨입니다.
제가 처음 무언가를 만든 것은 초등학교 2학년때 만든 고무동력기였습니다. 당시 학교에서 열린 고무동력기 대회를 위해서 아버지와 함께 만들었습니다. 부품이 하나씩 제자리를 찾아갈 때마다 묘한 두근거림을 느꼈습니다. 그때 처음, 스스로 만드는 것에 흥미를 느꼈습니다. 이후 저는 중학교까지 교내 글라이더 대회에 출전하며 날개 모양을 바꿔 보기도 하고 재료를 바꿔 보기도 하며, 더 높게 더 오래 날리기 위해서 고민하였습니다. 이러한 고민들은 제가 기계공학을 전공하게 된 계기가 되었습니다.

(성장과정 간략 기술 – 스스로 무언가를 만드는 즐거움)

즐거움, 문제를 해결하는 원동력

저는 대학교에 진학하여서도 만드는 즐거움을 멈추지 않았습니다. 설계 위주의 전공과목을 많이 들었으며 특히 프로젝트 진행에 있어서 팀장을 맡거나 주축이 되어 적극적으로 참여하였습니다. 또한 전공학회에 가입하여 자작자동차를 만들며 강의를 통해 배운 전공지식으로 직접 부품을 설계하고 제작하였습니다. 이러한 다양한 경험 속에서 여러 가지 문제와 직면하기도 했습니다. 그때마다 즐거움을 원동력으로 원인을 분석하고 새로운 시도를 하며 문제를 해결해 왔습니다.

진행한 프로젝트들 중에서 가장 기억에 남는 것은 3학년 2학기 '공학설계 및 응용 2' 팀 프로젝트(가장 큰 영향을 끼친 사건)입니다. 프로젝트의 목표는 2족 보행을 하는 라인트레이서 로봇을 만들어 정해진 코스를 가장 빠르게 완주하는 것이었습니다. 저희는 사람과 비슷한 걸음걸이를 만들기 위해서 정관절 보행 방식을 선택하였으며 그에 맞춰 설계를 시작하였습니다. 또한 제어 알고리즘을 바탕으로 코딩을 하였으며 움직이는 동작 하나하나를 모터 제어를 통해 만들어 갔습니다.

하지만 정해진 로봇 키트를 이용하여 제작을 완성한 순간부터 문제가 시작되었습니다. 정지상태에서는 잘 서있지만 보행을 시작하면 넘어졌으며, 심지어 제자리 걸음을 할 때도 있었습니다. 원인은 동작을 바꿀 때마다 이동하는 무게중심 때문이었습니다. 이를 해결하기 위해서는 무게중심을 최대한 낮추고 동작의 크기를 최소화 시켜야 했습니다. 저희는 모터의 오프셋 각도를 조절하여 모든 동작의 자세를 낮췄으며, 로봇의 발바닥 부분에 무게를 추가시켰습니다. 또한 동작의 프레임을 더욱 세분화하여 부드럽게 움직이도록 만들었습니다. 그 결과 저희 로봇은 여러 팀들 중 유일하게 정관절 방식으로 2족 보행을 성공하였습니다. 그리고 테스트 당일 정확하게 방향 전환을 하며 2등의 기록으로 프로젝트를 마무리할 수 있어 더욱 즐거웠습니다.

저는 삼성전자의 설비 엔지니어가 되어 만드는 것, 그 이상의 즐거움을 함께 느끼고 싶습니다. 설비 엔지니어는 제품의 원활한 생산을 위해 공정의 기계설비를 유지, 보수 해야합니다. 또한 설비의 생산 효율을 높이기 위해 부품을 개선하는 업무도 수행합니다. 저는 기계공학 전공을 통해 배운 설계 지식과 다양한 프로젝트를 끈질기게 수행한 경험으로 설비의 문제 부품 개선을 통한 원가절감에 앞장서겠습니다.

GOOD POINT

1 - 문항에서 요구한대로 성장과정을 간략히 기술한 뒤, 가장 큰 영향을 끼친 사건에 대해 제시했습니다.

2 - 공학설계 및 응용 프로젝트와 관련하여 상세하게 서술했고 주제와 일치시킨 마무리도 우수합니다.

삼성전자의 반도체 왕관 지키기

지난해 삼성전자는 24년간 반도체 시장의 1위인 인텔을 제치고 새로운 글로벌 반도체 시장의 권좌에 올랐습니다. 이제는 fast follower가 아닌 시장을 선도하는 first mover로 입장이 바뀐 것입니다. 하지만 1위의 왕관을 지키기는 것은 쉽지 않은 일입니다. 바로 중국의 반도체 굴기(제시된 사회 이슈) 때문입니다. 중국의 국영기업인 칭와유니그룹은 10년 안에 글로벌 메모리 반도체 제조사 5위를 목표로 메모리 반도체 시장에 공격적인 투자를 하고 있습니다. 중국의 메모리 반도체에 대한 대량 양산이 초읽기에 들어간 지금, 삼성전자는 설비기술과 공정개발에 더욱 집중하여 입지를 굳혀 나가고 있습니다.

저는 다음과 같이 2가지 관점에서 이를 생각해 보았습니다.

첫 번째, 설비 이슈 관리입니다. 설비에서 발생하는 이슈는 수율, 생산성 등 원가 경쟁력에 직결되는 문제입니다. 설비 이슈가 발생되면 해당 라인은 생산을 멈추게 됩니다. 제조업의 특성상 이는 회사의 크나큰 손해로 이어지게 됩니다. 그렇기 때문에 설비 기술력을 높여 이슈를 최소화하는 것만으로도 생산성 향상에 큰 보탬이 됩니다.

두 번째, 생산공정 스텝수입니다. 미세공정 기술이 고도화 되면서 한 웨이퍼에서 뽑아낼 수 있는 칩은 많아졌지만 반대로 생산공정 스텝수가 증가했습니다. 그렇기에 동일한 시간 내에 투입할 수 있는 웨이퍼의 숫자는 오히려 적어지고 있습니다. 하지만 다른 관점으로 보면 생산공정 스텝수를 간소화 시킬 수 있다면 생산성 향상에 큰 효과를 볼 수 있습니다. 그렇기 때문에 설비 개선과 공정 개발을 통해 생산공정 스텝수를 간소화 시킬 필요가 있습니다.

이처럼 설비와 공정은 생산성 향상과 밀접한 관련이 있습니다. 삼성전자는 화성 신공장에 세계 최초로 EUV장비를 도입해 상용화할 예정이며 공정을 단순화하기 위해 120단 3D 낸드까지 싱글 에칭 기술을 도입하는 방안을 추진하고 있습니다. 생산성 향상의 만반의 준비를 마친 삼성전자의 왕관은 꾸준히 이어질 것이라 확신합니다.

삼성전자에 합격하게 된 결정적인 문항이 아닐까 싶습니다. 중국 반도체 굴기 이슈를 이야기 하기 전 INTRO 부분도 설득력 있었고, 설비기술/공정개발에 대한 FACT를 넘어 본인의 견해를 곁들여 지원자만의 유일한 자소서가 되게끔 만들었습니다.

지원 직무에 대해 본인이 이해한 내용을 서술하고, 본인이 해당 직무에 적합한 사유를 전공능력 측면에서 구체적으로 서술하시오. [1,000자, 영문작성 시 2,000자 이내]

생산의 최전방을 책임지다

제가 지원하는 설비기술 직무는 생산성 향상을 목표로 담당 설비의 책임자가 되어 업무를 수행합니다. 치밀한 예방정비 계획을 수립하고 설비 이슈 발생 시, 신속한 순간 조치를 통해 설비를 유지 · 보수합니다. 또한 부품의 교체 주기를 관리하고 필요시 개선을 통해 설비의 효율을 끌어 올립니다. 이러한 업무를 원활히 수행하기 위해서는 설비의 작동원리에 대한 정확한 이해와 이슈 발생 시 신속하게 대처할 수 있는 문제 해결 능력이 필요하다고 생각합니다. 저는 자작자동차 학회 활동 중 장치 개선을 통해 위기의 상황을 극복한 경험이 있습니다.

대학교 3학년. 대회 출전을 위해 차량을 시운전 하던 도중 동력 전달을 도와주는 '체인 장력 조절장치'가 파손되었습니다. 원인은 장치의 불안정한 구조였습니다. 대회까지 남은 기간은 2주밖에 없었지만 포기하지 않았습니다. 우선 문제 해결을 위해 설계 제한사항을 분석하였습니다. 구조 변경에 활용할 수 있는 공간을 파악하였으며, 활용 가능한 부품의 목록을 작성하였습니다. 그리고 문제발생 원인과 장치의 역할을 상기시키며 설계를 수정하고 검증하였습니다. 결국 활용 공간이 제한적이었지만 새로운 조절 방식을 개발하여 장치를 개선할 수 있었습니다. 기존 보다 안정적이고 마찰을 최소화시켜 출력 또한 늘어났습니다. 위기는 기회가 되었고 저희 팀은 대회에 무사히 출전하여 기동력 상을 수상할 수 있었습니다. 주변 장치의 작동원리에 대한 정확한 이해와 문제를 해결하고자 하는 끈기가 있었기에 가능했습니다.

이처럼 저는 기계공학 전공을 통해 습득한 설계 지식을 활용하여 설비의 작동원리를 빠르게 저의 것으로 만들겠습니다. 또한 전공학회 활동을 하며 직접 제품을 설계하고 제작한 경험을 바탕으로 부품을 개선하여 설비의 가동 효율을 높이고 필요 시 지그를 설계하여 생산성을 향상 시키겠습니다. 삼성전자 메모리사업부의 설비 엔지니어가 되어 생산의 최전방인 라인을 책임지겠습니다.

해당 직무에 대한 간략한 설명과 그 직무를 수행하기 위한 필수 역량(문제해결 능력)을 제시하면서 설득력을 높이고 있습니다. 또한 제시에만 그치는 것이 아니라 본인의 에피소드를 토대로 해당 역량을 보여주고 있음을 스토리텔링한 점이 우수합니다.

5. SK하이닉스 양산/기술 합격 자기소개서

🔖 자발적으로 최고 수준의 목표를 세우고 끈질기게 성취한 경험에 대해 서술해 주십시오(본인이 설정한 목표/목표의 수립 과정/처음에 생각했던 목표 달성 가능성/수행 과정에서 부딪힌 장애물 및 그때의 감정(생각)/목표 달성을 위한 구체적 노력/실제 결과/경험의 진실성을 증명할 수 있는 근거가 잘 드러나도록 기술). [700자~1,000자 10단락 이내]

아쉬움이 만들어준 소중한 경험

저는 아쉬움이라는 생각을 행동으로 옮겨 목표를 향해 나아갔던 경험이 있습니다. 대학교 4학년 여름방학, 대학생 자작자동차 대회에 참가한 저희 팀은 저의 실수로 마지막 경기를 완주하지 못했습니다. 당시 드라이버였던 저는 코너를 돌던 중 코스 이탈을 했고 실수로 꺼버린 변속 스위치 때문에 차가 움직이지 않아 실격을 당했기 때문입니다. 당황했던 저는 그 사실을 차에서 내린 뒤에 알게 되었습니다. 팀의 목표를 제 손으로 날려버려 너무 슬프고 아쉬웠습니다.

대회가 끝나고 모두 일상으로 돌아왔지만 제 마음은 여전히 대회장에 있었습니다. 대학생활의 마지막 대회였기 때문에 아쉬움을 지울 수가 없었습니다. 저는 눈을 감고 스스로에게 물었고 생각이 결심으로 바뀌는 것은 오래 걸리지 않았습니다. (목표의 수립 과정)

결국 휴학을 선택하면서, 대회 우승을 목표로 더욱 발전된 차량을 만들기 위해 카본 바디, 텔레메트리 등 다양한 도전을 팀원들과 결심하였습니다. (본인이 설정한 목표) 하지만 재정적인 부담이 커 모두 걱정이 많았습니다. 그래서 저는 스폰서 유치를 제안하고 1대 대외협력부장이 되었습니다. 학회 처음으로 홍보용 팜플렛을 제작하고, 필요한 부품이나 재료에 관련된 회사를 조사하여 준비된 홍보자료와 함께 지원 요청을 하였습니다. 그러나 대부분의 답장은 돌아오지 않았습니다. (수행 과정에서 부딪힌 장애물 및 그때의 감정) 아쉬움을 느낄 시간도 없다고 생각한 저는 몸으로 직접 뛰었습니다. 지원요청을 한 업체의 담당자에게 찾아가 직접 학회를 홍보하였으며, 시야를 넓혀 국내뿐만 아니라 해외 업체들에게도 지원 요청을 하였습니다. 그 결과, 5곳의 외부업체에서 지원을 받아낼 수 있었고 차량을 무사히 제작해 낼 수 있었습니다. (목표 달성을 위한 구체적 노력) 다시 찾은 대회장은 작년과 같았지만 결과는 달랐습니다. 저희 팀은 빠른 가속도와 뛰어난 주행 성능으로 36개의 팀 중 종합 3등이라는 우수한 성적을 거뒀습니다. 목표인 우승은 아니지만 아쉬움을 행동으로 옮겨 큰 성취감을 느낄 수 있었던 소중한 경험이었습니다. (실제 결과)

GOOD POINT

SK를 합격하는 취준생들의 공통점은 질문에서 요구한 사항에 대해 성실히 대답했다는 점입니다. 타 자소서와는 달리 질문만 주어지는 것이 아니라 괄호로 구체적인 가이드라인이 적혀 있습니다. 이 부분에 대한 답만 성실히 하더라도 좋은 결과를 기대할 수 있습니다.

서류에 탈락하는 학생들의 특징 중 하나는 자기소개서에 욕심을 많이 낸다는 점입니다. 괄호 안에서 묻는 부분에 대해 설명없이 본인이 작성하고 싶은 대로, 보여주고 싶은 대로 작성해 제출합니다. SK 에서만큼은 필히 문항에서 요구한 그대로 꼼꼼하게 작성해야 합니다.

해당 문항에서 우수했던 점은 마찬가지로 질문에서 요구한 바를 성실히 대답했다는 것입니다. '처음에 생각했던 목표 달성 가능성'도 함께 기재해줬으면 더 좋았겠지만, 이를 제외하고는 충분한 답변을 주고 있습니다.

새로운 것을 접목하거나 남다른 아이디어를 통해 문제를 개선했던 경험에 대해 서술해 주십시오(기존 방식과 본인이 시도한 방식의 차이/새로운 시도를 하게 된 계기/새로운 시도를 했을 때의 주변의 반응/새로운 시도를 위해 감수해야 했던 점/구체적인 실행 과정 및 결과/경험의 진실성을 증명할 수 있는 근거가 잘 드러나도록 기술). [700자~1,000자 10단락 이내]

위기를 기회로 바꾸는 아이디어

번뜩이는 아이디어 또는 생각은 우연히 나오기도 하지만 끊임없는 도전과 시도 끝에 탄생한다고 생각합니다. 저는 자작자동차 학회 활동 중 끈질긴 시도 끝에 새로운 아이디어로 장치를 개선한 경험이 있습니다.

대학교 3학년, 저는 오프로드 차량의 제작을 맡게 되었습니다. 제작 과정에는 차량의 시운전을 통해 보완 및 수정 단계를 거치게 됩니다. 하지만 차량의 시운전 도중 동력 전달을 도와주는 '체인 장력 조절장치'가 파손되었습니다. 원인은 장치의 불안정한 구조 그리고 심한 마찰이었습니다. 대회까지 남은 기간은 2주밖에 없었지만 포기하지 않았습니다. 우선 문제 해결을 위해 설계 제한사항을 분석하였습니다. 구조 변경에 활용할 수 있는 공간을 파악하였으며, 활용 가능한 부품의 목록을 작성하였습니다. 그리고 문제발생 원인과 장치의 역할을 상기시키며 설계를 수정하고 검증하였습니다. 그러나 일주일 간 밤을 새며 이것저것 시도해 봤지만 모두 실패를 했으며 팀원들도 지친 상태였습니다. 저 또한 계속된 실패에 시도조차 두려워져 갔습니다. 하지만 시도하지 않으면 아무것도 변하지 않는다는 걸 잘 알고 있기에 다시 작업장으로 들어갔습니다. (새로운 시도를 한 계기) 그러던 중 남은 브라켓과 소 기어를 보았고 문득 좋은 아이디어가 생각났습니다. 저는 빠르게 구조를 팀원들에게 설명하였고, 긍정적인 반응과 함께 제작에 들어갔습니다. (새로운 시도를 했을 때의 주변 반응) 결국 활용 공간이 제한적이었던 한계를 새로운 조절 방식을 개발하여 장치를 개선할 수 있었습니다. 소 기어와 체인이 맞물려 돌아가기 때문에 기존 가드 방식보다 훨씬 안정적이고 마찰을 최소화시켜 출력 또한 늘어났습니다. (기존 방식과 본인이 시도한 방식의 차이, 구체적인 실행 과정)

위기는 기회가 되었고 저희 팀은 대회에 무사히 출전하여 기동력 상을 수상할 수 있었습니다. 주변 장치의 작동원리에 대한 정확한 이해와 실패에 대한 두려움을 이겨내는 끈질긴 용기가 있었기에 가능했습니다. 이러한 끈질긴 용기로 번뜩이는 아이디어로 가득 찬 엔지니어가 되겠습니다. (결과)

'새로운 시도를 위해 감수했던 점'을 제외하고는 문항에서 요구한 바에 대한 대답이 충분합니다. 조금만 더 글을 퇴고하고자 한다면, 문항에서 요구한 순서대로 작성했으면 더욱 좋은 글이 되었을 것입니다.

지원 분야와 관련하여 특정 영역의 전문성을 키우기 위해 꾸준히 노력한 경험에 대해 서술해 주십시오(전문성의 구체적 영역(예. 통계 분석)/전문성을 높이기 위한 학습 과정/전문성 획득을 위해 투입한 시간 및 방법/습득한 지식 및 기술을 실전적으로 적용해 본 사례/전문성을 객관적으로 확인한 경험/전문성 향상을 위해 교류하고 있는 네트워크/경험의 진실성을 증명할 수 있는 근거가 잘 드러나도록 기술). [700자~1,000자 10단락 이내]

설계에서 배운 설비

제가 지원하는 양산/기술 직무는 생산성 향상을 목표로 담당 설비의 책임자가 되어 업무를 수행합니다. 치밀한 예방정비 계획을 수립하고 설비 이슈 발생 시, 신속한 순간 조치를 통해 설비를 유지 · 보수합니다. 또한 부품의 교체 주기를 관리하고 필요시 개선을 통해 설비의 효율을 끌어 올립니다. (전문성의 구체적 영역) 이러한 업무를 원활히 수행하기 위해서는 설비의 작동원리에 대한 정확한 이해와 이슈 발생 시 신속하게 대처할 수 있는 문제해결 능력이 필요하다고 생각합니다.

기계공학을 전공하며 '기계설계', '공학설계 및 응용', '동력기계설계' 등 설계와 관련된 다양한 과목들을 수강하였습니다. (전문성을 높이기 위한 학습 과정) 이를 바탕으로 기계 설비에 대한 작동원리를 빠르게 이해할 준비가 되어 있습니다. 특히 대학교 4학년, 설계방법론 강의에서 프로젝트를 통해 최적 설계에 직접 도전했었습니다. 저희 팀은 지게차의 포크 고정판을 기존 최대하중을 버티며 경량화하는 것이 목표였습니다. 최적설계 프로그램인 GENESIS를 사용하여 초기 모델의 응력과 변형에너지를 해석하였고, 결과를 바탕으로 단계적으로 최적화를 진행했습니다. 먼저 Topology Optimize 단계에서는 Mass fraction을 설정하여 최적의 형상을 찾았습니다. 그리고

Shape Optimize 단계를 통해 안전계수를 고려하여 두께를 최적화했습니다. 그 결과 기존의 최대하중을 버티는 것은 물론 원래의 설계 대비 6.67%(약 42.9kg)의 경량 효과를 볼 수 있었습니다. 또한 교수님께서도 좋은 평가와 함께 높은 학점을 주셨습니다. (전문성 획득을 위해 투입한 시간 및 방법, 습득한 지식 및 기술을 실전적으로 적용해 본 사례)

프로젝트의 좋은 결과의 바탕에는 학회 경험이 큰 몫을 했다고 생각합니다. (전문성 향상을 위해 교류하고 있는 네트워크) 대학교 1학년부터 자작자동차 학회에 가입하여 직접 설계를 하고 제작하는 활동을 하였습니다. 그러다 보니 기계 설비에 대한 이해뿐만 아니라 제작 시에 발생한 여러 문제를 해결하며 문제해결 능력 또한 길러왔습니다. 이러한 경험들을 바탕으로 항상 준비된 엔지니어가 되겠습니다.

GOOD POINT

순서대로 작성하지 않았으나, 문항에서 요구한 바에 대한 모든 대답들이 기재되어 있습니다. 또한 경험만 나열한 것이 아닌, 특정 프로젝트에서의 구체적인 부분까지 스토리텔링을 잘 했기에 어떤 메시지를 던지고자 하는지 글을 읽고 느낄 수 있었습니다.

혼자 하기 어려운 일에서 다양한 자원 활용, 타인의 협력을 최대한으로 이끌어 내며, Teamwork를 발휘하여 공동의 목표 달성에 기여한 경험에 대해 서술해 주십시오(관련된 사람들의 관계(예. 친구, 직장 동료) 및 역할/혼자 하기 어렵다고 판단한 이유/목표 설정 과정/자원(예. 사람, 자료 등) 활용 계획 및 행동 구성원들의 참여도 및 의견 차이/그에 대한 대응 및 협조를 이끌어 내기 위한 구체적 행동 목표 달성 정도 및 본인의 기여도 경험의 진실성을 증명할 수 있는 근거가 잘 드러나도록 기술). [700자~1,000자 10단락 이내]

하나가 된 우리의 목소리

대학교 3학년 2학기, '대학합창' 과목의 조장을 맡으며 소통과 협력을 통해 20명의 목소리를 '우리의 목소리'로 만든 경험이 있습니다.

평소 노래 부르기를 좋아하던 저는 많은 사람들과 같이 노래하고 싶어 '대학합창'이라는 교양과목을 신청하였습니다. '대학합창'의 목표는 한 학기 동안 20명의 사람들이 한 조가 되어 합창공연을 하는 것입니다. (관련된 사람들의 관계 - 조원) 첫 모임을 가지게 된 저희는 당당히 합창공연 1위라는 목표를 세웠습니다. 그리고 다양한 모습을 보여주기 위해서 짧은 두 곡을 연속으로 부르기로 결정하였습니다. 그렇게 결정된 곡들이 '사랑은 열린 문', '나성에 가면'이었습니다. (목표 및 목표 설정 과정) 하지만 첫 모임의 넘치던 의욕과 달리 문제가 생겼습니다. 어색한 분위기로 인한 낮아지는 참여율과 연습 반주가 없다는 점이었습니다. (행동 구성원들의 참여도) 특히 제가 음악 전공자가 아니었기에 연습 반주의 고민이 더 컸습니다. 하지만 어색한 분위기를 먼저 해소해야 한다고 생각한 저는 노래방 점수 대결, 점심의 커피 타임과 같은 소모임을 만들어 서로를 알아가는 시간을 가졌습니다. (관련된 사람들의 관계 - 본인의 역할, 협조를 이끌어 내기 위한 구체적 행동) 무겁던 분위기가 한결 가벼워 지자 반주 문제는 자연스레 해결되었습니다. 노래방 점수 대결을 통해 친해진 실용음악 전공의 조원의 도움을 받아 원활한 연습을 위해 각 파트 별 멜로디를 녹음하여 배포하였습니다. (자원 활용) 또한 지휘법을 연습하여 조원의 피아노 반주에 맞춰 지휘를 하였습니다. 그러자 연습시간마다 대부분이 참여하게 되었고 서로 다른 목소리들은 하나가 되었습니다. 결국 '우리의 목소리'가 만든 노래는 10개 조에서 2등을 했습니다. 이 경험을 통해 소통과 협력은 이처럼 서로 알지 못했던 사람들을 하나로 만드는 힘이 있다는 것을 알게 되었습니다.

양산/기술 직무는 여러 설비를 항상 최상의 상태로 유지하기 위해 관련된 다양한 유관 부서와의 소통과 협력이 중요합니다. 이 힘으로 유관 부서와 하나가 되어 최상의 설비를 유지하겠습니다.

GOOD POINT

'혼자 하기 어렵다고 판단한 이유'를 제외하고 문항에서 요구한 답변을 충분히 했습니다. 물론 답변이 아쉬운 부분도 있습니다만, 전반적으로 크게 문제없는 문항입니다.

6. 두산산업차량 R&D 합격 자기소개서

📝 지원하는 회사와 분야(직무)에 대한 지원동기를 자유롭게 기술하세요. [50자 이상 400자 이내 입력]

저는 두산 산업차량 R&D 부서에서 산업차량의 차체를 최적 설계하는 엔지니어가 되기 위해 지원하였습니다.

냉동식품 공장에서 일할 당시, 냉동창고에서 쉴 새 없이 많은 물류를 옮기는 두산 지게차의 모습을 본 적이 있습니다. 이처럼 여러 산업 현장의 작은 유통망을 이어주는 두산 산업차량은 다양한 환경을 견뎌내야 합니다. 이를 위해서는 차량 내구성에 기본이 되는 차체를 최적 설계해야 한다고 생각합니다. (직무 지원동기) 학부 프로젝트를 통해 지게차의 포크 고정판을 최적 설계한 경험이 있습니다. 기존 최대하중을 버티며 경량화를 목표로, 단계별 최적화를 진행했습니다. 그 결과 원래의 설계 대비 6.67%(약 42.9kg)의 경량 효과를 볼 수 있었습니다. 설계 엔지니어는 고객이 니즈를 바탕으로 설계를 최적화해야 합니다. 이런 경험을 통해 목표에 맞는 최적화를 이끌어 낼 수 있는 설계 엔지니어가 되겠습니다.

GOOD POINT

산업에 대한 지원동기가 별도로 없어 아쉽지만, 두산 산업차량과의 연관된 스토리 속에서 해당 직무가 꼭 필요한 이유를 말하고 있습니다. 이를 통해 해당 직무가 중요한 이유에 대해 설득력을 높이고 있습니다. 왜 중요한지 언급하는 것만으로도 본인이 지원해야 할 간접적인 이유가 될 수 있습니다.

🏷️ 본인의 장·단점과 입사 후 장점은 어떻게 활용되고, 단점은 어떻게 보완할 수 있겠는지를 기술하세요. [50자 이상 400자 이내]

저의 장점은 포기하지 않는 끈기입니다. (장점 제시) 자작자동차 학회에서 오프로드 차량을 제작하던 도중 동력 전달을 도와주는 '체인 장력 조절장치'에 문제가 발생했습니다. 하지만 포기하지 않고 설계를 수정하고 검증하며 무사히 대회에 출전할 수 있었습니다. 엔지니어는 수많은 수정과 검증을 거쳐 설계를 완성합니다. 이 과정 속에서 끈질긴 엔지니어가 되겠습니다. (장점과 직무를 연결함)
저의 단점은 꼼꼼하지 못한 성격입니다. (단점 제시) 어린 시절, 준비물을 챙길 때마다 하나씩 짐을 놓고 오곤 했습니다. 이를 보완하기 위해 취침 전, 가방에 미리 필요한 물품을 담고 내일 하루를 그리며 잠이 듭니다. 이 습관은 다음날 뚜렷한 방향성을 가지고 빈틈없이 하루를 보낼 수 있게 도와줍니다. (단점 보완 방법 제시) 입사 후에도 뚜렷한 방향을 가지고 빈틈없이 업무를 수행하는 두산인이 되겠습니다.

GOOD ▶ POINT

단순히 성격의 장·단점만 기술하는 문항이 아니라 각각을 문항에서 요구하는 대로 서술했어야 합니다. 이를 반영하여 요구한대로 기술하였습니다.

🏷️ 본인이 살아오면서 가장 도전적이었거나 가장 인상 깊었던 경험을 기술하세요(예 프로젝트 및 공모전 경험, 학회/동아리 등 단체활동, 인턴/아르바이트 등 사회경험, 리더십 수행 경험, 역량개발 경험, 해외경험, 국내/외 봉사활동 등). [50자 이상 800자 이내]

다시 도전할 수 있는 끈기

도전의 끝에 항상 좋은 결과만 있는 것은 아닙니다. 오히려 실패할 경우 큰 좌절감과 아쉬움이 밀려들며 기억에 남기도 합니다. 저 또한, 좌절과 아쉬움 속에서도 끈기를 가지고 다시 도전한 경험이 있습니다. (이야기하고자 하는 도전에 대한 정의 – 좌절/아쉬움 속에서도 끈기를 통해 목표 달성)

대학교 4학년, 자작자동차 대회에 참가한 저희 팀의 차량은 마지막 경기를 완주하지 못했습니다. 당시 드라이버였던 제가 코너를 돌던 중 코스 이탈을 했고 실수로 꺼버린 스위치 때문에 차가 움직이지 않아 실격 당했기 때문입니다. 1년간 울고 웃으며 함께 준비해온 팀의 희망과 목표를 제가 날려버린 순간이었습니다. 팀원들은 위로해 주었지만, 볼 낯이 없을 정도로 너무 슬프고 아쉬웠습니다. (도전 – 항상 좋은 결과만 있는 것이 아님을 보여줌)

대회를 마친 뒤, 팀원들과 꿈꿨던 큰 목표를 향해 다시 도전하고 싶은 마음이 솟구쳤습니다. (좌절/아쉬움 속에 끈기를 발휘함) 결국, 휴학을 선택하게 되었고 카본 바디, 텔레메트리 등 다양한 도전을 팀원들과 결심하였습니다. 하지만 새로운 시도를 하기엔 재정적인 부담이 컸습니다. 그래서 대외협력부장을 자처해 나서서 국내외 업체들에 스폰서십 요청을 하게 되었습니다.

열심히 홍보자료를 만들고 요청하였으나, 대부분 업체는 답장조차 해주지 않았습니다. 아쉬움을 느낄 시간조차 소중했기에 나중에는 직접 발로 뛰어다니며 접촉을 시도했습니다. 그 결과, 5곳의 외부업체에서 지원을 받아낼 수 있었고 차량을 무사히 제작해 낼 수 있었습니다. (끈기를 통한 목표 달성)

이러한 노력 끝에 탄생한 새로운 차량은 작년의 아쉬움조차 날려 버릴 수 있게 힘차게 질주했고, 36개의 팀 중 종합 3등이라는 우수한 성적을 거두게 됐습니다.

GOOD POINT

1 – 키워드인 '도전'에 대해 본인만의 도전을 정의함으로써 세분화하고 있습니다.

2 – 본인이 정의한 '도전'을 사례를 통해 뒷받침해 주고 있습니다.

3 – 단순 경험 나열이 아닌, 구체적인 에피소드를 기재하면서 설득력을 더하고 있습니다.

Epilogue
이 책을 마무리하며

취업컨설팅을 시작한 지 어느덧 5년이란 시간이 흘렀습니다. 오랜 기간 동안 꾸준히 이 일을 진행할 수 있던 원동력은 이제는 번듯한 사회인이 된 수강생들의 생생한 후기와 추천, 그리고 필자의 글을 우수하게 평가해 준 취업 사이트&커뮤니티 담당자분들이 있었기에 가능한 일이었습니다. 모두에게 감사하다는 말씀드리고 싶습니다.

출판 일정상 수록하진 못했지만, 2018년도 하반기 수강생들의 경우 더욱 더 괄목한 성과를 보여줬습니다. 국내 굴지의 기업들을 포함해 총 19개의 서류 합격 성과를 올렸다며 감사하다는 말을 전했던 수강생과 대기업, 금융권 막론하고 총 20개 기업에서 합격했다며 기분 좋게 자랑하던 수강생 등. 이 친구들을 통해 필자가 가르치는 방향에 대한 확신과 뿌듯함을 다시 한 번 느낄 수 있었습니다.

누군가의 인생에 조금이나마 보탬이 될 수 있다는 것은 행복한 일입니다. 이 책을 읽는 모든 독자들이 취업 성공이라는 결실을 맺어 웃음을 이어나갈 수 있다면 더할 나위 없겠습니다.

이 책이 출판되기까지 도움을 주신 분들이 많습니다. 흔쾌히 본인들의 자기소개서를 책에 수록할 수 있도록 허락해 준 수강생 두 분에게 다시 한 번 감사의 말을 전합니다. 또한 필자가 취업 준비 당시, 참고할 만한 우수 자기소개서 예시를 건네 준 사촌 중호 형과 학과 선배 동민 형, 그리고 양질의 취업 콘텐츠를 독려하고 출판·기고할 수 있게 도와주신 시대고시기획과 '취업대학교' 측에 감사하다는 말을 올리며, 이 책을 마무리하겠습니다.

2018년 11월

히든자소서 이중원

참고도서 목록

『이기려면 뻔뻔하라』, 조관일, 위즈덤하우스(2008)

『위대한 나의 발견 강점 혁명』, 마커스 버킹엄, 청림출판(2005)

『조조 사람혁명: 상대를 내 사람으로 만드는 힘』, 신동준, 한국경제신문사(2011)

좋은 책을 만드는 길
독자님과 함께하겠습니다.

도서에 궁금한 점, 아쉬운 점, 만족스러운 점이
있으시다면 어떤 의견이라도 말씀해 주세요.
시대인은 독자님의 의견을 모아 더 좋은 책으로 보답하겠습니다.

www.sidaegosi.com

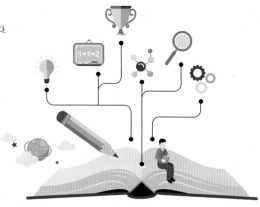

인사담당자를 홀리는 시크릿 자기소개서

초판2쇄 발행	2019년 11월 15일 (인쇄 2019년 08월 16일)
초 판 발 행	2019년 02월 01일 (인쇄 2018년 12월 20일)
발 행 인	박영일
책 임 편 집	이해욱
저 자	히든자소서(이중원)
편 집 진 행	구현정 · 조상애
표지디자인	이미애
편집디자인	손수민 · 윤나라
발 행 처	(주)시대교육
공 급 처	(주)시대고시기획
출 판 등 록	제 10-1521호
주 소	서울시 마포구 큰우물로 75 [도화동 538 성지 B/D] 9F
전 화	1600-3600
팩 스	02-701-8823
홈 페 이 지	www.sidaegosi.com
I S B N	979-11-254-5452-6 (13320)
정 가	18,000원

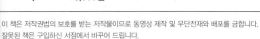